石田紀郎

現場とつながる学者人生

市民環境運動と共に半世紀

藤原書店

現場とつながる学者人生

目次

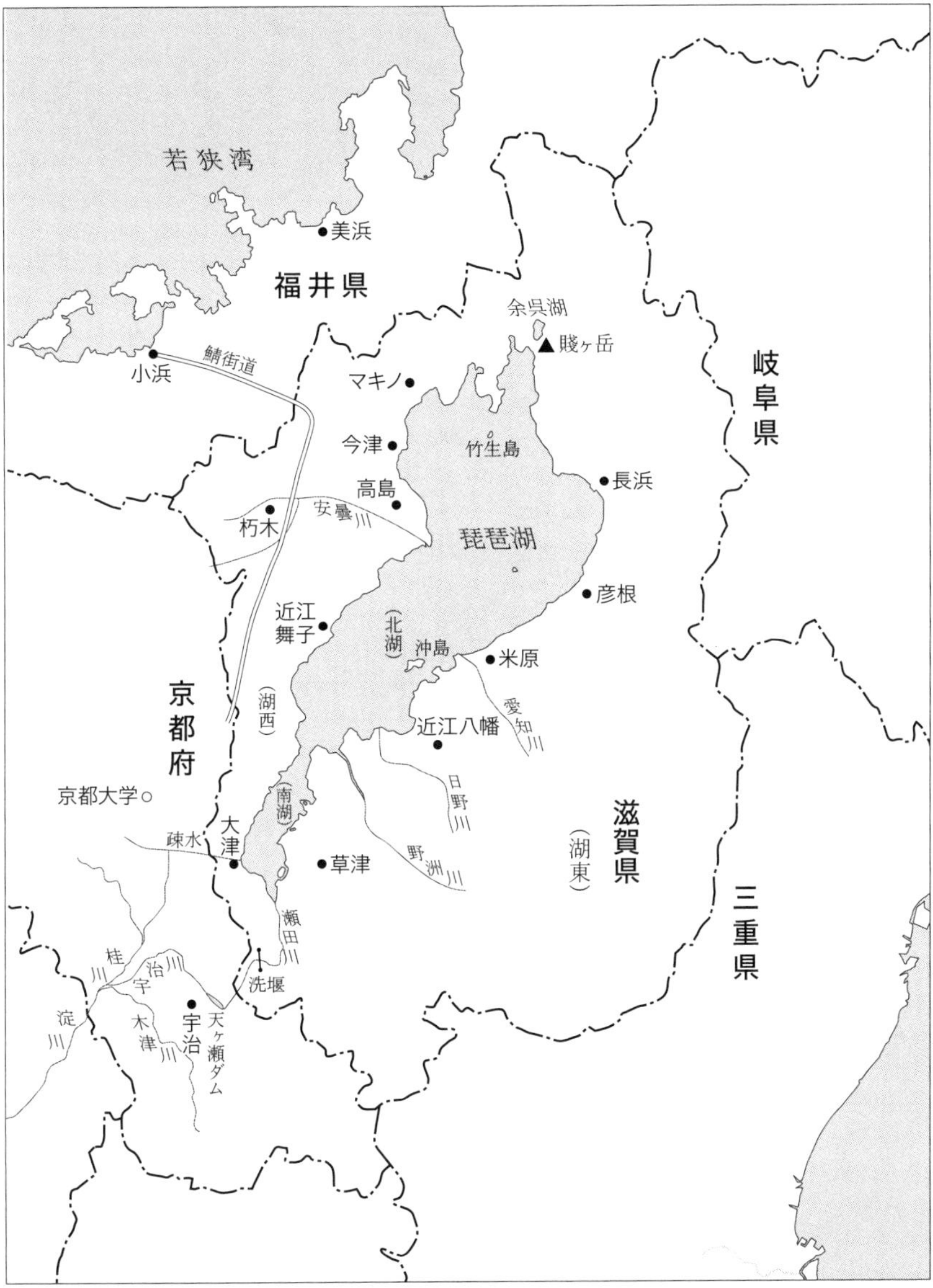
若狭湾
美浜
福井県
余呉湖
賤ヶ岳
岐阜県
小浜
鯖街道
マキノ
今津
竹生島
長浜
高島
朽木
安曇川
琵琶湖
彦根
近江舞子
北湖
沖島
米原
京都府
湖西
愛知川
近江八幡
日野川
京都大学
南湖
滋賀県
湖東
疏水
大津
草津
野洲川
三重県
瀬田川
桂川
宇治川
洗堰
淀川
宇治
木津川
天ヶ瀬ダム

滋賀県地図

中央アジア５カ国と中国、モンゴル、アフガニスタン、ロシア

現場とつながる学者人生

市民環境運動と共に半世紀

イラスト・本間　都

はじめに

公害の現場を研究者として歩き始めてから、半世紀が過ぎようとしている。歩き始めた頃から原子力発電の危険性を認識し、多くの仲間に教えられながら、原発は人類と共存できない技術であると訴えてきた。しかし、今のフクシマを予測し、永遠に住めないだろうと思われる土地も含めて、広範囲の地域の住民が避難を強いられている被害を阻止するための活動を、私たちは十分にやって来たのだろうか。被害の過小評価を続ける政府でさえ、避難者数は十万人を越えると言わざるを得ない現状であるが、フクシマ原発事故では、福島県だけでなく近隣県からの避難者は十数万人ともそれ以上とも言われるのが、原発事故七年後の三月が過ぎた今日の現実である。

人が住めない土地と、住むところを奪われた人々の存在という現実の悲劇に立ち尽くす悲しみの毎日である。このフクシマの現実を表す言葉として、本書の中でも用いている筆者の表現は唯一つ、「究極の公害」である。この状況を脱することは可能なのだろうか。可能だとしても、それは何年、何十年、何百年後なのだろうか。被害者が被っている悲惨な状況をより困難に陥れている、この国の人々にフクシマを忘れさせることにのみ働いている安倍政府と、そこから恫喝されるままにフクシマの現況を報じないマスコミ、そのマスコミの流す情報を鵜呑みにし、フクシマなどなかったかのように思い込まされている人たちに、「究極の公害」以上の絶望感を感じている。そして、本来ならば、これだけの大惨事を研究者として、あらゆる専門領域の視点から論じるべきであり、論じられるはずの研究者が、フクシマに対して知らないふりを繰り返している、惨めな科学界の状況がある。それが二〇一八年の日本である。

「公害列島」と呼ばれた二十世紀の我が国を生き、その社会において自然科学研究者として何を為すべきかを模索してきた者として、三・一一以降の日本社会の様子は絶望的なものに映る。二十世紀に発生させてしまった多くの深刻な公害から、日本人は何を学んだのだろうかと思う。経済成長を求め続け、モノが溢れる社会であり続けたいと求めている日本という国の中で、放射能被害に怯え、故郷を捨てざるを得なかったフクシマ難民に思いを至らせることなく政治を続け、生活を続けているが、果たしてこれからも忘れることを許される社会が続くのだろうか。

太平洋戦争の始まる前に生まれ（一九四〇年）、敗戦後の苦しい食糧事情を経験し、経済成長期を経て、もの豊かな時代になる中で、筆者は多くの悲惨な公害問題に関わる生活を送ってきた。多くの研究者が己の安住の場と思っている学界とは無縁の半世紀を過ごして来た筆者にとって、我が国の学界の有り様もまた絶望に近いものがある。

一九六〇年代から七〇年代にかけての大学闘争で提起された課題である「学問とは」、「科学とは」、「大学とは」という問いに対して、その世界で禄を食む者として、どのような解があるのかを自分なりに追い求めてきたつもりである。その入り口として、所属していた京都大学農学部の片隅で「災害研究グループ」なる小さな研究者の集まりを創り、公害現場での科学の検証を開始したのは一九七〇年のことである。このグループを紹介した一文が手許に保管されていたので、ここにその一部を引用し、何を考えていたかの一助にする。

「なぜ災害研究グループを結成したか」(一九七二年)

科学は民衆の手を離れ、科学者は難解な言葉をもって魔術師のようにみせかけることによって、特殊な存在にみずからを高めるとともに、体制のために働く者になった。高度な知識を振りかざし、民衆を見下し、人間の命と自然への真摯な問いかけなしに、単なる皮相的実証主義を信奉し、技術が先行する。科学者は自らが「科学」を崇拝し、科学の目的は真理の探究であり、科学者は「真理」を求めるという命題を先験的に頭上にかかげて、その科学がいかに分断されようとも、全体の関係を無視し、それから起因するいかなる結果にも関心を払わない。

現体制を維持するための機能しか果たさない近代科学技術を民衆のものとするために、いかなる道が我々に残されているのであろうか。また、すでに「科学者」として出発してしまった我々はどうすればよいのであろうか。これは、単に科学を放棄すればよいとか、体制を変えればよいとかといったような問題ではなく、あくまで人間が主体となって科学する、つまり体制の問題を考えるとともに、自然に対する認識——その全体像の獲得という命題を、我々が科学者であることに執拗にこだわり追求することである。この認識に立つならば、個別分断化された個々の専門分野における「学問体系」「技術体系」を解体超克し、新たに人間を根底においた学問技術論を、われわれが自己の中に染めついた「科学者」であることを解体しつつ（告発しつつ）、模索し、創り上げていく運動が我々の課題であり、災害研活動の基調である。

我々はこの三年間、いわゆる「公害」に関わってきた。なぜ「公害」に関わってきたかは、前に述べたことの具体的命題として「公害」があるという認識に立つからである。徹底的に利潤のみを追求する現代社会にあって、科学者の出す個別に専門化され、分断された研究業績は、体制の利潤追求の枠内においてのみ全体化され、体制維持のために充分に機能する。「民衆の安全」よりも「生産力向上」が必要だとして、民衆が被害を被るのは当然であるとして、放置に等しい「対策」しか立てない。ここに「公害」が発生する。豪雨災害、工業災害、農薬中毒、食品添加物、プラスチック……。これらの公害は、現体制下の矛盾として起こるのである。それはまた、データ生産主義に陥っている上に、その生産物を支配者に統括されている科学技術の結果でもある。この認識にはっきり立つならば、人間の生命と生活を脅かすこれらの災害の根絶を勝ち取るためには、我々自らの加害者性を明らかにした上で、「公害」と関わる時、我々の立場は唯一つ、被害者の側に立つことである。なぜならば、被害者は分断されて出てくるデータとしてではなく、矛盾を総体として体現しているからである。科学者の任務とは、優秀な技術でもって、「公害」を技術的に解明することのみではない。今なお、自然との全体的関わり合いを持ち続けている農民、漁民の中で学び、全体像を自らの中に把握しうる科学者へと自己変革することである。

我々は、このような作業を通じて、自然を分断し、分断化された自然を対象化し、さらには人間をも分断対象化した「物」としてしか扱わない現代科学の状況から、我々も含めて、人間の解放が可能となると考える。

読み返してみると、今はとても書けないような文であるが、荒野に赴く前の決意表明をしている様を髣髴《ほうふつ》させるものである。心のどこかに置いてはいただろうが、このような決意を人前でしゃべったことはない。いろんな地方の、いろんな人々の、いろんな苦しみや喜びに付き合い、研究者として充実した日々を送らせてもらった者として、久しぶりに紐解いて、再録してみた。

そんなことを考えていた一人の研究者が、水が流れ行く先の〝下流〟の視点から、その流域社会の諸課題を考え、解決できないかとの思いをかけて上流に攻め上って行った半世紀を、本文として提示させていただくことになった。最後までお読みいただければ幸いである。

筆者はまた、前述の決意文を心の隅に置き、もうしばらく、研究者としての活動を求め続けて、歩き続けようと思っている。なぜなら、今日の我が国の学界は、産学協同、官学協同研究の時代を完成させ、今や軍学協同、軍産官学協同の時代になっている。もはや、大学人にはこの問題を議論する気力も思想もないと思わざるをえない状況である。だから、われわれ市民は休み、傍観している訳には行かない。本書がそんな気分を促進してくれればと思う。

Ⅰ　農学から公害現場へ

1　生まれ育った琵琶湖

人間は科学を手にして、それで自然を征服し、生物の中で一番偉いと錯覚して奢りたかぶった――それが今起こっている生き難さ、つまり、環境破壊の根っこにある問題だと思います。人間にとって科学とは何なのか。科学は人間に役立つものとしてあるはずで、人間を傷つけるためにあるものではない。

「環境破壊」なんて他人ごとみたいな言葉でなく、はっきりと「災害」と言えばいいと思っています。水俣病もイタイイタイ病も、当時は災害、公害と明確に言われました。農薬もそうです。枯葉剤、殺菌剤など、枯らす、殺す、つまり毒だと明示した時代から、除草剤とか除菌剤とか、言葉を変えて毒物が流通しています。言い方を変えても本質は変わらないのです。「毒にも薬にもなる」というでしょう、農薬は毒で、それを人間は農「薬」として使った。環境破壊は災害、公害であり、その根っこは人災です。

一九六九年は、ぼくにとって、あってよかった年だと思います。生き方を根本的に修正するチャン

図1　農薬汚染で魚が大量死

スをぼくにくれた年であり、そういう出来事があった年です。京都大学農学部農林生物学教室の助手になったのが、その前年で、翌年六九年には、いわゆる大学闘争がありました。この時、ぼくは学長が要請した機動隊の学内導入によって、十名の同僚と共に、研究室にいながら不退去罪容疑で不当逮捕されたのですが、このことが以降の大学の自治とは何か、大学は何をすべきか、研究と研究者の本来の目的と在りようを考える出発点になりました。

その頃は、琵琶湖では魚がしょっちゅう死ぬ時代でした、今朝も数千匹浮いたよとか。六〇年、七〇年代の新聞を見たら、農薬で魚が死ぬのは当たり前という認識だった。人は、この自然の警告を受け止めなかった。

水俣病は一九五三年頃から発生していたのに、長年月、あれだけの被害が放置された。一九五九年に熊本大学の水俣病研究班が、チッソ水俣工場から垂れ流されたメチル水銀が原因と発表しました。そして、政府が公害病と認定し、チッソが水銀の排出を止めたのがやっと九年後の六八年、ぼくにとって一つのエポックである六九年の前年です。六九年には初の被害者救済法が施行された。原因を科学的に究明され、勇気を持って被害者と付き合いきられた熊本大学の原田正純さんには、多くのことを教えてもらいました。

大きな顔をして研究者と言えるかどうか、まあその端くれとしてのぼくの生き方の原点は、一九六九年がきっかけになったわけですが、その前に、ぼくが公害の問題、とくに水環境破壊の問題を見過ごせなかったのには、足場になった環境があり、それは生まれ育った琵琶湖だと思います。

琵琶湖の西岸で育つ

生まれたのが琵琶湖の西岸、滋賀県高島郡青柳村で、育ったのは当時の水尾村、両方とも今は高島市です。琵琶湖と、琵琶湖に流れこむ川で、あらゆる遊びを覚えました、魚獲りも水泳も。そして京都に住んで七十八歳になるけれど、海外や地方に行く以外は、琵琶湖水のほかの水を飲んだことがない。だから、琵琶湖が汚れるとその汚いものを全部身体の中に入れているので、汚した者に対する怒りはあったし、琵琶湖と人生が切り離せないのです。それが琵琶湖とその流域を歩き廻った一つの理由で、琵琶湖がやがてぼくの中でアラル海につながった。

琵琶湖とか滋賀とかというように、ひとからげには言えません。滋賀県があって、その真ん中に琵琶湖がありますね。琵琶湖の東、つまり湖東は広い平野があって豊かで、開発されて人口も多い。往来も盛んだし、近江八幡市には、金儲けの上手な近江商人と言われる人たちがいます。そういう意味では、ぼくは絶対に近江商人ではありません（笑）。

ぼくらが育った湖西は、湖沿いは狭く、背後にはすぐ山で、田んぼは少ない、安曇《あど》川のあたりが少

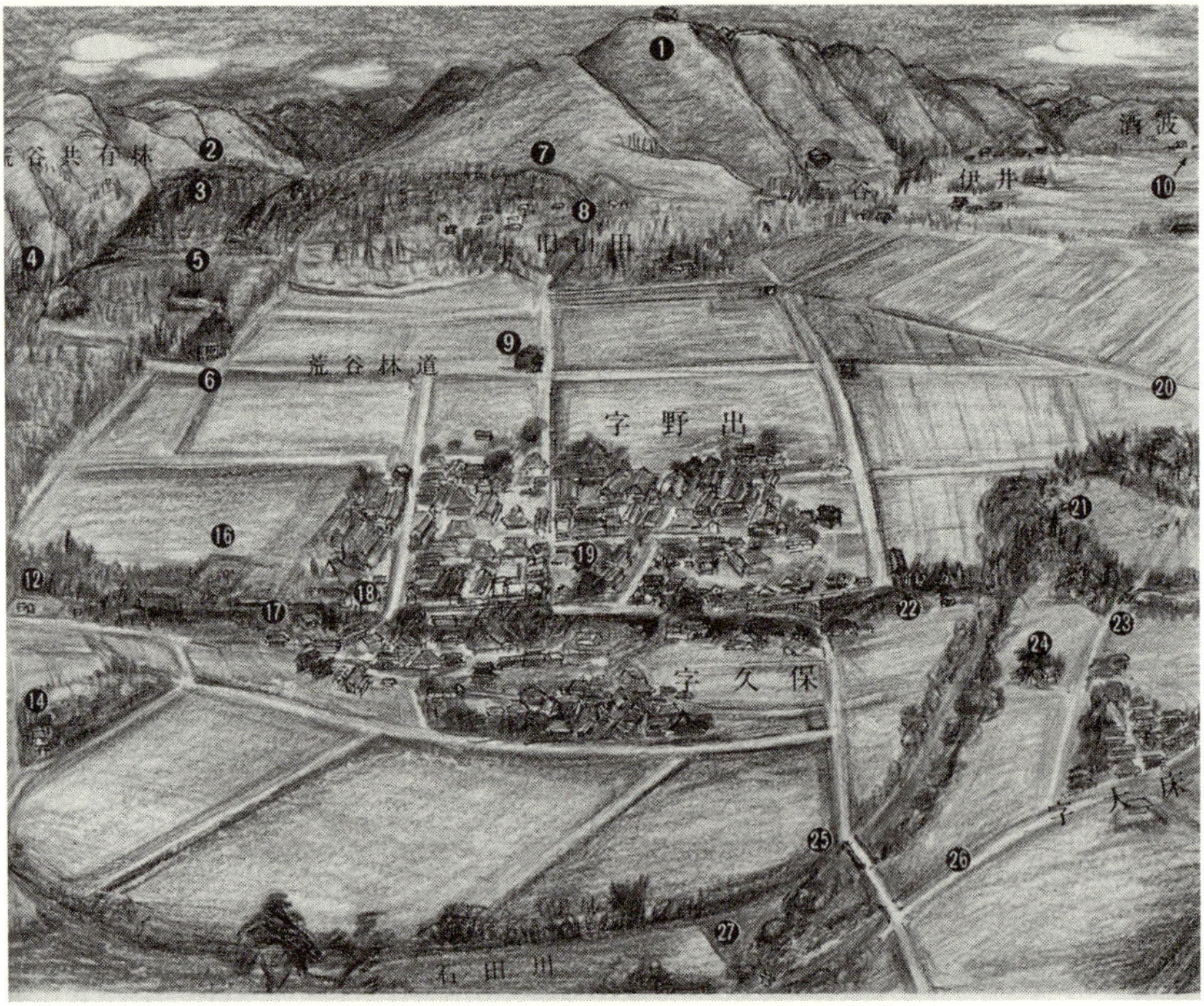

図2　高校まで過ごした故郷
（今津町梅原、父石田共平作）

し広い程度で、あとは本当に狭い。湖西は主に漁業をしていて、漁民が多かった。

湖東と湖西というのは対象的です。「湖東の者は、朝日に背を向け、夕日だけ見て生きてるんや。ぼくらは毎朝、朝日を見て清々しい気分で大きくなるから、いい子なんや」と言っていた。そういうふうに、負け惜しみを言いながら、田舎の子が都会っ子との差異を乗り越えようとしていました。

湖西は、日本海側の若狭と鯖街道でつながっていて、岐阜や三重と接している湖東とはちがう。琵琶湖周辺は一枚岩ではない。平野部がある湖東の方は湖沿いに家が少ないこともあって、琵琶湖を見ずに亡くなった人もあったとか。湖西では平野部が狭く、湖の際に民家が建っていますから、琵琶湖とのつながりは大きく、湖で生計を立てる人が多かった。

私が住んでいたのは高島郡で、これは蔑称だけれど、滋賀県の北海道と言われた、雪も多いし、寒いし、山もある。天気予報は滋賀県湖北地方のものではなく、福井県嶺南地方のものが当たる。差別して「ああ、滋賀県の北海道か」と。湖西の中でも、ぼくらは今津で、その北にマキノ町があるので、今津では「ああ、マキノか」と差別する。北に行くほど、そう言われる。山の中に行くと朽木村です

図3　滋賀県高島郡水尾村と今津町

が、「ああ、クツキか」と。

この山地を貫いて行ったら福井県の若狭で、小浜が鯖街道の始点です。子どもの頃は毎日のように、小浜から行商のおばさんが背中に魚の塩干物を背負って来るのです、海の魚です。子どもの頃、塩干物だけを背負って来るので、海の魚は死んだ魚か干物ばかりかと思っていました。

湖西は若狭ともつながっていましたが、京都ともつながりが深い。琵琶湖に接している狭い道があって、比良山があって、これは越すのがたいへんで、迂回しました。回ったら京都です。若狭から四、五十キロで京都かな。その昔、一晩中、鯖をかついで若狭から歩いて来ると、京に着いた頃、ちょうど塩となじんでうまい頃合いになったと言う。京名物の鯖鮨は、日本海から人の背に揺られて来たのです。

若狭と琵琶湖との間の野坂山地が分水嶺で、一方は日本海へ流れ、もう一方の川は琵琶湖に流れる。湖は航路でもありました。今津、海津に塩津、この三つが若狭からの物資を船積みするところでした。若狭からは、陸路で山地を越えて北湖の塩津などに来て、産物を船に積み替えて、琵琶湖を南下し、船は湖の一番狭い堅田の沖を通って、大津の膳所《ぜぜ》あたりで積荷を上げるか、さらに下って伏見の方へ行く。堅田は海賊じゃなくて湖賊の町で、北湖と南湖をつなぐ狭い堅田沖を船が通る時に襲った。若狭湾からいったん陸路を通って琵琶湖にものを運ばなくても、若狭湾から琵琶湖まで運河を通せばいいと、秀吉の時代から度々計画されたけれど、分水嶺の野坂山地が障碍になったのでしょうか、結局実現しなかった。

琵琶湖は魚が豊富です。小学校の頃、田んぼにフナやコイが溯上して来る六月頃、小学生のぼくは

図4　竹生島と伊吹山（滋賀県提供）

させてもらえなかったけど、兄は鮒《ふな》の摑み捕りをしていた。どうして田んぼに溯ってくるかと言えば、濁った水を飲まないと、産卵した卵がバラバラにならないそうです。このあたりは、夏は鮒を食っていた。琵琶湖に注ぐいくつもの川の流れがあって、そこにも小さな魚が琵琶湖から群れになって上がってきます。

鮎《あゆ》もいました。夕方になるとおふくろが、「お父さんと行って、鮎を一升捕って来て」と命令します。一升桝にいっぱいの鮎を捕まえて来いということです。「今日はご飯食べる人数が少ないし、五合でいいで」とか。親父と二人で出かけ、親父がタモをしっかり張って、ぼくが上流からパッパッと鮎を追い込んで、「五合捕れた、帰ろう」。おふくろが味噌ダレを用意していて、踊り食いにするのです。頭をパンパンパンと落として、味噌ダレにポッと入れて、チュッと食べる。だから、戦時中から戦後は、夏の鮎、秋のイナゴが重要なタンパク源で、タイワンドジョウ、ハス、モロコ、イサザなどで育ちました。川魚はみな白いでしょう。だから赤身の魚を食ったことがなかった。はじめてマグロを見た時はびっくりした。これは魚かと。宴会に行ったらお膳にマグロが出ますね。「これやるわ」とか言って、隣の人に食べてもらう。赤身の魚は今でも好きじゃない。魚は白身だと思っているから。初めて海を見たのは、小学校六年生の時でした。

ぼくの精神形成というのは、琵琶湖と共にある。それも湖西。朝日を見て、素直に育って（笑）。琵琶湖は、家の前から見る景色。平野がちょっとあって、湖岸が見えて、湖があって、竹生島《ちくぶじま》がポッと浮かんでいて、その向うに伊吹山がある。これがぼくの琵琶湖です。

敗戦後の生活と琵琶湖

小学校は今津小学校の上弘部分教場で、同級生は二十人で、五年と六年がいっしょの複式授業だった。第二次大戦が始まる一九四一年の前年に生まれて、敗戦の年が五歳です。小学校に入った時は、黒塗りの教科書でした。終戦後モノがなくて、紙がなくて戦時中の教科書をまだそのまま使っていた。それで、日の丸とか君が代とか、兵隊さんの話とかが書いてあるところが墨で塗りつぶしてあった。それが最初にもらった教科書です。その時代からずっと生きて来て、定年になって年金生活に入って、黒塗り以前よりもっと悪い社会になろうとしているように思える。その意味では、最近、ぼくらの人生は何をやっていたのかと思うのです。

その間、日本の国民は企業戦士として、働くのは一生懸命に働いたかも知れません。一九五〇年に始まって五三年に休戦した朝鮮戦争、その戦争特需が戦後の日本の経済成長、工業化社会を生み出すきっかけでした。戦争は放棄したと言いながら、隣人の死闘を踏み台にして、経済的には豊かになった。

朝鮮戦争が始まったのは一九五〇年六月二十五日です。その日を覚えています。ラジオで戦争が始まったと言うのを聞いた。その日は曇りで、雨は降っていなかった。親父が小屋で何か仕事をしていたので、親父のところへ行って、また戦争が始まったと告げた。ニュースで聞いたことを、今も鮮明に覚えています。また戦争かと思った。この戦争に日本がどう関係するのか、そんなことをまだ五年生の時だから、分からなかったが、ラジオで戦争が始まったというのを聞いて、愕然とした。だから、月日と曇り空まで覚えている。なぜか忘れられない。子どもにとってもショックだったのですね。その当時の自分にとって、悪い恐ろしい戦争がやっと終わって、学校に行って、これでみんなよくなると信じていたのに。

親父は、戦前から戦後にかけて小学校の校長をしていました。その頃、青年学校というのがあって、そこの校長もしていたかな。そんな立場だったから、親父からはまったく聞いたことはないけれど、小学校に入って二年生になった頃、学校に行ったら、白い張り紙があって、墨で文章が書いてありました。石田校長は、戦時中はこういうことをした校長であるみたいなことが書いてあったようです。むずかしい漢字もあって、中身はよくわからなかった。でも、親父が何か批判されているのだとは思った。

その頃、校長をしていて、絵の教師で、音楽の教師もしていた親父が、家で毎晩のように何をやっていたかと言うと、表彰状がありますね、その賞状の周りに模様が描いてある。あれを手書きして、ガリ版で刷っていた。ゆとりも飾りもない欠乏時代、せめて教え子達に、少しでもきれいな賞状をと思ったのでしょう。一生懸命、学校のことをやっている親父と、張り紙に書いてあることは、ぼくの中では一致しない。どう関係するのかと、親父に何回か、聞きたいと思ったことはあったけれど、これは触れたらいけないことかも知れないと思い、ずっと心の中だけにありました。親父は死んでしまったので、聞けないままです。しかし、子ども心に、親父は張り紙に書かれているような人やないと、ずっと思っていた。そのことがあって、戦争とは何なのかを理解することが、自分が生きていく上で大事なことだと考えるようになったのでしょうね。

十五歳上の兄貴は学徒出陣で、広島県呉の軍港の回天特攻部隊に入りました。当時はどんな部隊の兵士になったのかなど知らなかったし、兄や家族が部隊を選べるかどうか、特攻隊を志願したかなど考えることなどなかった。もう少し大きくなってから、両親は苦しい毎日を送っていたのだろうと思うようにはなりましたが。戦争が終わるのが数日延びていたら死んでいたと思いますが、兄は帰って来た。それもあって、そんなむずかしいことを考える年ではなかったが、戦争のことを考え続けねばと子ども心に思っていたのでしょうか。

兄が帰って来た日の景色も覚えています。夕焼けの中から兄貴が背嚢を背負って、軍刀を持って、歩いて来た。ああ、兄貴が帰って来たと思った。そこで帰って来たという喜びがプッンと終わって、ぼくの記憶に何が残っているかというと、兄貴が背嚢を開けて、「おい、食え」といってくれた軍隊

図５　長兄の出征記念家族写真
（前列左から２人目が筆者）

用の乾パンのおいしかったこと。食べ物が配給制で足りなくて、そんなもの食べたこともなかった時代だったから、乾パンの記憶が残っている。これも戦争の総括に入るのかも知れない。

戦争というのはぼくらの世代にとって、絶対に自分の人生の中で総括しなければならないこととしてあるのでしょうね。あんまりいろいろ考えられないけれど。それが、六〇年安保で、六九年の大学闘争であり、公害闘争であったかと。だから今度の安保、戦争法に関しては、何がなんでもいろんなことをやらなければならないと思っています。

中学校は今津中学校で、歩いて通った。高校へ行くのに、「おい、少しは勉強せいよ」と言われても、中学校と高等学校は並んで建っていて、入り口がちがうだけです。高島郡には、この高校一つだけで、定員が二百五十人で、受験生は二百五十一人だったらしい。その一人もたぶん入学したでしょう。皆残らず入れるところで、なんで勉強せんといかんのかと。

農学部に入る

滋賀県の大半は彦根藩で、あとは膳所藩、水口藩、高島郡にある大溝藩……など小さい藩。湖北の木之本町には羽柴秀吉と柴田勝家が戦った賤ヶ岳《しずがたけ》の合戦場がある。隣りの余呉町にある余呉湖は、琵琶湖とつながる神秘的な湖ですが、合戦で血の海になって、それで余呉湖にいる鯉は目が赤いと言う。湖東でも、彦根以外は彦根藩から差別されていて、膳所あたりは彦根を見て「なにくそ」と思う。高等学校だって、大津に膳所高校という進学校、彦根には彦根東高があって、この二つは名門校で、ぼくの母校である高島高校は、えっ、どこ？ といわれる存在だった。

こういうところに住んでいると、大学の名前も新聞に出て来るのぐらいしか知らない。東大と京大、上の兄貴が行っている滋賀学芸大学、二番目の兄貴が行っている滋賀県立農業短大、ぼくはこれだけしか知らなかった。教職にいた親父はもう定年になっていたから、学費の高い私立大学は絶対にだめだった。だからこの程度の情報では、大学受験のときに、受けるところがわからない。進学指導の先生が、「おい、がんばれよ。理科が好きやったら工学部へ行け」と言われて、「そうですか、それなら工学部を受けます」と言ったけれど、勉強していた科目が足りなくて、京大は受けられなくて、大阪市立大と大阪府立大の工学部を受験した。

田舎だから小学校の卒業旅行が大阪だった。天満屋別館というところに泊まりましてね。大阪はどこへ行ったかは憶えてないけれど、たった一つはっきり憶えているのは、先生が、「おい、おまえら、よく見ておけ。あそこに真っ黒の煙がもくもく出ているだろう」と大阪の工業地帯を指差しながら、「これがこれからの日本だぞ」と言われたのです。これが小学校六年生の時で、それから中学、高校と行って六年後というと、まさに工業化社会、そして経済成長の時代です。

だから、工業こそ国の中心で、理数ができたら工学部へ行けと言われ、そういうものかなと思って受けた。当時は国立大学に一期校と二期校とがあって、公立大学の入試日はその中間にあったから、一期校、二期校を両方受ける受験生が公立大も受けに来た。府立大の試験会場に入ったとたんに、人数を見てハッと気がついた。競争率が三十倍以上だから、受験したのは五十人ぐらいの部屋なので、待てよ、この部屋で受かるのは一人か、多くっても二人か。もうあかんわと思った（笑）。試験はそこで終わったようなものです。絶対に受からないと思って、ものすごく気が楽になって、ものの見事に落ちました。

それで浪人をして、その時はちょっと考えたのでしょうね。工学部は二度と受けなかった。ぼくには工学部は合ってないと思って、それで農学部ばかりを受けたのです。

農学部に入ったのは、自分が田舎育ちであることが一番大きい理由です。農家ではなかったけれども、親父は定年退職した後、農業をやっていましたので、その手伝いをずいぶんやって、百姓の中で育ってきた。大津の兄の家に居候して通える大学に入るというのが絶対条件でした。京大と、京都府立大学と、大阪府立大学の三つしか農学部がなかった。そしたら京大に合格した。親父はずっと信用していなかった、「お前、ほんまに受かったんか」とずっと聞いていました。京大で二日目の試験が終わって校門を出ると、予備校が前日の問題の模範解答を配っている。数学の解答を見たら、ぼくの答が二問中一問は完全に間違っているのです。「ああ、今年もあかんか」と落ち込んで帰宅し、次の日に試験会場に行くと、予備校が解答を間違えましたというビラを配っていた（笑）。

大学院で博士課程までいました。学生の時は仕送りをしてもらっていたけれど、大学院からは完全に自活でした。バイトは家庭教師を三つ、週に六日。だけど、授業料を払ったのは、大学院に五年居て二回だけ。親に収入がないので授業料免除で優遇されます。それでも週に四日ぐらい、飲み屋に行っていました。行きつけの飲み屋には農学部の先生も来ていて、その人と飲んでいたら、その先生が授業料免除の面接官だった。それで、「毎晩酒飲んでるお前に、なんで授業料免除せんとあかんのや」と言うから、「いいですよ、払えというならがんばって払いますけれど、先生、明日から一人で酒を飲まないとならないし、さみしいのとちがいますか」と言ったら、「うん、それもそうだな」と。そういう時代があったのです。国立大学の授業料は安かったし、家庭教師も割りがよかった。一軒分の家庭教師代は、飲み屋のお兄ちゃんに「はい、今月分」と封を切らずに渡していた。

農学部に来て、それなりに面白いと思っていたのですが、大学院を終わるころ水俣病のことを詳しく知り、そして、公害問題について考え始めたときに、水俣病はチッソだけの問題ではないということに気が付きました。

2　生き物と生き物の関係

植物の病気に関心が

京都大学の農学部には九つの学科がありました。そのうちの一番小さい学科が農林生物学科で、この学科に植物病理学講座があった。植物の病気を研究する研究室で、生き物と生き物の関係という意味で病気はおもしろいと思って、四回生になってそこを専攻しました。大学院生から助手になるまで病原菌（カビ）の研究をやっていました。

植物の病気というのは八割がカビが病原菌です。バクテリアが一割ぐらい、ウィルスが一割もないくらいで、圧倒的にカビが多いのです。人間の場合はバクテリアが多く、それからウィルスです。「人間の病気で、カビが病原菌の病気は」と聞かれて、すぐに思いつくのは水虫ぐらいです。

カビの菌を使って、その菌の胞子が発芽して、キュウリの葉の中に侵入して病気を起こす。その菌

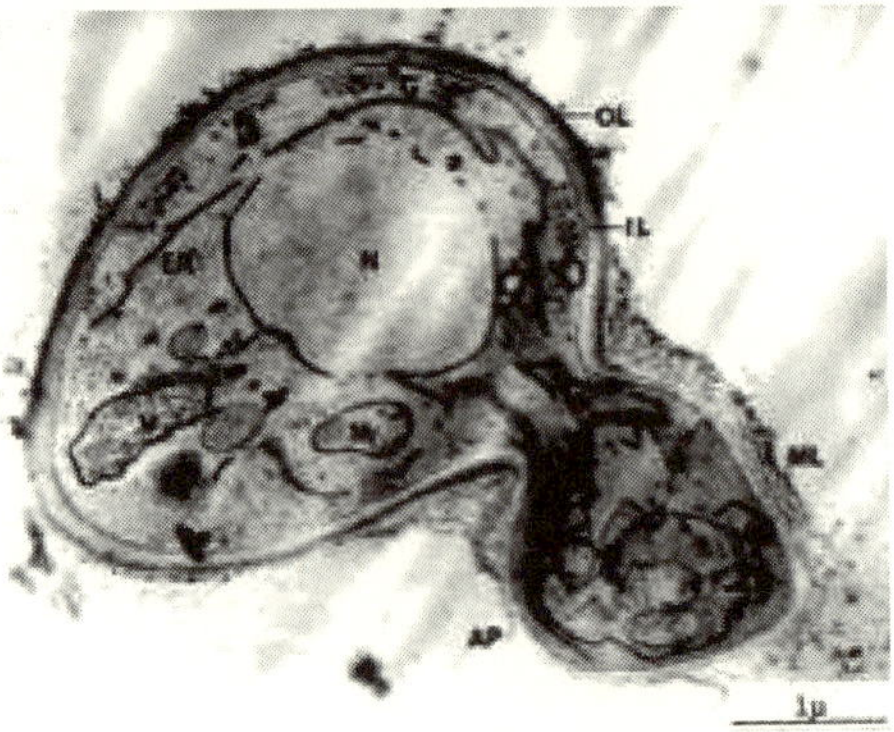

図６　ウリ類炭疽病菌分生胞子の発芽と新たな細胞の形成（電子顕微鏡写真）

がどういう形をして、どういう能力を発揮して葉に侵入していくか、そこが病気のはじまりです。葉っぱがあって、そこに胞子がついて、水分があると胞子は芽を出してくる。発芽しただけでは病原菌ではない。植物の葉上を水平に動くだけだから。その後に特殊な細胞をつくり、九〇度方向を変え、植物の細胞の中に入って行くと病原菌となる。だからこんな特殊な細胞を分化し、病原菌になって行く、そんな細胞分化に興味を持ちました。

そのメカニズムを研究したら感染のメカニズムが分かるだろうということです。そして、それをやるために一番いい材料は何かというので、いろんな菌を探していたら、ウリ類炭疽病菌というのはすごくおもしろいと思いついて、他の研究者が持っていた菌をもらってきた。この菌を使って、いろんな実験をやり、カビの細胞の微細構造を観察すれば何か分かるかも知れないと、朝から晩まで暗室に入って、電子顕微鏡を覗いていました。また、どういうタンパクが新しい細胞をつくることに関係しているのかに関心がありました。そのころは、そんな技術が乏しい時代だったから、ＤＮＡとかＲＮＡとかタンパクとかを分析できる段階ではなかったけれど、それをやろうとしていました。ずっとそれをやっていたら、今ごろは山中教授を抜いていたかも知れない（笑）。よかったね。

ぼくらの世代は六〇年安保闘争で勉強しなかった。一回生、二回生は六〇年安保で、三回生、四回生はちょっと勉強して、大学院に進んだらもっと勉強したいと思い、植物病理学それ自身はおもしろい学問分野だった。

　コメのイモチ病菌というのがありますね、日本で一番大きな病害で、植物病理学者の一番の目標はイモチ病を防除することで、その防除には水銀剤が一番よいのです。百姓はずっと稲のイモチ病に苦しんでいた。たとえば、東北はイモチ病が発生したら、伸びていたイネが一週間で溶けてなくなる。収穫ゼロになる。関西でも山田では、水は冷たいので、イモチ病が発生して溶ける症状も出ます。温い水のところは大丈夫。東北では夏の気温の上がらない年にはイネの葉も茎も全部溶ける。最近では

図 7　病原菌の微細構造を見るために電子顕微鏡と苦闘していた 1965 年頃

一九八三年かな、大発生したのは。

宮沢賢治の『雨ニモマケズ』の詩の中にある、「日照リノ時ハ涙ヲ流シ、寒サノ夏ハオロオロアルキ」というのは干ばつとイモチ病の大発生に直面したときの話です。どうしようもない、絶望してオロオロするしかない。「山背《やませ》」が吹く寒い夏とは、気温が上がらなくて、二四度から二八度ぐらいの低温が続き、イモチ病が大発生するのです。なぜ「オロオロアルキ」になるかというと、もう秋が見えているんです。収穫がないことが。それで何があるかといったら、それは娘を売る時なんです。娘を売らないと家族が生きていけない。宮沢賢治はそれを詠ったのではと思います。そんな残酷な詩が小学校の教科書に載っているのです。イモチ病はそれぐらいひどい、それが、殺菌剤として水銀剤が出て来て防げるようになったのですから、日本中が飛びつきますよね。

イネの苗が大きくなって、穂が出て、コメができます。穂の下のところに、四五度くらいの角度に伸びている葉があります。これは止め葉という葉です。コメにできるデンプンの八割は、この止め葉がつくるのです。そして、大部分の葉は何をつくっているかというと、茎をつくったり、根っこをつくったりしているのです。

図 8　イモチ病の病斑（ちたた農園日誌より）

イモチ病には、葉っぱにできる葉イモチ、茎に出る茎イモチ。葉イモチは少々出てもいいんです。ここから代わりの葉っぱもできますから。ところが止め葉にできると、ここが光合成ができなくて、デンプンが足りないから、コメの中身が詰まらないので、ここに発生しそうな時は、もう必死で薬をかけないとあかんのです。もう一つは、穂の首に発生すると、止め葉がせっかく合成した糖が穂に送れない。止めの一撃ですね。そんな病気発生のメカニズムを解き明かしたいと思っていました。

植物の病気と農薬と

百姓というのは、田んぼ一枚ずつ、果樹一本ずつと対話をしているのですね。京都市山科区に住んでいて、コメを作っている隣の百姓と仲良くて、その人が三枚の田んぼを持っていた。これを見せてもらってしゃべっていた時に、「今日、水を入れると言うたのに、この田んぼになんで水入れへんのか」と聞いたら、「あほやな、あの田んぼは今日、水入れんとあかんけど、この田んぼは三日後に水を入れんと、イネはちゃんとならへん」という。その横の田んぼは、一週間ぐらい後と言われて、「なんでちがうんや」と言ったら、「いや、イネを見てたら分かるやろ」と。全然わからなかった。

百姓は田を毎日見ていて、イモチ病も「病斑が十個ぐらいだったら、まあいいや」と思う。次に見に来て、「上がってきよったな、これは移りそうや」という時に、薬をやらないとあかんと決断する。観察するには時間が要りますね。ところが兼業農家が増えてきて、サラリーマン農家が増えてくると、農薬を撒く率というのが高くなるのです。朝、出勤前に田んぼを見に行きます。そして帰って来て、もう一回田んぼを見に行く。五時に退社するから六時以降です。朝の光も夕方の光も斜めの光です。虫や病気の斑点が見えにくい。お日さんが上から照らす昼間、ちゃんと見ておくと、虫がこれくらいいるとか、病気はこれくらい出ているということが見えるのです。朝方、夕方しか見ていないと十分な観察ができていない。そうすると百姓は何を考えるかというと、安全策に行き、それなら、農薬を撒こうや、になってしまう。農協に言われた通りに撒く。ちゃんと見ている百姓は、今は撒かなくても大丈夫とか、その判断ができる。兼業農家が増えて来たことが、農薬を撒く方向へと行った。

だから、日本が農業を本気で、ちゃんと専業農家で食っていけるような政策をとらないかぎり、農薬使用量はもう減ることはないだろう。農薬の種類は大きく変わったし、たしかに昔みたいに毒性の高いものからだんだん低いものに変わってきたけれど、使用量は減らない。それは何かというと、作物と対話ができないからです。

そして害虫もいます。葉っぱをパンパンとさわったら何匹か落ちてくる。それを見て、これはちょっと薬を撒いておかないとまずいかなということも分かる。ノート用下敷きに碁盤目を入れたものを作って、その上で葉っぱをパンパンと叩いて、落ちた虫を見る。ああ、五匹、大丈夫、殺虫剤は撒かなくていい。一週間後に十匹になったら、これはあかん、撒こうという、この虫見板を作って出したのは、営農指導員だった宇根豊さんです。それはむずかしいものとちがって、虫を勘定しやすいように、下敷きに線を入れただけです。それで減農薬という栽培法を創出された。

水銀剤と水俣病

一九六〇年代の終わり頃から、植物病理学という学問が変わっていく時代でした。植物の病気を防ぐ農薬が開発され、それによる最も大きな成果は、コメがいっぱいあるようになったことです。それまではコメは足りなかった。コメをたくさん作らなければならないという時代はイネの病気の研究が植物病理学の主流を占めていたが、学生時代にはイネの病害を研究課題にする研究者も減って行った。なんで終わったのかというと、一九六〇年代までは病気が出たら水銀剤を撒けばいいというのが、農家に普及したからで、研究者の間でもそれが定着していた。水銀剤を撒くということと、水俣の水銀公害とは、ぼくの頭の中では、あまりくっついてなかったのです。

図9　イモチ病対策に使われていた有機水銀剤の広告

コメの生産にあまり関心がなくなったのには、農薬の開発と共に、アメリカが生産過剰になった小麦粉を、敗戦後の日本の学校給食に押しつけ、日本でパン食が普及していく時代でもあり、コメの消費量が減少しました。コメの減反政策が打ち出されたのは一九七五年でした。

そういう時に水俣病を知り、あることに気づいてハッとしまし

図10　農業・農学とは

た。少なくとも、われわれ植物保護をやりたいと思う者は、植物が病気にかかるのを防ぎたい。しかし、防ぐだけではなく、安全な生産環境で、安全な食べ物を、安定的に生産するというのが、植物病理学者の使命であるはずだ。安全な環境は本当にあったのかと言えば、これがないということに気がつきました。自分がやりたいと思っていたことと、正反対のことが起こる水銀剤を、日本中の水田で何の心配もせずに大量に使ってしまったという事実にショックを受けました。

大学院を終わる頃、公害問題について考え始めた時に、水俣病は日本窒素という化学会社だけの話ではないということがわかって来ました。じゃあ一体、植物病理学はこれまで何をやって来たのか。植物の病気を防ぐが、それは何のために防ぐかというと、人間の食料を確保するためである。人間の食料とは何かと言ったら、栄養をとること、そして安全であることだと。ところが、それが目的なのに、水俣病の原因になっている水銀を平気で大量に使って、それで事がすんだと言っている科学、その科学と共にこのまま進んで行っていいのかどうか、そこにつき当たったのです。

そしてもう一つは、百姓の中で育ってきましたから、子どものころから、農薬の中毒なんていっぱい見ています。田舎では、殺菌剤の水銀では発症したとは言われなかったけれど、殺虫剤の主力だった有機リン剤については被害が頻発していた。殺虫剤で百姓が急性中毒を起こすのは、当たり前のようにあったことなのです。はびこって邪魔な田畑の雑草をどうするかというと、ベトナム戦争で米軍が撒いて、奇形の子どもが生まれた枯葉剤を除草剤と言って使っていた。そんな農村や農業を自分は見ていたのに、本当は見ていなかった。本質が見えていなかったというべきでしょうか。そういうことに対して、科学というのは一体何のためにやっているのか。病原菌と植物との相互関係の作用機構という視点で見ると面白い、それを研究している人間ですが、農業の現場で働いている人にとって、ぼくらのやっていることはどうなんだと考えざるをえなくなった。現場のことをほとんど教えられず、見ていなかったことを反省もしていなかった。科学者は自分の研究範囲、これは今も同じで、研究者は自分の目の届く日常で、研究する顕微鏡や試験管の中だけのことで終わっている。その向こうに農業・農村の風景があって、百姓が居てというようなことを考えて、個別テーマをやっているわけではない。

そこのところを、もう一度、統合的に考えないとだめだろうという思いがして、とくに百姓が農薬を撒いて農薬中毒を起こすというのはよく知っていたけれど、それが重大な問題だとは、自分も大学院を終わるころまではあまり考えていなかった。ぼくの中で、自分が育てられた風景はずいぶん遠いものになっていたのかという反省がありました。やはり、子どもの時の風景というのは、人間いつの間にか、ものを考えるときに影響されている、ということに改めて気がついた。そんなことを思い返したのが、学生としての終わりごろ、二十七、八歳ぐらいです。そういう自覚というか実感が、だんだんぼくの中で大きくなって来た。

一九六七年、和歌山のミカン山で高校生が殺虫剤を撒いて、死んだ。その頃は、普通だったら、こんなのは別に交通事故みたいなものですから、そういうふうに扱われて、顧みられなかったのです。

けれども、それが裁判になっていると聞きまして、研究をやっている人間として、どう対応するのか、どう考えたらよいのかと思い始めました。

こうして、水俣や和歌山のミカン山から、自分のこれからの道を考えるようになった。コメが順調に穫れる、飢えがなくなって、百姓が儲かるために、それを邪魔するイモチ病をなんとか防ぎたいと思っての植物病理学だったはずである。同じ思いで来る日も来る日も顕微鏡をのぞき込んでいた。それで、安全な環境も保証できなかったし、安全な食べ物も保証できなかった、という評価をしました。本当に植物病理学でこんなことをやっていていいのかと、水俣病はぼくにとって最初の大きなショックだったのです。

もう一回、自分は何のために農学をやり出したのか、考えなおそうと思いました。とくに植物病理学をやっていたから、そこで新しい技術開発をすることが、研究者として自分がやることかも知れないけれど、その世界というのは、もう原子力ムラみたいな世界なんです。「ムラ」です。農薬ムラなのです。そうしたら、ぼくはそこにいて、やれるだけの根性と知識があるわけではないから、一回ここから離れてみよう、離れたところから始めてみようと思いました。

3　ここから離れて農薬・農業を考えよう

その頃、無農薬ということを言っておられた方もありました。奈良の梁瀬義亮さんとか、農薬に関しては佐久病院の若月俊一さんとか、先駆者の方です。若月さんがすごい人だなと思うのは、農の現場を歩いていて、医者だから気がついたのかなと思いますが、百姓の安全を確保するのが、農学をやっている人間の一番の務めとちがうのか、と言われたことです。

農薬中毒のことをよく知っているのは、医者です。医者で農薬被害のことを一番よく知っている医者というのは、何科だと思いますか。皮膚科です。農薬が肌にかかって発疹が出るから、皮膚科の医者が一番データを持っている。阪大の田代実さんは皮膚科の医者でした。日本の原発労働者の放射能障害の最初の裁判になった岩佐訴訟の原告の診断書を書いたのが彼です。その人と知り合いになって話を聞いた。農薬被害の第一に症状が出てくるのは確かに皮膚で、外来に大勢の患者が来るそうです。

農薬ではありませんが、原発訴訟でこんなこともありました。その田代さんが、岩佐訴訟の被害者の診断をしたら、代議士が国会でバカな発言をした。こんな原発のような最先端技術の労働者問題の診断を、助手ごときにやらせてどういうことか、教授は何をしていたのだと予算委員会で質問したそうな。「教授にそんなのがいるわけがないだろう」と皆で大笑いした。

食の安全と言えば、作る側と、食う側と、二通りありますね。その頃、省農薬とか、無農薬とか、自然農法とか、有機栽培とかいろいろ言うけれど、それは消費者側からの食の安全に対する要求から農薬問題にアプローチしていく人は結構おられました。しかし、生産する百姓側の安全をいう人は、なかなかいなかった。当時、消費者として飯を食う側の人間よりも、生産者として作る側である百姓の姿の方が頭にあったので、若月さんに共感しました。農薬にまず触れるのは、百姓です。「わしらみたいな百姓が、農薬を使わずに、食えるわけがないだろうが」とあっちこっちで言われました。それはその通りだったと思います。

そして、農家に絶大な支配権を奮っていた農業協同組合は、農薬を使わないようになんて、絶対に言いません。農薬はものすごく儲かる商品だったのです。農協にとって、多種多様な農薬と化学肥料は売り上げの花形。農薬を使うな、なるべく省こうと言っていたら、農協にとって存在基盤が危うくなるので、むしろあれもこれも農家同士に競うように使わせた。農家の人が来て相談する、「作物がこんなになった」、「これを使いなさい」と殺菌剤を出す。「明日、出荷だけど」「じゃ、これをかけなさい」と発色剤を出す。「何かあったら農薬を渡していた。わたしがやっていたことは、安易すぎた」と話してくれた農協の普及員がいました。

一九六〇年代には、農薬の害について世の中ではあちこちで動き出したけれど、七〇年末ぐらいまでは、まだまだ小さい声でした。和歌山のミカン農家の農薬中毒死裁判、農薬の名前をとってニッソール裁判と呼んでいましたけれども、その和歌山地裁の一審判決で、農民は金儲けのために農薬を撒いて中毒を起こした、つまり自業自得だと言っている。そういう風潮だったと思います、役所においても、一般社会においても。

そして、消費者もまだそんなところに視線は行ってなくて、食の安全を自覚しはじめた消費者は、百姓が勝手に農薬を撒いて、金儲けのために私たちに大変なものを食わせているみたいに思う。そして、百姓は見た目がよくて粒揃いの農産物を市場から要求されるから、消費者は何も分かっておらんエゴなやつだと思う。互いに突き放したような関係だった。生産者と消費者が出会って、安全なものを作りたい、食べたいという、交流の場が少しずつできて来て、いろんなところでだんだん理解しあえるようになったのは、やはり七〇年代の終わり頃からでしょうね。

そんなことで、省農薬という言葉を使ったのは、ぼくが最初かなと思います。恥ずかしながら、無農薬という言葉を、よう使えなかった。それはたぶん技術的に、技術者として技術の面を少し知っているので、無農薬なんてそこまでできるかなという、理想としては否定はしていないのですが、ある面で農学部の人間というのは、たとえば理学部の連中と全然ちがうところがあって、できることを言わないといけないという気があった。理《ことわり》だけ言っても、だめですよと。これは、理学部の連中と議論すると、よく言うことで、理学部の連中に嫌われている。「あんたら、いいよね。春から議論を始めて、秋になって、冬になっても、まだ同じ議論していてもいいけれども、農学部は五月の連休には田植えしないと秋にはコメが穫れないんだ。どれだけ議論していても、五月の連休には田植えをしないといけないんだ」と。それでないとコメを食えない。「ぼくも理学部に行って気楽にやりたかった」なんて言うから、理学部の連中から「また石田が嫌なことを言う」と。農業は一年四季のサイクルで動いている、その期間にすることをしないと、動かないと、できそうもないことを言っていても何にもならない。「省」から入って、「無」に行ければいいし、「省」を続けてもいいのです。できることをやるしかない。

「省」農薬の発想

それで、「省く」という場合には、ゼロもあれば、十もあるけれども、それはケースバイケースでやればいいと思い、「省農薬」という言葉を使い出したのです。だから農薬とは「可能な限り省くべきものである」という規定をしました。ただし、省き方は風土と作目、そして百姓の技術で決まっていく。「じゃあ、おまえ、全部に関してやれるのか」と言われたらやれないだろうし、省農薬にしても、コメの省農薬と、ミカンの省農薬と、キャベツの省農薬は、まったく違うだろうと。だから、風土と作目と百姓の技術、生産現場ではこの三つ。それぞれに条件に合った方法を選び、実践することによって、ゼロになることもあるし、一か二もあるだろう。作目によっては一回だけ使わせてくれというのもあるだろうし、それも年によって異なる。その作目によって、天候不順の年と、一番いい気象条件の年は、違うからね。そして、もう一つ、大きくは市場の問題があります。作ったものを食べてくれる市場をなんとかしないと「省」も「無」もない。

そういう意味では、早い時代だったから、農学者としては、苦し紛れかも知れないけれど何かできることを、絵空事にならないことを、言わないといけないと思ったのです。無農薬ということができるかどうか予想もできない。研究者として、できることを表現したかったのが、省農薬という言葉だったように思います。

ところが、いま言ったような省農薬の立場からの文章を書いたりすると、無農薬を主張している人たちからは、総スカンを食う。ある時、原稿を依頼されて書いたら、今時分、省農薬なんていいかげんなことではだめです。無農薬という言葉で書いてくれないと、うちの機関紙には載せられませんと言われて、原稿を突き返されたことがあります。それについては、自分に自信がないからとても書けないと降りた。農薬を十五回使っていた栽培を、なんとか十回にし、五回にし、二回にしていく、この努力は、百姓も研究者も、それから消費者も絶対にしないといけないと思います。

宇根豊さんは、九州で減農薬という言葉を使った。会った時に、「石田さん、省農薬は減農薬とちがうのかね」という話をしていて、それで宇根さんは、「省」という言葉は「省資源」などと行政がよく使うから「省」は嫌いなので「減」にしただけで、考え方はいっしょだという話をして二人で笑ったことがある。

宇根さんは優秀な研究者で実践家でもあり、いい本を何冊も書いています。京都にも何回も講演に来てもらいました。ありがたかったです。七〇年代はまだまだそういうことはね、ぼくらは農学部の中でボロカスに言われていましたから。

『自然農法』という本を出された福岡正信さんが、そういうことをやり出したと聞かれて、研究室を三度くらい訪ねて下さった。植物防疫関係の方だったから、植物の病気とか農薬とかについてよく知っておられた。ご自分は不耕起の自然農法をやっておられて、おまえ何やっているのか、と話に来て下さったのです。励まされましたね。

今では「農薬」で通っていますけれど、「毒物をもって病気を制する法」という言い方をしていた時代もありました。毒だとわかっていたんです。だから相当に注意して扱っていたようです。毒物と付き合っているということをもっと意識して、研究者、科学者、業界もやっていれば、農薬中毒とか、環境汚染とかは相当に防げたのと違うかという気がしますね。毒が、途中から農薬という言葉に変わるのです。毒から薬に字を変えて、ごまかしをしてきた。

殺菌剤、殺虫剤というのがあります。草を枯らす農薬が出てくるのは、殺菌剤や殺虫剤よりもっと後です。植物を殺すのだから殺草剤、枯草剤にしないのかと。「殺」はまずい、それで除草剤になるのです。殺菌剤、殺虫剤の「殺」は使いたくない、というのがあったのだと思います。ベトナム戦争で、ベトナムの森に大地に、枯葉剤が撒かれました。その被害がどんな形でベトナムの人々に及んだか、私たちは知っています。殺すのではないから、使う者の気持ちの負担を軽くするから、何度でも撒けるし、食べる者の安心も誘いますね。だから、毒とか殺とかいう漢字を排除したい考えがあったんじゃないですか、だれがつけた名称か知らないけれど。除草剤が出て来るのは、一九六〇年代後半ですからね、これは明らかに農薬に批判的になり、本来、毒だと気づきはじめた世間の目を意識していると思います。最近は除菌なんて単語が流行っています。

大学院から助手時代にかけて、病原菌と植物の関係の研究をずっとやっていました。あれから四十年経ちました。今でもまだ京都府立大や京大で、ぼくが使っていた炭疽菌を使って研究しています。

その研究の突破口を開いてから、後を託してやめました。七五年頃にやめたかな。というのは、しばらく卒業生の指導はしていたのです。農学部で、農薬についての議論をする農薬ゼミをつくったときに、学生のうちの何人かは、農薬なんてダメだと言っているやつのゼミに行くなんてと言われて、先生に隠れてこっそり来ていました。農薬業界というのは学生の就職先でしょう。ぼくの関係した卒論生はどうも就職先がないということが分かった。そのことがはっきりして来たから、今までやっていた研究テーマも菌も同僚の助手に全部渡して、好きにやってくれと言って所属していた植物病理学研究室の研究分野から離れたのです。

一九八五年あたりから、国際情勢が変わって来るんです。自制のない開発による公害が地球規模に広がって来て、これ以上放置できなくなった。世界にいろんな動きや会議が出て来ました。その集大成というか、まとめというか、一九九二年、ブラジルのリオデジャネイロで「環境と開発に関する国連会議」いわゆる「地球サミット」があり、そこで、「環境」という言葉が出て来る。「地球環境問題」に注目が集まって来たら、金になる。研究者は賢いですから、金のもらえるところに寄って行きます。農薬について、社会的にコンセンサスができるのは、八〇年代半ば以降ですね。

Ⅱ 公害原論を考える

4　公害現場を歩き、被害者から見ること

こうして、公害の調査をやり出して、当時、そんなふうにして現場に入ってやってくれる研究者はいなかったから、あっちこっちから声がかかった。滋賀県の重金属公害とか農薬公害の問題はほとんど関係しました。

調査の要請はいっぱいあり、現場に一週間行ってサンプルを取ってくると、一ケ月ではとても分析できないぐらいの量がありました。朝から晩まで分析実験に明け暮れて、そうしていると、現地では事態が進んでいくわけです。被害者の運動の状況に間に合うようにデータがないとあかんわけで、それを用意する。だから、家に帰ったのはたいてい夜中ですね。六九年、ぼくが学内で不当逮捕された時に生まれた子どもが、小学生になっていました。釈放された留置場から、産院に直行して、そこで初対面した長男です。夜中に家に帰っても、絶対七時に起きた。朝飯をいっしょに食べることだけは守った。そうでないと、一週間も二週間も子どもらに会えなかったから、それはまずいと思って。

人から見ていると、よくあんなことをやっているなと思われたかも知れません。それはそうだけど、

そういう面で、最後のラッキーな時代に生きられたかなと思う。ただ、学会とか大きい組織で金を取ることができなかったから、ほとんど自前でやっていました。一年の出張旅費が、かろうじて年間五万円だったので、自分の車や大学の車で行って、ホテルとか泊まったことはない。公害現場へ行ったら、お寺はたいしたものですね、お坊さんが「本堂で寝て行けや」と言ってくれた。それから公民館とか反対運動の人の家に泊めてもらう。あとはテント。テントと寝袋はいつも車に積んでいました。

　こうした面では、最後のいい時代を生きさせてもらったかな。そういう人は、各大学にもいた。阪大には中南元さんとか、植村振作さんとか、山田國廣さんとかがいました。神戸大には讃岐田《さぬきだ》訓《さとし》さん

図 11　宇井純さん（上）、原田正純さん（下）には色々と教えていただいた。

豊平川CNP
大潟村CNP
直江津アルミ製錬
峰山メッキ公害
米原アンチモン
高月カドミ公害
琵琶湖農薬/開発
高砂水銀
富士市製紙カス
豊川CNP
新居浜アルミ製錬
和歌山省農薬ミカン
龍神村腎臓障害
高知ハウス・農薬
筑後川CNP

図 12　歩いた公害現場

がいて、九州の熊本には原田正純さんがいて、というように、仲間がいるのはありがたかったですね。東大には宇井純さんがいた。宇井さんに会ったのは数回しかないが、電話ではよくしゃべった。

それで、宇井純さんが電話して来て、「今度『朝日ジャーナル』に大学の助手の話を書くんだけれど、塩漬けにされている助手が関西にたくさんいるから、名前を教えてくれ」と言われて（笑）、それでぼくが勝手に塩漬けの助手を、阪大はこれとこれ、京大はこれとこれ、神戸大は、と名前を挙げたら、彼がその通りに実名を書いたものだから、「オレは塩漬けになんかなってない」とあちこちから怒られて、「でも、塩漬けに近くないか」と言ったら、「まあ、そうかな」と。

それから五年ぐらい経ってから、日本環境学会の幹事会が京都であって、宇井さんが、「ああ、あなたが石田さんでしたか」と。最後に二人で食事したのは、琵琶湖市民大学に来てもらった時です。彼はその頃、痛風が出ていた。初めて二人で飯を食って、それが彼に会った最後です。

分析機器も技術もないから、いろんな学部を歩き回りました。カビの分野をやっていたぼくの研究室には、化学分析機器はないので、農学部の研究室を回って、重金属の濃度を測る機器があったら、そこで貸してもらって、医学部へ行って、原子炉実験所へ行ってというように、わたり歩いて実験した。行く公害の現場ごとに、対象になる汚染物質が異なるので、適した分析機器を求めて歩き、それで、いろんなところに知り合いができて、これは大きな財産になるのです。

その時、医学部に行ったら、買ったけれど、梱包も開けてない高価な機器が廊下にあった。科研費がバンバン当たるから。置く場所もないということらしい。だから文部省の科研費というのは本当にふざけた使い方だったのです。本当に欲しいところには来ないで、学会とか、業界の協議会とかに入っていると、いっぱい来るのです。

関ヶ原から東には行かない

その時代、公害を告発する仕事の依頼はいっぱいありましたから、引き受けるかどうかの原則を決めました。関ヶ原から東には行かないと決めた。東には、名古屋大、東大、東北大、北大がある。なんで彼らがやらないのか。関ヶ原から西はぼくらがやらんとしょうがないからやるけれども。天下分け目？　そんなたいそうなものではなく、単に手が回りきらんかっただけ。

もちろん、やむなく例外もあって、富士山の裾野の製紙カス投棄の調査に二、三年入ったり、直江津のアルミ精錬工場調査に五年入りましたが、原則はそうだった。

八〇年代に市民講座を百何十回やりましたが、これも関ヶ原から東にいる人を呼ばないと決めました。東の人に頼らなければできないのなら、西日本、関西に文化がないのだから、諦めたらいいだけだと。そんなことを、あちこち言い回ったものだから、大いに誤解されたらしい。東京のシンポジウムに出た時、京大のOBの先生が司会で、「東京に来るのは大嫌いや、蝦夷地やと思っている関西から来た石田君にしゃべってもらいます」と紹介してくれた。「待て待て、そんなこと思うてへんで」と、掛け合い漫才をやったものです。

公害現地を渡り歩いた一九七〇年代

いろんな公害問題の調査協力を頼まれた一九七〇年代でした。幾つかの事例を挙げてみます。最初に取り組んだのは京都府中郡峰山町にあった手回し計算器を製造していた工場のメッキ廃液による環境汚染事件です。銅や亜鉛などメッキに用いる重金属やシアンが水系や水田を汚染した事件で、一九七〇年代の日本全国でこのような公害事件は頻発していたが、この事例は当該企業の労働者が告発し、労働者が処分されるという事案で、世間の注目を惹いた。労働組合からの要請で仲間とともに現地調査をし、毒物の排出を証明した。最初に手がけた工場公害でした。

重金属が汚染物質であった問題の中でも、滋賀県坂田郡米原町のアンチモン精錬工場の例は先例がない事件でした。アンチモン（Sb）という金属自体が世間では知られていない元素であり、その毒性

峰山の日本計算器の労組

公害源はウチの会社だ

独自の調査で対決

三役解雇にもめげず

図13　1970年7月10日『朝日新聞』記事

も十分知られたものではなかった。工場に隣接する集落では畑仕事をする住民に、激しいカユミを伴う発疹（現地ではボロと呼ぶ）が多発した。調査に入ったぼくも発疹に悩まされたものでした。この公害に数年も関係しながら、公害調査のいくつかのノウハウを収得できた。

化学分析も工夫しながらの悪戦苦闘でしたが、それ以上に住民からの諸情報の聞き取りの仕方を勉強できました。この村は百戸ほどの民家が固まってありましたが、被差別集落が半分を占めており、日常は平穏に仲良く地域を構成していましたが、厳しい問題になると素直に意見を言い合えないこともあり、この工場の公害問題はそのむずかしい課題そのものでした。だから、住民の意向を知るためには、通り一遍の調査方法では、よそ者のぼくらにはなかなか真意を話してはくれません。

同じお爺さんの意見を聞くには幾つかのチャンスがあります。自宅を訪問して聞く、村の中の道で立ち話をしながら聞く、村の集まりで聞くなどチャンスはいろいろあるのですが、どこで聴いたものがこのお爺さんの本音なのかを調査者は判断しなければならない。本音を求めて、被害者住民からの聞き取りをしていましたが、なかなかそれぞれの本音までには至らない。そして、ある日の夕方、田んぼの畔道に腰掛け、タバコをふかしているこのお爺さんを見つけ、並んで横に座り、一緒に暮れなずむ村を向うに見ながら、夕焼けが美しいねと話した。誰もいない田んぼの畔道で、一日の仕事を終えた開放感の中での会話は、それまでに聴けなかったお爺さんの本音が声となり、夕焼けの中に消えて行きましたが、村人に聞こえるわけはありません。遠望する家々を眺める心地よさの中で、たくさんの情報が得られたのです。こんな経験が、アンチモン公害調査を充実したものにしてくれました。

ヒ素に似た性質を持つと言われるアンチモンですが、人体や生物に対する毒性がどんなものであり、

図14　アンチモン精錬工場（滋賀県坂田郡米原町）

環境中でどのような挙動をするのかも皆目わからない中での被害調査でした。何人もの住民が、ボロが出た背中を壁でこすりながらの住民集会で、なんとかしてくれと迫られ、答えられない日々が続きます。専門でないからと逃げを打ってその場をやり過ごしたり、この問題に関わるのを止めることもできるでしょうが、それは敗北でしかない。それに被害者も、求めることの全部を石田ができないことを百も承知している。ならば、「できません」とは決して言わないことが大事だろう。できないのならできるようになればよい。それもできないとなれば、できる人物を見つけてくればよいと思うことにした。皮膚科の田代さん、毒性面に強い川合仁さん、魚や水質に強い中原紘之さんや学生など、参加人脈を拡げながら、時には住民のエゴとの闘いも織り交ぜてのアンチモン公害調査を続け、この工場の廃業まで辿り着きました。そして、全国で滋賀県だけが、アンチモンの排水濃度の規制基準を制定しました。この闘争勝利ももちろん大事ですが、ぼくにとっては公害調査のノウハウをいっぱい手にしたことが最大の収穫でした。

被害者への報告こそ最重要

関ヶ原を越えた例はいくつかありますが、富士山の山麓に投棄された製紙カスの問題も忘れることはできない調査でした。一九七〇年代に問題化した製紙カスが田子ノ浦に大量に排出され、漁業者の闘いで製紙カスのヘドロは湾内から撤去され、富士山麓の杉林に隠れて掘られた穴に埋められていたのです。いや、今も当時と変わらずに埋められたままです。杉林の中の穴と言っても大きいものは甲子園球場並のものもあり、大小織り交ぜて二〇〇ヶ所もあったでしょうか。そのヘドロはPCBを高濃度に含んでおり、富士山から流れ出す地下水を汚染しているでしょう。その後は製紙カスを焼却処分して減量したPS灰（ペーパースラッジ）が穴に投棄され続けています。この調査は現地の住民運動の中心メンバーが家業の電気工事の受注が製紙企業の圧力で得られなくなり、活動を止めました。製紙会社城下町の抑圧のすごさを感じ、現地の住民運動がなくなれば、手を引かざるをえなくなった。その後、新幹線で富士市辺りを通過するたびに、自分

図 15　富士山麓の製紙カス投棄現場

の不甲斐なさを思い出し、富士の裾野の杉林を見るのは辛いものです。おそらく、何の手当もなくヘドロは穴の中でしょう。

それぞれの公害調査現場のその後の成り行きを追跡する余裕のないほど、公害現場からの調査要請の中で、現場現場を渡り歩いた四十年でした。それぞれを学術論文にしたり、読み物にして残すべきだったのですが、公害被害者に調査結果を報告すれば、もっとも大事な報告が終わるので、ついつい忙しさにかまけてきっちりした報告文が書けませんでした。

人の顔が浮かばない仕事はしない

こんな小さな成功と多くの失敗の中で、反公害運動のノウハウというか、環境問題を解決するために何をやらなければならないかがだんだん見えて来ました。これが一九八〇年代での運動に繋がりました。

多くの調査地に入り、現地の人々に出会い、走り回った七〇年代はとても論文などを書く暇もないままに過ぎ去りました。いつも現場を駆け回っているだけだったような気がします。八〇年代になって、抱えている公害現場というのが減りましたから、少しは暇になったな、と実感したこともあったけれど。この頃に、いわゆる市民運動に関わり始めたのです。元気のいい女性たちに「あれせえ、これせえ」と言われて忙しくなり、底のない市民運動ですからいくらでもやることがありました。困ったものですね。そんな時間の中で、本を書くと言うのは、本当に憂鬱だった。これもやらないとあかんし、あれもやらないとあかんと思っていると、時間がなかなかない。もう一つは言いわけですが、研究者は文章の中でむずかしい言葉をすごく使うでしょう。それを見て、とてもこんな難解な言辞は使えないと思っていました。

琵琶湖を始めとして、公害問題の調査をしていた時には、分析なら何百という試料数をこなしていました。一週間現地調査に行ったら、次の四週間は分析にかかります。それを終えて、次の一週間また現地入りする。時には、一時期に五ケ所もの現場を抱えていた。とてもレポートを書く時間などない。

その時、このデータを待っていてくれる人の顔が浮かばない仕事はしないと決めたのです。その試料があったところの風景が見えない仕事もしない。分析して、それを待ってくれていた人にデータを渡すと、一番大事な仕事が終わったことになるのです。それで、レポートを書いたり、論文を書いたりするのがずっと遅れていって、「あの人にデータは渡したから、もういいや」、「あの集会でしゃべったから、もういいや」と思ってしまうから、机やパソコンの中に、いっぱいデータが残ったままです。公害反対被害者同盟の人たちとかが使ってくれたら、それで一番の仕事は終わったというふうに思ってしまって。

ある時、シンポジウムに呼ばれてしゃべって、琵琶湖の農薬汚染の実態調査結果を紹介したら、横に公害研究所の主任研究員がいて、「こんなデータが欲しかった」と言うから、「いや、使ってもいいけど、まだ論文にもしてないんや」と言うと、「なんで早うしないんですか」と言われたけれど、「いや、ぼくにとっては、もう終わった仕事になっている」と返事した。

琵琶湖調査をやった時も、「いいよ。オレらはもう書かないから、あんたが好きに使って書いて」と言って、調査仲間たちが、中南さんやぼくのやったデータを使って、本をそれぞれ出した。いい本を書いてくれました。それでいいじゃないかと思っています。ぼくができないことを、だれかが、世の中に出してくれて、役に立つのですから。

環境〇〇学の登場

それまで、公害というのは、一企業の一地方の問題としか見てなかったんです。科学者は普遍的なことをやるんだから、一企業一地方の問題なんて関係ないと思われていた。そしてバカにしていたのです。だから、二流三流の学者だと思われていた。一流とは本人も思っていませんけれどね。ところが、リオのサミット以降は、環境は金になる。ここから研究者の一流化、ぼくに言わせると三流化が始まるのです。現場を歩かない環境学者が登場して来ます。

これが、今の環境問題を困難にしていると思うのです。例えば、研究費がつきだす、金になるから入って来る、それから環境何とか学ができる。京大に地球環境学堂をつくるときのシンポジウムが何回かあって、ある教授が環境経済学の必要性を講演したときに、コメンテーターになってくれと言われて参加した。むずかしい言葉をいっぱい使う経済学は、よく分からなかった。たった一つ聞きたいのは、ぼくらが公害の現場を歩き回っている時代に、経済学者はだれも助けてくれなかった。これは、東大の宇井純さんがしょっちゅう言っていたことだけれど、「なんで工学部や農学部の連中が、経済や法学の分野までのことをしゃべらないといかんのか」と、こういう言い方をよくしていた。そのことを教授にぶつけたら、「その頃はまだ学生だったから」とかわされた。それはその通りで責める気はないが、研究者は反省しなければと思います。

その環境何とか学、何とか学ができ始める頃から、ガラッと学界の雰囲気が変わりました。やっぱり研究費がつきだすと、いろんな人が参入して来て、金とり合戦ならではの問題が出て来て、環境問題は分類され、細分化されていきます。それが本当によかったかどうかと、疑問がありますね。ぼくがかかわったニッソール裁判一つ取ってみても、そこに政治、経済、社会と科学とのあらゆる問題があり、それを分けて別々にすることはできない。総合的に見てはじめて、そこに問題点や、人間としての生き方というか、関係している領域全体でものが見えてくるんじゃないですか。

だから、公害といっていた時代の方が、本質を論じられたのではないかという気がしている。「縮小社会研究会」を松久寛さんたちが立ち上げ、活発に動いています。彼も同じような感想を持っており、怒っており、「俺は環境何とかというのは信用しない」と。二流、三流の学者のやることが「公害」だと言われていた時代は、全然関心も持たずにほったらかしにしていて、「環境」になったら金がつくようになったから入って来た。「なぜそうなのかをちゃんと整理してくれないと困る」と言っている。そのとおりだと思う。

今の学生は、環境経済学、環境生物学、環境化学、環境物理学、環境社会学、など環境のついた講義を受けているから、学生は環境のことを何でも知っていると思っている。だから環境系の自主ゼミが全部つぶれていきます。自主ゼミに行かなくても、環境何とか学、何とか学の単位を取っていれば、私は環境のことをよく知っていると思ってしまうのです。農薬ゼミも風前の灯で、学生が来ない。全部知っているから、そんなことは知らなくてもいいと。今の環境政策がこんなにあかんようになって来ているのは、公害をやっている研究者は二流、三流の学者だったのに、今は同じことを一流の学者がやるようになったからでしょう。

とにかく、六〇年代〜八〇年代中頃までの、大学における公害問題に取り組む研究者に対する評価は低かった。それを端的に示した、気象学の京大教授の発言があります。彼は学生らが公害問題を研究したいと言って来たらこんな風に説教するそうです。「君がアインシュタインになったら公害問題をやってもいいけれど、アインシュタインになるまでは、専門の研究をちゃんとやりなさい」と。けだし名言ですね（笑）。

リオのサミットまでは、「環境」なんて言葉はだれも言わなかった。ほとんど「公害」という言葉で、後は「災害」です。ぼくも京大で一、二回生の講義に参加しましたが、公害の講義を始めようとしたが登録された講義でないと単位が認定できないから、「自然科学I」という講義名が文部省に登録されているが使われていないことが分かり、その後ろにハイフンと「公害」とつけて「自然科学I—公害」という科目が作られ、それが京大の最初の公害の講義となった。だから宇井純の本も『公害原論』でしょう。ぼくらも七〇年代に「災害研究グループ」というのを作りました。人災でない災害はこの世にないと言って、がんばって論を張ってくれた同僚がいて、この人は社会学をやっていた人です。それで公害なんてわざわざ言うことはないと、だから災害研究グループにして、略称「災害研」と言っていた。何で公害と違うんですか、と言われたこともありました。

植物病理学研究室の助手のまま、植物病理学から離れて活動していました。これが京大のいいところで、普通だったら追い出されてもいいのに。その代わり、策はいろいろと講じましたけれどね。ぼくが信頼できる、ぼくより二年後に助手になった友人に、早く助教授になって、この研究室を運営してくれ。そのためなら協力して働くから、その代わり、好きなことをやらせてくれと言って、好きなことをやっていました。こんな楽な助手はいないと、助手の苦労を知らない助手だと言われました。

農薬に話しを戻して、除草剤の開発と普及の裏に、日本の経済発展があります。いや、見る角度を変えれば、日本の経済発展のかげに除草剤の開発があると言えるかな。工業化による経済成長の時代でした。工場やインフラ整備の労働力として、百姓が目をつけられた。農作業で最も手を取られるのが、休む間もなく生えてくる雑草を取り除く作業です。その手間をなくせば、田舎から百姓を安い季節労働力として都市部に連れ出せる、日本の経済発展に役立つ、というので除草剤開発が進みます。兼業農家とジイチャン・バアチャン・カアチャンの三チャン農業が増えた時代です。トウチャンは出稼ぎに行った。トウチャンに替わってカアチャンがトラクターを運転し、防護服に身を包んで農薬を撒く。出稼ぎに行くトウチャンより、機械に弱いジイチャン、バアチャンより、田畑を任されたカアチャンの方が、新しい農業の知識が上になる。日本のヨメの地位は向上しましたが、ガンの罹病率も上がりました。日本人の死因は、それまでの脳卒中や心臓病を超えて、ガンが一位になりました。その原因はいろいろでしょうが、農薬、化学物質の氾濫は大きい原因だと思う。出稼ぎのカーブと除草剤の使われるカーブをグラフに描くと、本当に同じように上がるのです。

日本中の田畑に、あらゆる農薬と化学肥料が撒きちらされました。雨で流れ出し、川に運ばれ、や

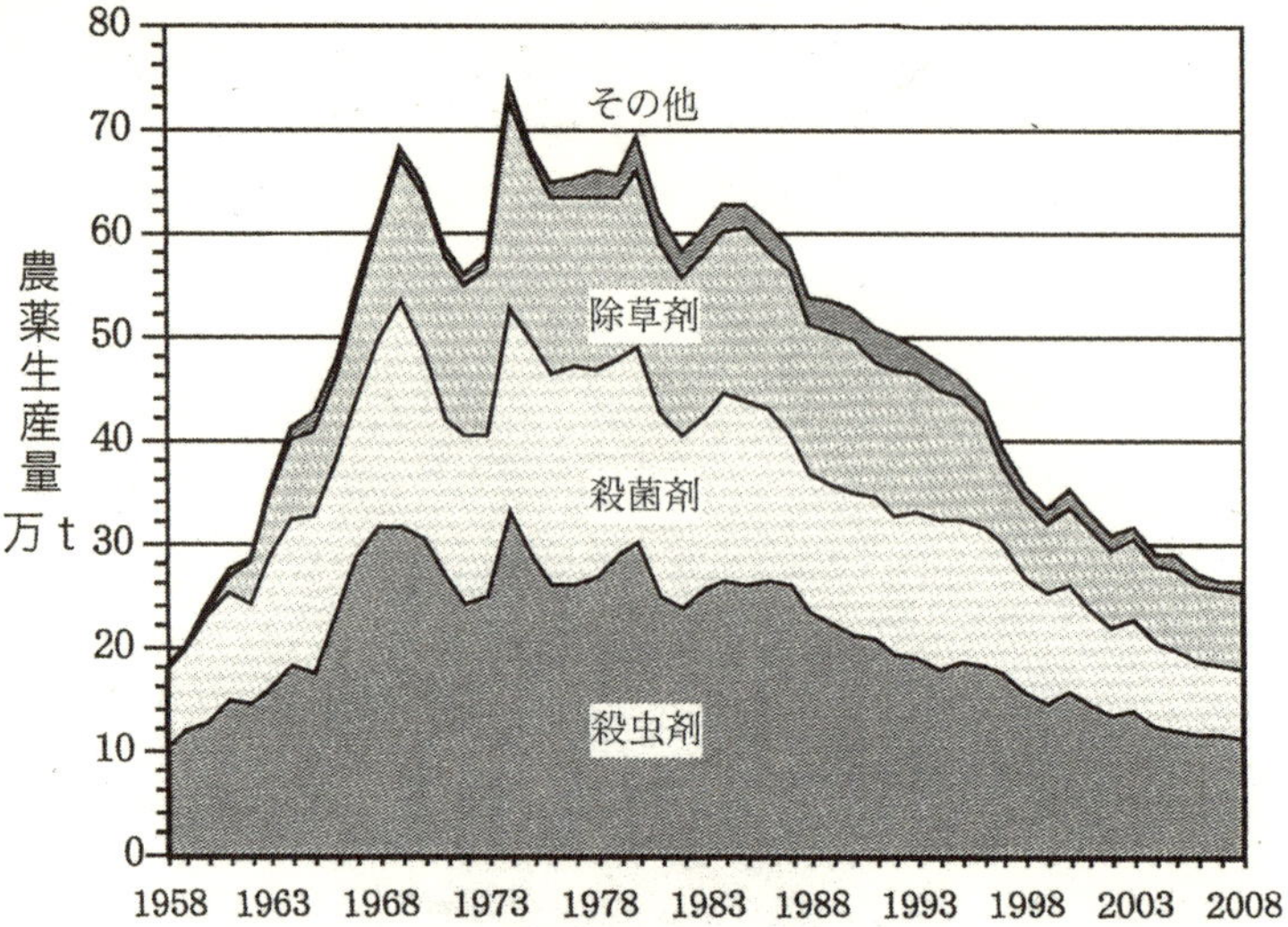

図 16　日本での農薬使用量の変遷

がて湖や海に入ります。農薬は、急性毒性は低毒性へと変化し、低分解性から速分解性へ、毒性を抑えながら今も生産され、使いつづけられています。抑えることによる新たな危険も出ていますし、ずっと前に使われた農薬が、今でも自然環境には残り続けています。厚生労働省が決めている「水質基準項目」の農薬類は百二十もあり、水質として目標値が決められています。一九七〇年代で使用禁止になった農薬はリストから消えましたが、新しい農薬が水汚染物質として要注意の仲間入りをしています。日本中にばら撒かれた農薬はどれだけあるでしょうか。田畑には限らない、家庭でも町でも使われています。そして、いずれ水に溶け、川を下流へ下流へと、行きつくところまで流れて行きます。

Ⅲ

琵琶湖は琵琶湖を汚さない

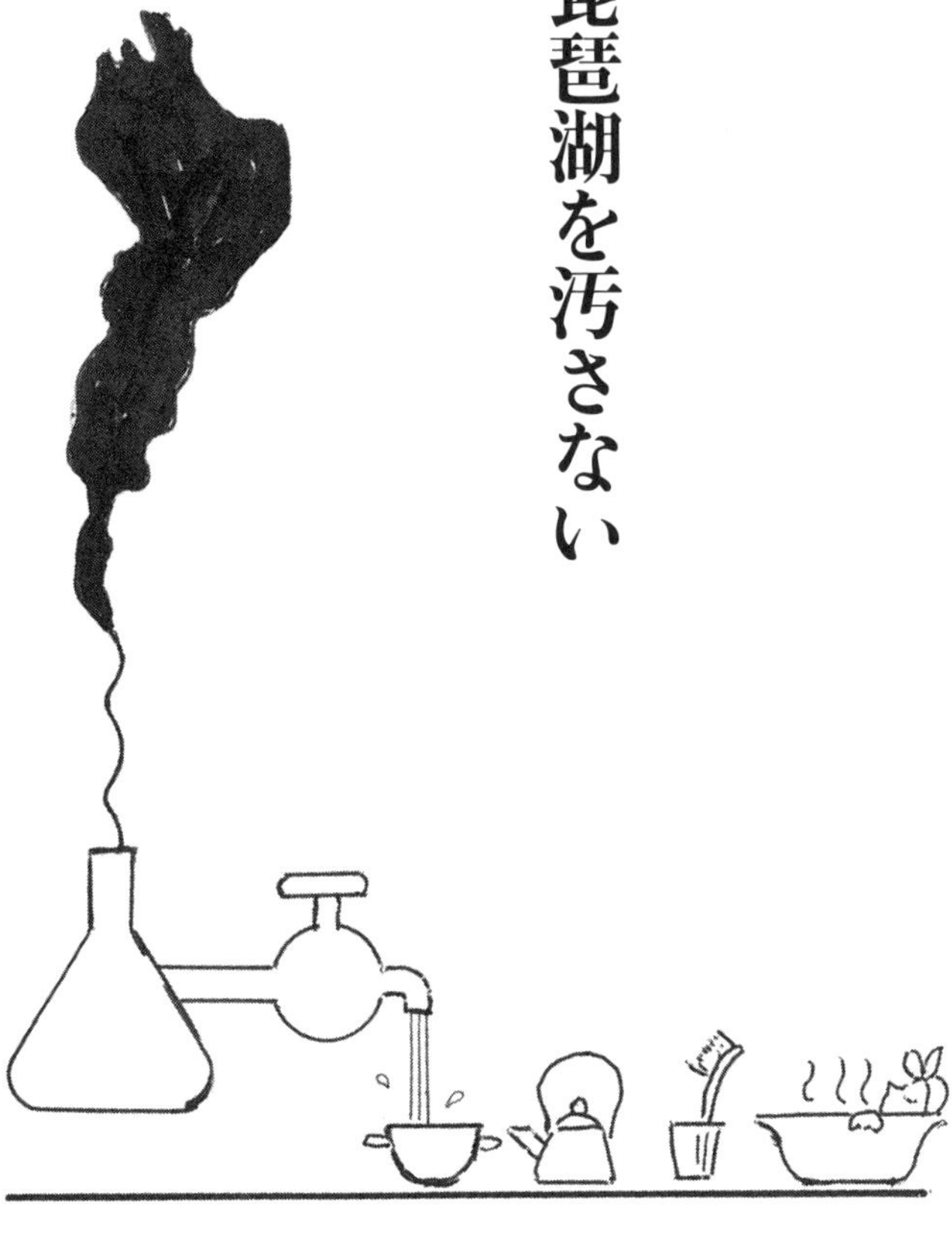

5　下流から考えよう

農薬は撒いたところから流れ下って海まで行きます。滋賀県ならまず琵琶湖まで行きます。汚染物質というのは上流から下流に流れるから、上流だけを見ていても物事は分からない。発生源だけでは全体像をつかめないので、下から遡って行かなければいけないとずっと考えていました。それはある意味では、後になって気づくのですが、社会運動そのものもそうだし、科学そのものもそうです、まして公害問題や農薬問題は。

この下流からもう一回農薬を追いかけて、上流へ上がって行って、そこで農薬のない、あるいはそういうことを心配しなくてもいい農業や農学を創りたいと思ったのです。

京都大学を定年退職した時、百十名の仲間たちが送る言葉を集めて、『水かがみ』という記念文集を作ってくれました。その冒頭にぼくは書きました。

「水はその地形の中でいちばん低い所を流れています
だから、その地形の上で人間がどんな生活をするかを色濃く映します
いちばん低い水の中から見れば
人間の生き方、あり様が見えてくると思うのです」

一九七〇年代前半に琵琶湖がものすごく汚れて来ました。赤潮が出るのが七八年です。その前からすでにすさまじく汚れて来た。ある時、小学校からの友達が、この人は三十歳台で亡くなるのですが、ふらっと研究室へやって来て、「おい、石田。琵琶湖で育ったおまえが、琵琶湖がこんなに汚れているのを放っておく気か」と挑発して来たのです。「おまえにそんなこと言われたら、何かやらんとあかんということか」、「そうだな」という話になって、やがて琵琶湖調査に入るようになりました。

ぼくの人生を顧みて思うのは、どうも挑発に弱いのです（笑）。新潟の直江津に日本一大きい三菱化成のアルミ精錬工場がありました。新潟出身で、『月刊地域闘争』（ロシナンテ社）という雑誌を発行していた星野建士さんが、師走にボールペンほどの、みじめな大根を持って来たのです。それをぼくの前にポンと置いて、「石田さん、こんな大根しかできへんところがあるんやけど、放っておくか」と言った。十二月の大根はもっと太く、みずみずしく成長しているはずです。新潟の直江津には、工場排煙が原因と思われる数十万本からの木が枯れた公害がある。そこの地域の大根でした。この時も、この挑発に負けて、それから五年間、直江津通いをしました。かねてからの信条を捨てて関ヶ原を越えた数少ない調査です。この公害の全容は『枯れ死の里より』（塚田日誌刊行委員会編、技術と人間

社出版、一九七七年）として出版されているのでお読み願いたいと思います。

そういう意味では、あまり深く考えずに、いろんなことができたというのが、自分の人生を豊かにしてくれたのかと思います。琵琶湖もそうです。琵琶湖が汚れたのも知っています。当時、子どもが生まれて、田舎に帰って琵琶湖に泳ぎにいくと、以前なら見えていたのに、目を開けていても底が見えないんです。泳いでいて、見えなくて、沈めてあったコンクリートの塊で腹を擦りむいたことがあった。そういう経験もあり、幼なじみの挑発もあって、琵琶湖を放っておけないと考えました。

図17　アルミ精錬工場公害を受けた大根
（新潟県直江津市）

徒弟奉公こそ技術修得の道

琵琶湖を調べないといけないことに話はなってきた。試験管の中のカビや細胞を扱っていた人間が、突然、琵琶湖の水を汲む。風呂の水は汲んだことがあるけれど、分析用の水は汲んだことがない人間が、はてさてどうするか。勉強しないとしょうがない。それは実践的に教えてもらう以外にはないだろうと思いました。京大理学部には、大津市に臨湖実験所があって、教授、助教授、助手、技官や大学院生が居て、調査船が二隻あるが、それほど大きくない研究所です。一九七三年頃でしたか、森主一教授のところへ飛び込みで行って、「何もできへんけど、琵琶湖の汚染調査をやりたいから、調査船に乗せてください。丁稚奉公でも何でもするし」と頼んだら、「乗れよ」と言ってくれました。

それで、月に一回か二回出る調査船に乗せてもらって、まずは船から落ちない方法とか、酔わない方法というのも入れて、技官の人や船長さんに、水の汲み方などなどを教わりました。サンプリング調査の仕方を、本を読んで勉強したことはありません。基本的に、ぼくみたいな人間は、現場で徒弟奉公で習う、それしかないと思っていました。森さんも偉い先生だったと思います。「わかった、乗れよ」とあとは何の制約もなかった。それで琵琶湖調査と関係を持つことができたのです。

そこで、水調査技術を盗みました。九〇メートルの深さの水はどうやって汲むのか全然知らなかったから。ヘェー、こんなにして取るのか。その時、足はこうやって突っ張るのか。船が揺れたら、突っ張ってがんばらんと落ちるからね。こうして七〇メートル、九〇メートルの深さから採水容器を引っ張り上げるわけです。

そのうちに賢くなってきます。水の質を調べるのに、水に薬品を加えて、発色させて、色の濃さで定量します。この時に、ピペットの目盛を見ながら薬液を加えるので、目盛線をじっと見つめます。そうすると目がクラクラして船酔いになってしまう。そのうち、先に船に乗り込んで、その仕事を取らずに、「今日はオレ、これやる」とか言って、船酔いしない他の仕事を取ることも覚えた（笑）。

図 18　琵琶湖調査での採水

農薬分析では、農薬裁判をいっしょにやった大阪大学の中南元さんが師匠です。この人は分析化学のプロです。分析については緻密で、実に厳格でした。二人で農薬分析やトリハロメタン分析などいろいろやりました。トリハロメタンは、水道水の塩素消毒で生じる、発ガン性のある塩素化合物です。中南さんはこの道のプロだから、プロの分析屋さんのやり方がある。彼の後ろについて一生懸命に盗みました。「そうか、こうするのか」と。分析などは学生実習でもやりましたが、そんなのはプロの仕事じゃない。今でも学生に言うのは、教科書なんか見ることない、人の後ろについて、人から技術を盗めと。

6　第一次琵琶湖汚染総合調査団　一九七三年

琵琶湖総合開発計画とは

一九七二年に田中角栄が列島改造論を発表するでしょう。同じ年、国の琵琶湖総合開発事業、通称、琵琶総がスタートしました。建設省による国家プロジェクトです。十ケ年計画で五千億円の予算で始めて、最終的には一九九六年までの二十五年間かかって二兆円を使いました。

どんな事業かというと、琵琶湖にこれまでより多く水を溜めて、下流の大阪などがもっと工業用水や生活用水を欲しいと言う時に、いつでも欲しいだけの水を流せるようにする湖の作り替え工事です。それで琵琶湖の水位をプラス一・五メートルまで上げたり、マイナスも一・五メートルまで下げられる。プラスマイナス三メートル幅の水を、これまでよりも自由に使えるようにしようという開発です。これで余計に使えるようになる水量は、一秒間に四十立方メートルの見積もりでした。

プラス一・五メートルにしたら、琵琶湖の周辺は水に浸かるところが出てくるから、周囲に土手をつくらないといけない。土手ではなく、湖岸堤といいますが、こんな堤を湖の回りに巡らしたら、内湖や波打ち際はつぶれてしまいます。そして、マイナス一・五メートルまで下げたら港は干上がります。漁業者にとってたいへんなことになる。これをやったら琵琶湖はだめになるというのは、単純に考えてもわかります。そんなことはおかまいなしに、日本の経済成長を進めるために、工業の発展のためには水が要るという。

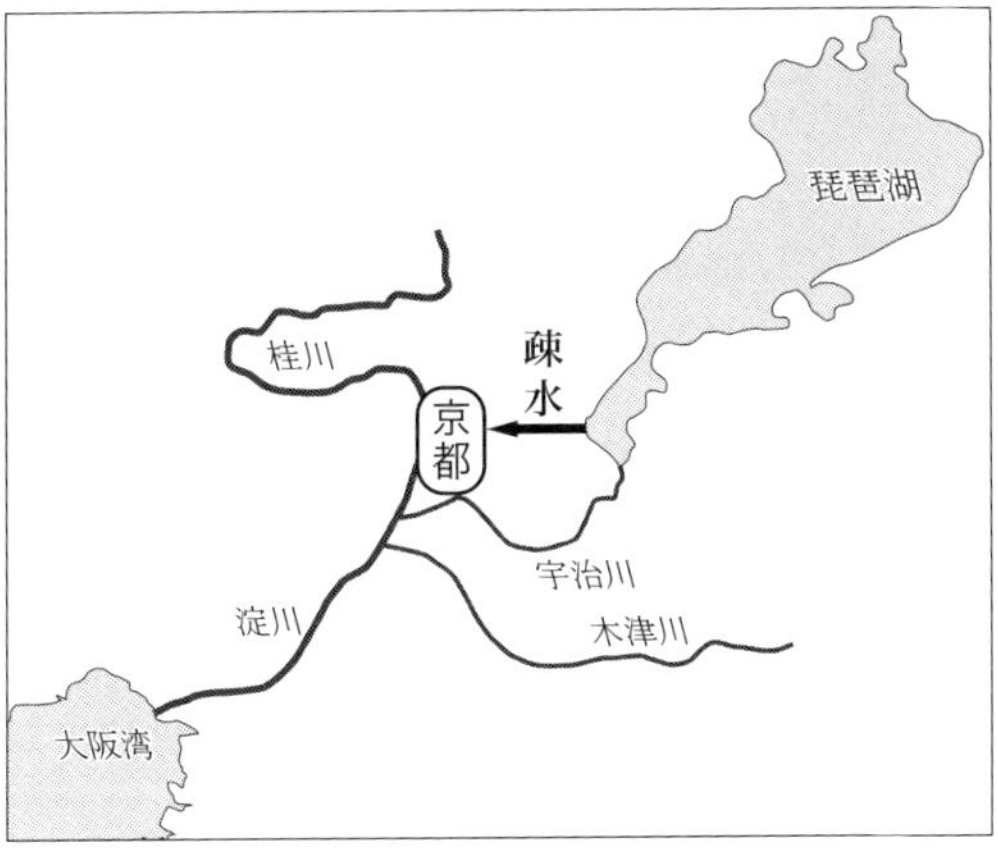

図 19　琵琶湖淀川水系図

琵琶湖を人が利用しやすいように、手を加える工事は昔からありました。一八九〇年（明治二三年）には大津から京都市までの琵琶湖疏水を造った。目的は京都の水道水を確保し、日本最初の水力発電を始めて、日本で最初の市電「チンチン電車」を走らせ、それから京都と琵琶湖の水運を図る。そんなこんなを兼ねて、大津から京都までトンネルを掘って京都疏水を通します。明治当時としては、大工事、難工事でした。あれからずっと京都の水道水は、琵琶湖の水に頼っている。

　楽器の琵琶の形に似ている琵琶湖は、北湖と南湖があります。南湖の端から瀬田川が流れだし、京都府に入って宇治川と名前を変えます。宇治川は大阪府に入る直前に、桂川と木津川と三川が合流して淀川になる。淀川は大阪平野

図20　三井寺疎水入り口（1970年代）

を流れて大阪湾に入る。梅雨になると、下流の淀川には上流からの雨が集まって流れ込み、水かさが増す。琵琶湖水系の流域で、国にとっていちばん大切なのは、大工業都市の大阪です。それで、淀川を三川合流点から大阪湾まで直線にして、水を停滞なく流す作り替え工事もして、大阪平野の洪水をくい止めなければならない。

　昔から琵琶湖が増水したら、瀬田川のあたりは氾濫する。しょっちゅう渇水と洪水が繰りかえされて、住民は難儀していた。瀬田川の浚渫というのは、明治以前からたびたびやられた。それで、水を早く下流に落として琵琶湖周辺を守ろうとすると、水は大阪に行って洪水を起こしてしまう。それで、琵琶湖の水位を調整するために、一九〇五年に琵琶湖の南端の南郷に堰をつくりました。瀬田の洗堰《あらいぜき》と呼ばれています。

　この洗堰の開閉権は国土交通省、すなわち国が持っています。今でもこれが問題になって、滋賀県は開閉権を県に返せと要求し続けていた。琵琶総の時、開閉は国と滋賀県の双方の合意になったようですが、そんなの決めたところで、国の方が圧倒的に強い。それで、氾濫しそうだと、洗堰をピシッと閉めて、大阪の氾濫を防いだ。洗堰が閉められると、琵琶湖の水位が上がり、琵琶湖周辺では水が氾濫して、ぼくが最初に住んでいた高島町辺りは水がつきます。現在は高島市出鴨というところに、一九五〇年の小学校四年生まで住んでいました。朝起きると、家の中に水が浸入しており、浮いて何処かへ行ってしまった下駄を探すのが朝一番の仕事です。三日、四日間の床下浸水は常にあった。堰をちょっと開けてくれても、琵琶湖は大きいから、すぐには水が引かない。

滋賀県の住民の不満は大きく、それで下流の宇治川に天ケ瀬ダムを造った。宇治の平等院の少し上流です。このダムで水を溜めて調整するようになってから、洗堰では大雨が降ってもそんなに閉めなくなったので、琵琶湖周辺の浸水さわぎは緩和されました。ぼくらからすると、開発工事はあかんと言うけれど、自分が子どもの頃に経験したことを考えると、複雑な気持ちです。

天ケ瀬ダムは、今、ダムからの排水バイパスのトンネル工事をしていて、府民から反対運動が起こっています。前にも天ケ瀬ダムではムダな工事をしています。天ケ瀬ダムから、喜撰山という山に、ポンプで水を上げている。何のためかというと、夜中には電力消費量は少なくなるから、動いている原発を止めたいが、原発はすぐには止められないので電力が余ります。それで山の上に貯水池を造って、夜、余った電気を使ってダムの水をポンプアップして池に溜めて、昼間電気が要るときは、ここから水を落として水力発電機を回して電気を作ればよいと揚水発電設備を造ったのですが、一度も発電していない。夜の原発電力を、無駄な水上げに使っているだけです。今、やっているトンネルバイパス工事も調べて見たら要らないことに、公共工事という名目で税金をムダに使っているだけです。

琵琶総は、野崎欣一郎という知事の時に決まりました。野崎の後の武村正義知事もやめるわけにいかなかった。始めに五千億だった予算が、最終的には二兆円にふくれ上がり、建設省は計画どおり進

図21　南郷洗堰（滋賀県提供）

めます。その結果、湖岸堤の上にはすごい湖岸道路ができて、最初の頃は京阪神の暴走族が集まってきました。取り締まりもなく、ほかに車もなく、ぶっ飛ばせるから、静かな湖畔で騒ぎ、湖の岸辺に花火のゴミやジュース缶が一面に散らかっていた。

それに、水位を下げたら湖畔沿いの全ての漁港を造りかえないと、船の出入りができない。工事で水質が悪くなったら漁業に差し支えるし、工事は漁獲量にひびくから、その補償をしなければならない。草津沖を埋め立てて人工島を作って、大きな流域下水道の最終処理場を建設した。琵琶湖八景にちなんで「矢橋《やばせ》帰帆島」なんて命名した。人工島の周辺水域は汚れて富栄養化するから、水草が一面びっしり繁茂して、今でも、絶えず船を出して、掬い上げ刈り取らなくてはならない。田んぼの圃場整備、農道も平行線に何本も走って、どうして、田んぼの中にそんなに道がいるのというくらい増えました。道は今でもある。何といっても一番大きいのは漁業補償を始めとする補償金です。事業費の六割は補償に消えたと言われるくらい、あれもこれもと金を食った。大阪では、滋賀県に一時引っ越して、漁業者登録をして補償金をもらおう、なんて冗談があった。とにかく、金さえばらまけば住民は納得すると思ったのでしょう。

その上、二兆円使って工事が完了した時に、すでに三メートルの水位上下が可能ということが空約束とわかったのです。間もなく雨が降らなくて琵琶湖が渇水して(報道では)、水位が八十センチ下がった。そしたら、建設省近畿地方建設局の局長が、下流の住民に、渇水だから節水しろと新聞で発言した。水位が下がっても一・五メートルまでは大丈夫なはずなのに、何で八十センチで節水なのか。水資源の開発工事の費用は全額、水を使う下流の市町村が負担します。琵琶総が終わって、大阪などは、水道料金の大幅値上げをして、割り当てられた分担金を住民の水道料金でまかなっている。住民が節水して水道料金が減ったりしたら、たちまち大赤字になります。赤字になっても国は分担金をまけてはくれない。大阪の水道行政はただちに新聞紙上で国に反論した、「金を出している分だけは、もらいます」。当たり前でしょう。上下各一・五メートルまでは補償つきの二兆円の買い物なんだから。これが、民間だったら詐欺で、犯罪でしょう。

図 22　流域下水道終末処理場用に建設された矢橋人工島
(建設途中の写真)

おまけに、その後、あの渇水は人災とわかった。早くから来年の梅雨は雨が少ないということが、予報で分かっていた。それなのに、その前の冬やその年の春に、建設省は琵琶湖の洗堰からいつもの年より多くの放水をして、梅雨になる前に、あらかじめ琵琶湖の水位をうんと下げたのです。それが、調査団がたまたま目にした行政側の統計表から分かりました。琵琶総だけでは水は足りないと、それを口実にして、新たに淀川水系に大戸川ダムを建設したかったのではないかと思います。「琵琶総が終われば、近畿の水問題はすべて解決する」と言って、二兆円もかけて琵琶湖で大工事をしたはずなのに。大戸川のダム計画は一時中断していましたが、また、再浮上して来ました。琵琶総の後で、水系の桂川にはダムができました。手をかえ品をかえ、よくまあ、というくらいダムを造りたがります。

人工島計画は消滅する

三メートルも水位を上下すると、琵琶湖には船が走っていますから、水位が下がったときは船を湖岸に着けられない。大津市の浜大津港は観光遊覧船の基地です。マイナス一・五メートルになると、浜大津港に船が着かないようになるといって、沖合に人工島を造って、そこへ着船することを考え、遊覧船とかレジャーのヨットとかの基地として浜大津人工島計画がありました。

当時の大津市長・山田耕三郎さんは反対だったけれど、なかなか公然とは反対できないので、人工島を造ったら水質汚濁やいろんな弊害が起こるということを科学的に証明してくれないかという話が、市長から人を介して、ぼくのところへ来た。それはやらないわけにいかないというので、琵琶湖汚染総合調査団という名前の調査団を結成したのが一九七三年です。

京都、大阪にいる研究者が集まった大きい調査団で、団長は評論家の星野芳郎さんです。その報告書で、人工島を作ったら、たとえば京都へ流れてくる水はもっと汚れるだろうということが分かりました。人工島より上流の三井寺《みいでら》の近くに京都市水道局の取水口があるので、この辺で湖水が滞留してしまって水質が悪化し、京都へは腐った水しか来なくなると予測できましたし、大阪はこれから多くの水が要ると言っているけれど、すでに水需要量は減少期に入っており、水の需要予測グラフからもそのことが証明できた。水質と水量の両方から琵琶湖総合開発と人工島建設を批判しました。

その報告書を出したら、県も断念して、浜大津の人工島の計画が白紙に戻ります。琵琶湖総合開発の中でも、白紙に戻った計画というのは、これくらいだったと思います。

琵琶湖総合開発計画を実施した結果、琵琶湖と陸地が土手で分断され、陸地の水が田圃や内湖を通って琵琶湖に流入していた経路がなくなり、汚れた水が浄化される過程を失ったのです。葦が生えていた湿地帯の消失は、水質浄化機能と湖魚の産卵と仔魚の成育の場を失わせることになります。調査団報告書を提出して公表したのは一九七五年です。その時、星野芳郎団長が新聞インタビューを受けて、二面にまたがった特集記事で、「数年後には、琵琶湖の水は飲めなくなる」と言ったのです。ぼくたちはそこまでは書いてないし、この発言の後始末をしなければならないので大変だと思っていたのですが、一九七八年に赤潮が発生しました。ぼくらが書いた報告書には、赤潮という言葉はなかった。瀬戸内には赤潮は出ていましたが、大津にある京大の臨湖実験所の根来さんが、一つの論文に、プランクトンの異常増殖が起こると書いているだけだったのです。それは知っていたが、それが赤潮というものになるとは思ってもいなかった。だから、技術評論家というのはすごいと思いました。星野さんは大変なことを言ってくれたと、赤潮問題を新聞記者からいっぱい聞かれるし、かなわないなと思っていたんだけれども、いや、たいした人でした。数値のデータを集めている研究者の限界を超えている。総括的に考えて、次を予測する。研究者はそこまでを見通し、あるいはそれまで予見して言っていかないとあかんのだが。それが科学者の限界で、数値だけ扱っている人間の限界だなと。これが技術評論家と言われる人たちの役割かなと。

そのことで、研究者として星野さんに教わって反省したし、そこまで見抜く目が必要なのは、これは技術評論家にかぎらないことだと思うようになりました。公害の現場に行ったり、琵琶湖調査をしたり、そこで自前のデータを作っていることは意義があるが、問題の深刻さ、対策をどうするかということまで踏み込んで考えなければ。現場を歩いて、自分の得意分野だけでなくて、周辺まで入れて、考えられるようになりたい。そこで生きている人と暮らしが見えてくる。科学者はデータの数字ばかり言っていてはいかんのです。

市民運動に付き合うというか、その中に入るようになって、社会運動としての市民運動の意義づけとか、それがだんだん自分でも整理できた。これは社会学者だったら、切れのいい本になるんでしょうね。ぼくの頭ではとても、そういう整理する能力はないけれども、自分が動くにはものすごく整理ができて、これでやってもいいんだと。それまでは、公害の現場の調査をいっぱいかかえていて、市民運動なんて「ヘッ?」と思っていたのです。とても近づく気はなく、それよりも近づかなくてはならないところとして公害の被害者がまず念頭にあったのです。

市民運動に近づく必要

琵琶湖の周辺には、内湖がいくつもありました。琵琶湖は大きい川から入ってくる水の量よりも、田んぼ伝いに入ってくる水の方が多いのです。田んぼの水は小川に出て、その小川が琵琶湖へ流れていくでしょう。琵琶湖の周辺にはいっぱい内湖という大小の池のようなものがあり、ここへ流れ込むのです。大きい川はいきなり琵琶湖に入るけれど、小さい川は内湖にまず入って、水は内湖から琵琶湖に出ていきます。そうすると、内湖の中で水はゆっくりと流れて、泥も沈んで、上澄みのきれいな水が湖に出て行く。内湖には葦がいっぱい生えている。小さな生物もいっぱいいる。葦の間で、農薬や、合成洗剤や、石けんや、化学肥料は捕まえられて、分解されて、吸収されて、濃度も下がった水になって湖に出て行く。琵琶総はここに土手を造るので、この内湖がほとんどなくなり、それで水は浄化されなくなった。

琵琶湖浄化には、この内湖の働きが大きかったのです。淀川ではワンドといって、川沿いにたくさん水溜まりのようなのがあって、内湖と同じ働きをして淀川の浄化に役立っていた。ワンドもほとんど国の土木工事で消えてしまった。水をきれいにするには、ここの地域社会、ここがどんな農業をするか、どんな家庭生活をするか、商売をするか、工業をするか、全部が関係して、この地域全体の環境浄化をやらないかぎり、川や湖の水質は良くならない。内湖やヨシ帯をなくしてしまったら、琵琶湖も地域も、もうどうしようもない。この社会をどうするのかという自治の問題で、皆んなでどうす

図 23　内湖

るかを考えていかないと。

例えば年間の降雨量は地方によって異なる。ここは二〇〇〇ミリぐらい降るけれど、ここは一三〇〇ミリぐらいしか降らない。そういう環境を見極めて、自分が住んでいるところは、みんなでどうしようか考える、それが大事だと思う。建設省が地図の上に線を引いて、ここはこうすると決めるものではないはずです。

それについて、琵琶総に関連してこんなことがありました。琵琶総には、流域下水道計画も入っていました。流域下水道というのは、国が進めている広域下水道で、複数の市町村にわたって造る大規模なものです。処理場は下流に一つだけ、その一つの処理場に遠くのいくつもの市町村から延々と、道路の下や田畑の下に埋設した下水管で汚水を送ろうという施設です。滋賀県を四つの流域下水道区域に分けて、四つの流域下水道で全部処理しようというものです。

鈴鹿の山のあたりから、草津まで六〇キロぐらいあります。太い下水管を入れるのに、一メートルで当時でも何百万円もかかる。なんぼ金があったとしても、こんな遠い処理場まで管を建設していたら、どれだけ時間がかかるか、金もかかる。それぞれの地域で、それぞれの家が、下水処理は今からすぐにでも必要なのに、何年もかかって何十キロメートルも管を引いていたら、間に合わないじゃないか。それに、流域下水道の計画地域に入ってしまうと、もう他の下水処理施設は造れない。流域下水道の管が来るまで、下水を垂れ流して待たなければならない。人によっては、生きている間にわが家の下水処理はできない。

えらい町長がいたのです。愛東町ともう一つは湖東町です。ここは、そんな流域下水道ではなくて、うちはうちの町だけで農村下水道を造ると言ってがんばって、建設省と対立します。建設省は、建設省管轄の流域下水道に入らないのだったら、道を造ってやらないと道路予算を全部止めた。下水道と道路と何の関係があるんだ、必要な道路は下水道に関係なく必要なんだ。こんな道理のない強権的で高圧的なのが国のやり方です。

結果からみると、流域下水道に入るより、多分農村下水道という小規模下水道を自分の町の中だけで造った方が、町としてはお金もかからないし、工期は短くて、町も住民も安く早く下水処理できます、流域下水道の工費の大半が太くて長い下水管の埋設費だから。それに、大きな処理場から、ドーッと大量の処理排水が湖に垂れ流されるよりも、あちこちの町から少ない排水が川に出て、地域の小さな川を流れながら、それこそ内湖と同じような自然浄化を受けて湖に入るほうが、湖を汚さない。処理水は自分の町の川に出るから、住民は水を見ています。何かあったら、ちょっと臭うよ、濁ってきたよとか、なんとかしようと。それが自治なのです。国は、原発を作るなら金をやろうとか、国の言うことを聞かないなら何もしてやらないのではなく、その地域に何がいちばん必要かを聞くという、口だけでなく耳も持てと言いたい。

図24　泡だらけの川

湖に赤潮が出た。琵琶湖を水源にする京阪神の住民が、プランクトンの臭いに悩まされるようになる。ウログレナというプランクトンが琵琶湖に大発生して、淀川まで流れて行った。水道水のお湯で溶いた粉ミルクを赤ちゃんが嫌がって飲まない。炊いたご飯が臭いので、おコメが腐ったと思って捨ててしまった。淀川に犬の散歩に行ったら、広い河川敷一帯に家の水道水と同じ臭いが立ちこめていたと、こんな声がたくさん上がりました。

滋賀県の人は、昔からずっと井戸水や自分の集落を流れる川の水を使っていた。琵琶湖の水は飲んでいなかった。琵琶総があって、一九八〇年代から逆水がはじまります。逆水というのは、琵琶湖の水をポンプアップして、浄化して、水道水にすることを言います。滋賀県の人は、それまで琵琶湖の水を飲んでいなかったので、琵琶湖の水質にはあまり気をかけて来なかった。逆水が始まったから、臭くてこれはたまらんということになります。

合成洗剤を使うと、それが湖を汚し、プランクトンが異常に発生したり、飲み水の安全がなくなる。京都は滋賀県に合成洗剤をやめてほしい、大阪や神戸は滋賀県や京都に止めてほしいと思う。上流にそう言いながら、自分たちが使っていてはだめだ。それぞれが、自分たちもなにかやらないと、と思って、合成洗剤問題だけでなく、各地でいろんな問題を考える住民運動が出て来ました。

7　飲み水調査

新たな毒物――トリハロメタンに取り組む市民と

水道原水である川や湖の水が汚れれば汚れるほど、浄水場では、消毒用の塩素をたくさん入れるようになります。塩素は劇薬ですから、毒性がある。塩素は病原菌も殺すけれども、水中の汚れと反応して、毒性のある化合物をつくります。その中に発ガン性のあるトリハロメタンという物質があることが分かりました。

大阪大学にいた山田國廣さんが新聞に、水道水中の発ガン性物質トリハロメタンの問題を発表して、大阪で「淀川水問題を考える連絡会」という住民運動体が、水道行政当局と交渉をしたり、住民にアピールしたりしていました。それでも行政はトリハロメタン対策に動かなかったし、データも出さなかった。

ぼくはトリハロメタンもやらないわけには行かないだろうと言って、いっしょに農薬裁判をやった大阪大学の中南元さんと、水道水の分析を始めました。ぼくらの分析だけでは足りないから、神戸大学の讃岐田訓さんは、ガン発生に関係する変異原性のことをやり出しました。瀬戸内汚染総合調査団の山田さんや大阪市立大学の五百井《いおい》正樹さんや他の研究者も集まりました。大阪市の上下水道労組や東大の中西準子さんの研究室からも来ました。当時、関西の若手科学者たちは、何かあるとこのように、大学や学部を越えて一緒に行動を起こしていた。中西さんは、関西では何でそんなことができるのか、東京では考えられない、と言っていました。そして、彼女もこの調査に東京から参加したのです。

図25　静かな琵琶湖での調査風景

関西というのは、少々働いてもお座敷がかからない世界です。東京はちょっと名が知られるようになると、すぐにお座敷がかかって、講演の依頼があり、大手の出版社や新聞社からも声がかかり、それなりに有名になる。関西では絶対にそんなことはない。お座敷がかからないし、宣伝もしてもらえないから、金もない。だから、がんばってやろうと思うと、横につながってやらなければならない。こういうのが、関西の風土の良いところだと思います。そして、関西の公害問題、その後の裁判の問題、伊方の原発問題、熊取六人衆の動きも入れて、「つるんでなんぼ」の世界を関西では作っている。この良さを残してほしいと思うけれど、最近は情報化時代になって、メールやネットでパッと表現できると、一人でもまあまあやっていけるような錯覚に陥って、関西の良さはこの十年、二十一世紀に入るとなくなってきている気がします。これは非常に残念なことで、ぼくみたいにたいして能力のない人間が何かいろいろやれたのは、つるんでやる風潮、風土があったからだと思います。

図26　その頃の著者

これは、研究者の世界だけで言えることではない。研究者だけが何か言っても大してできないし、住民が言ってもなかなか力を持てない。そういう面で、いろんな研究者同士、それから住民運動、それと労働運動も入れて、つるんで生きて行こうとしています。そんなことを、申し合わせてできるのではなくて、そのつながる力を身体で実感して実現して行ったのでしょう。東京から見れば、関西の劣等感みたいな受け止め方もあると思いますが、住民運動というのはひと括りではなくて、それぞれの風土の中で自然発生的に起こる動きであるから、そこを大事にしたいと思っています。東京が中心で関西が二番目だというのではなく、関東と関西は違う風土、違う文化なのです。

この時もこのように、みんなが集まって、手分けして、琵琶湖から淀川、大阪湾に至る河川と水道水の広域調査をしました。調査についてぼくの中では、星野団長の時が第一次で、これは第二次琵琶湖汚染調査として位置づけました。山田さんたちは、初の琵琶湖調査でしたから、琵琶湖淀川水系汚染総合調査団と言っていました。団長は中南さんでした。立場は違っても名称なんか気にしない、やったのはいっしょです。毎月一回、流域六十数ポイントの定点で水道水を採水して、京大農学部のぼくの研究室でトリハロメタン濃度を測定し、神戸大学の讃岐田研究室では変異原性のテストをしました。八五年から二年間毎月調査を続けた。行政も調査をやったようですが、これは季節ごとの年四回だけでした。

一九八五年ぐらいかな、愛媛大学で水道学会があった時です。中南さんと山田さんとぼくとが行って、トリハロメタン問題を発表した時、八木という水道関係の大ボスと技術屋がワーッと会場に詰めかけて、お前ら素人にトリハロメタンの何がわかるかと言って、大バトルになった。ぼくらは、アンモニア、つまり窒素成分の高い原水には塩素を多く入れて消毒しないといけない、それで塩素化合物のトリハロメタンという発ガン性物質が水道水の中にできる、ということを証明する研究成果を発表した。そうしたら、「そんなものは素人のいうことで、わしらは水道のプロだ」と。「アンモニアが増えても、塩素は多く入れない」と主張した。ところが、それから三年後に、水道屋さんたちが塩素を多く入れないとあかん、と言い出すのです。コロッと変わります。本当にいいかげんな連中だった。

プロがいけないというのは、こういうことです。プロは自分のことを、これはぼく自身も反省しなければならないところですが、正当化しないといけない。プロは素人より知識が上なんだと、これはプライドでしょうか、もう意地でしょうか。そういう点で、市民運動の意味は、プロでない人間の目でまっすぐに本質を見る、それはまさに生活者の視点です。自治の問題と同じで、生活者としての自治、今の生活の安全は自分らで守るという目的がはっきりしているから、見る目もまっすぐです。そのためには研究者を利用するし、行政の人も利用するし、その地域の特色のあることをやる。こんな経験から市民運動とはなんだということが、だんだんわかって来た。

行政がやらなかったきめ細かい調査をして、その数値を突きつけて行政交渉したから、これは説得力がありました。まず、大阪府がトリハロメタンを減らすことを目標にして高度処理の実験を始め、大阪市がすぐに続きました。これはもう行政間の先陣争いみたいなものです、東京もトップを奪われてはならじと動いた。間もなく関東関西の大都市圏で水道水の高度処理が実施されて、これが全国に波及し、日本の水道水の水質はよくなった。日本中の水道水源の川という川が、ダム建設やら下水の垂れ流しで汚れていたのです。それまで水道水は砂で急速濾過してから塩素で消毒する浄水法だった。その砂濾過した水をもういっぺん活性炭で濾過してオゾン消毒をする、これがいわゆる高度処理です。こうすると、塩素をあまり使わずに済むし、水の汚れも減るから、トリハロメタンの発生が少なくなる。炭がいやな臭いも取ってくれます。水質基準も改正されて、トリハロメタンの項目が入りました。日本の水道水は、これまでよりおいしくて安全になった。

臭い水道水が大阪で大問題になった時期、同じ琵琶湖の水を飲んでいる京都市ではあまり騒がれなかったのは、早くから活性炭を使って脱臭し、いわば高度処理を始めていたからでした。そして、京都の水道水は同じ琵琶湖の水でも、京都疎水の地下トンネルを通って来るでしょう。明治のトンネルはレンガ積みです。レンガは不純物を吸着する作用があるのです。「京雀はうるさいです。ちょっとでも水が臭うと、どんなにジャンジャン電話がかかって来ますことやら」と、困惑するというより誇らしげな、当時の蹴上《けあげ》浄水場の場長の弁です。京都人はいい水の味がわかるよ、水道行政もそれによく応えているよと場長は言いたかったのです。蹴上浄水場はいくつかある京都市の浄水場の中で、代表的な浄水場です。歴史も旧い。敷地の中には与謝野晶子の石碑なんかあって、ツツジの名所、花の盛りの季節は観光客で賑わいます。水の味のわかる市民には、水道週間などにツツジ見物をかねてぜひ浄水場の見学に出掛けてほしい。自分の飲んでいる水に関心を持つ、ここからも市民の活動、自治の第一歩が始まるのです。

　高度処理をする以前、「淀川水問題連絡会」が、「全大阪消費者団体連絡会」と共におこなった全国の浄水場に対する水質アンケート調査で、大阪の水道水のトリハロメタン値は全国一でした。大阪に並ぶ数値は沖縄など地方にもあった。えっ、こんな田舎でと驚くほど、水がきれいでおいしいはずの地方の水道水が、まずくてトリハロメタン値が高くなっていました。それは、国がダムを造って、そのダム湖の水を使えと強制したからです。地方自治体は、これまで使っていた地下水や、きれいな地域の川を水源にした水道水を捨てて、ダムの水に切り替えざるを得なかった

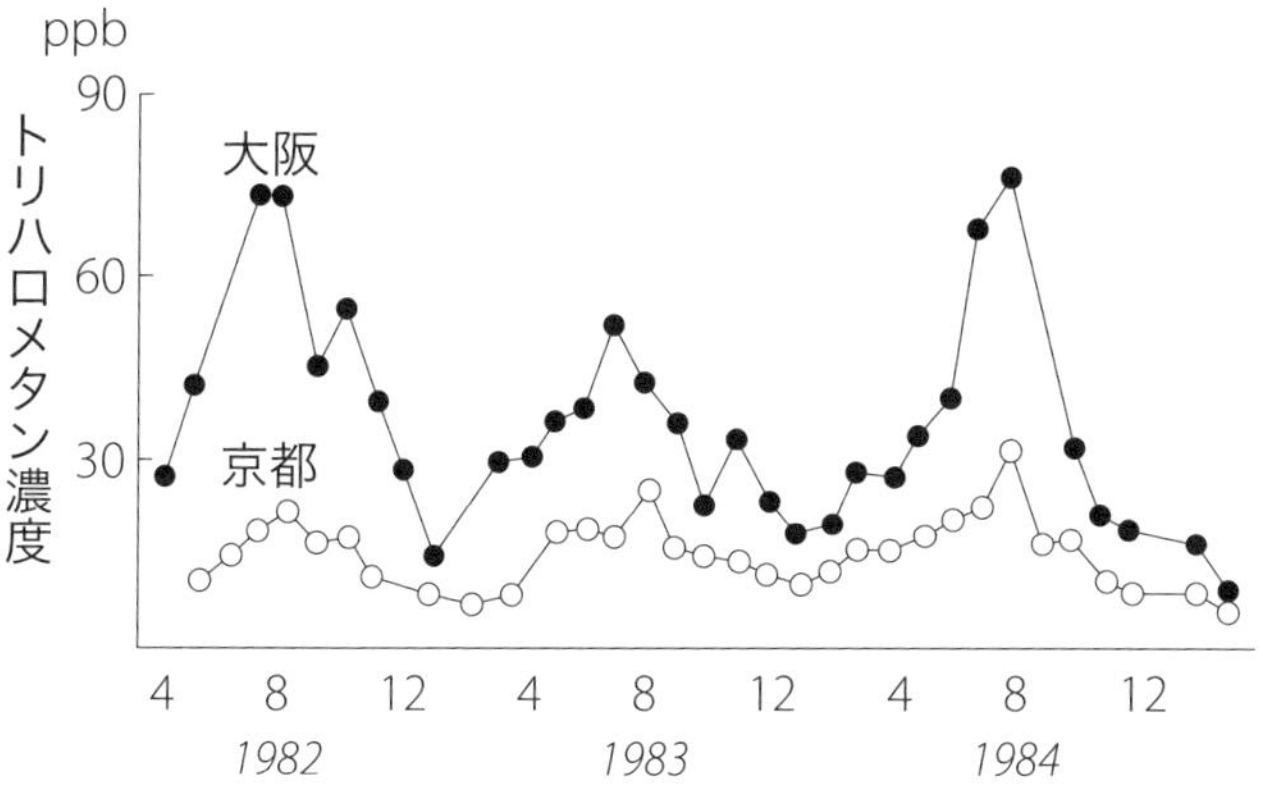

図 27　京都市と大阪市の水道中のトリハロメタン濃度

のです。そうしないと割り当てられた金が払えない。源流の山村を追い出してダムを造り、造ってしまえば、下流の町に建設費を割り当てて、水質の悪い、コスト高の水を押し付ける、こんな法律がいつの間にできたのか。公共事業とは何か。水の世界の上流下流を見るだけでなく、この人間社会の上流下流も見て行かなければならないと思っています。

琵琶湖は琵琶湖を汚さない

琵琶湖の問題は、上流の水質悪化が、下流の人に健康被害やいろんな影響を与えるという証明になりました。このとき、上水道、下水道の勉強をずいぶんやりました。要するに、ダムなど開発工事をどうするか、上流の下水処理をどうするか、山林のゴミ処分地をどうするか、下流の災害はまさに上流に原因があります。

いろいろお世話になった京都大学の池田浩士さんから、昭和天皇が亡くなった一カ月ぐらい後に「天皇制を考えるシンポジウムをやるので来てくれ」と言われて、「聞きに行く」と言ったら、「いや、京大の各学部から一人ずつしゃべってもらう」と言う。「ようしゃべらない」と断っていたけれども、農学部はだれも話そうという者がいないからと言われて、「しょうがない、何か考えないといけない」と思って、あまりものを考えずに「御所に下水処理場を、二条城にゴミ焼却場を作るとしたらどう思うか」という話をしました。これがけっこう受けた。

京都市の下水処理場もゴミ焼却場も京都市南区、伏見区にあります。排水は流されるとすぐ下流の大阪に入る。汚いものは下流に流していい、それで御所はきれいにしておいたらいいと。ゴミは全部、南の端にある伏見区に持って行く。伏見横大路の処理場で京都のゴミを燃やした煙やガスが大阪に流れて行っても、真っ黒な排水溝が淀川につながっていても、京都市民は知らん顔。伏見区の住民は伏見市が京都市と合併するかどうかという話が出た時に、合併しないで伏見市にしておけばよかった、合併して京都中の汚いものをみんな押し付けられてしまったと、今でもボヤイています。市内中心部の住民は、ゴミも下水も自分たちに関わりないというようなすずしい顔。それが差別につながる。二条城で燃やしたら、京都市民がそれで、自分の出したものは自分のところで処理する、ということを考えるきっかけになる。人権について考えるきっかけになる。

汚いものは差別につながる、京都のゴミ政策は典型的にそうで、京都だけでなく日本人がそうなので、ヤクザと被差別部落の人にやらせるという。これは、今の日本のゴミ政策が失敗した原因です。それのもとの天皇制というのを考えると言ったら、『京大新聞』が特集に書いた。皆から「お前、あまり言わないほうがいい」と言われたけれど、根本は上流、下流の話ですから。琵琶湖調査をやった根本にもそれがあったのです。

その頃、八〇年代から九〇年代に、滋賀県もいろんな対策を取りはじめるのです。前にも話したように、滋賀県を四つの区域に割った流域下水道計画というのが、琵琶総で出て来るのですが、金も時間もかかるから、農村下水道という小さな規模の下水道やら、合併浄化槽というもっと小さくて個人の家に設置できる処理施設がけっこう造られました。大小便は汲み取り車が来て、屎尿処理場で処理していましたけれど、垂れ流しだった家庭排水などはだんだん減ってきました。

琵琶総はずっと進んで来て、湖岸堤や人工島のような大土木工事が完成して来ると、浄化作用は落ちるけれど、水質は悪くなった時からすると、横ばい状態ぐらいになってくる。赤潮が出たとか、アオコが出たとか、魚がボコボコ死んだとか、そういう現象がなくなって来た。いわゆる急性毒性的なものは見えなくなって来た。だから、その水質の悪さをどう表現するかが、なかなかむずかしくなってきた。

ぼくらは調査船を持っていないから、琵琶湖調査では、漁船を使わせてもらっている。三十年以上つきあっている松岡正富さんという北湖の漁師がいますが、船のことは彼に全部世話になっている。ただ船を借りるとか操縦してもらうとかの世話だけではないのです。調査というのは、水質の汚染調査でしょう。調査して水がこんなに汚れている、農薬もこんなに含まれている、臭いプランクトンも発生している、そんなことを世間に公表されたら、琵琶湖の魚は売れなくなる。漁師にとって、琵琶総でダメージを受けている上に二重パンチになる。彼がつきあって、世話をしてくれて、調査を支えてくれたということは、それだけの覚悟を、漁師仲間とのパイプ役もしてくれながらの協力なのです。

図 28　漁師、松岡正富さん（右）

調査データを出したけれども公にはしゃべれなかったデータもいくつかあります。例えば、七〇年代から、ずっと琵琶湖で農薬の調査をやってきました。CNPという塩素系の除草剤で、商品名はMOで、日本中の水田で使われていたのです。この農薬にダイオキシンを含んでいることが見つかります。化学構造から見てもあやしい農薬だから、これは追いかけないといけないと思っていて、一九七〇年代の初めから、琵琶湖のイサザという魚に含まれているCNPを測って来ました。CNPは田んぼから流れ出して、琵琶湖に入り、湖の魚に蓄積されていく。農薬はどの魚にでも蓄積されますけれども、イサザは生態的に調査に適しているのです。琵琶湖の湖底の泥の中のこの農薬の分析もやりました。

図29　イサザ（体長は６センチほどで、佃煮がうまい）

CNPは、ダイオキシンを含んでいるということ、それから、新潟大の先生が、膵胆嚢のガンの原因になっているということを論証された。イサザの調査は四十年ほど続けました。イサザは十月から三月までが漁期なので、汚染問題が広まると、その間はイサザの市場価格が暴落するから、CNP汚染のことは喋りません。それで、四月か五月頃から秋口までは講演などでしゃべりました。その頃になるとイサザは店にないから、消費者は忘れてくれるのです。消費者はイサザと聞けば他の魚のことは考えず、イサザだけに特定して考えるからね。こんなふうに調査結果をしゃべれなかった調査は外

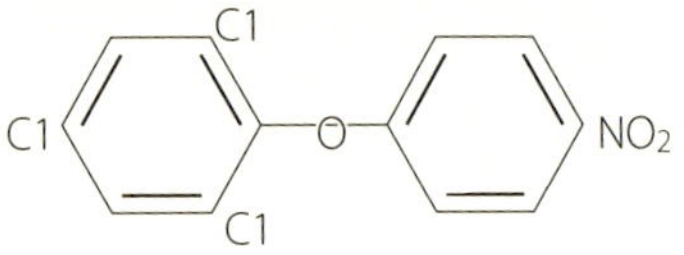

図30　除草剤CNP

にもいろいろありました。イサザを捕ってくれた漁師の松岡さんが、漁師仲間から、「お前は石田の仕事に何で手を貸すんや」と言われ、苦しい立場に立たされた。そんな時には、「漁業組合が農協に殴り込みに行くことがあったら、俺も力はないけれども、絶対にいっしょに行くから、必ず呼んでくれ」と約束して、「その代わり、この仕事はやってくれ。それくらいしか俺はよう責任をとれない」と話したら、それからも、イサザを捕ってくれた。

ところが、公害問題をやったことのない研究者は、そんな現実があるとは思っていない。チョコッと現場に行って、サンプルを採って、ピュッと分析して、ピッと書いたら、仕事になると思っているから困ったものです。

この漁師の松岡さんには、彼の親父さんの代からずっと世話になっている長い付き合いですから、なんでも言い合える仲でした。二十一世紀に入って間無しの頃に、二〇〇三年に京大を定年でやめる前くらいではなかったかな。「石田さん、第二次調査（一九八三年）をやってから二十年以上経つなあ。その後、何にもやってないけど、琵琶湖はほんまにきれいになったんか」と言って、挑発してきた。「うるさい。そんなもんきれいになってるわけがない。忙しいし、金もあらへんし、みんな年も取ってきたから調査なんかできへんわ」と言うと、「琵琶湖はようなったかね、わしら漁師は困ってんやけど」とかぶせてくる。挑発には弱いし、確かに琵琶湖はきれいになっていないのだから、受けて立たなきゃという心境に追い込まれる。

それで、このことを研究会をいっしょにやっている精神科のお医者さんで、京大の先生だった川合仁さんに話したのです。「もう調査はやらないのかと松岡にまた挑発された。バカにしやがって、お金もないし、できるわけもない」と。そのお医者さんは、ものすごくいい人で、本当に誠実な精神科のお医者さんで、水俣のことや薬害訴訟などもサポートされてました。その人が、京大を辞めてから、京都市内で医院を開業されていたので、そこで月一回の環境問題研究会をやっています。

そう言ったら、「金がないのか」と言うから、「ないわ」、「調査をやったら、どう？　カンパする」と言うから、こっちは言葉が出なかった。「そんなら今月、半分渡して、来月に残りの半分を渡すし、それでやったら」と即決でした。そういう人がいるのです。「金を出してくれるなら、やらんとあかんやないか」。だから「やろうか」と言って、やったのが、第三次の琵琶湖調査です。

川合仁さんはなにかの報酬を自分では使わずに、支援活動に使っておられたのでしょう、それで本当に多額のカンパをもらったのです。ぼくが京大にいた時から、ずっと世話になっていました。引っ込みがつかなくなって、それで讃岐田訓さんや山田晴美さんに、「カンパが入ってしまって、やらなければならんようになったけれど、どうしよう」と。それなら、琵琶湖市民大学をやって、もっとみんなに調査する現場を見てもらい、琵琶湖のことを知ってもらうことを中心にやろう、ということになった。その時、モーターボートやらジェットスキーなどいろいろな問題が琵琶湖にあったから、調査もやった。湖周辺にあった内湖もつぶされてなくなっていることも市民に知ってもらいたいというので、やり出したのです。大阪市立大、京都学園大、滋賀県の研究者や、琵琶湖博物館館長の川那部浩哉さんたちが集まってきてくれて、二〇〇六年から第三次調査団と琵琶湖市民大学を開設し、調査船に市民も乗って、定点観測をしました。

調査して分かっていたけど、なかなか昔みたいにきれいな指標がない。悪くはなっているのだが、測定数値は横ばいか、あるファクターでは悪いところもあるのだけれど、目で見て汚いとか、臭いとかにはなっていない。見た感じはきれいになって来ているようだけど、藻の生え方が変わって来たり、外来種の生物が増えてきたり、いろんな問題が出て来ている。川鵜が一時ものすごく増えて魚を獲るので、漁師は「わしらが獲る量より、川鵜が食べる量の方がはるかに多い」と言うぐらいになり、最近は鮎がだめになって来て捕れない。七〇年代、八〇年代は、琵琶総の工事の影響はもちろん大きいけれども、それと同時に毒物公害の延長で琵琶湖が汚れていたのが、今は質的に変わって来ていると思える。生える藻の種類が変わったりして、生態系としてガラッと変わったのとちがうかと思えるのです。三回の琵琶湖汚染総合調査団をやりました。第一次調査団は人工島の問題、第二次は赤潮など富栄養化とトリハロメタン、二十一世紀の第三次は市民に琵琶湖を知ってもらうための市民参加型の調査と琵琶湖市民大学でした。

一次、二次調査と、こうして走り回っていたけれど、いくらやってもきれいにならない。絶望的にきれいにならない。どれだけやってもだめなものを、いつまでやっているのか、という気分にだんだんなって来た。そうしたある時ふっと「琵琶湖は琵琶湖を汚さない」という言葉が頭に浮かんだのです。漁師の松岡さんと話していた時、この言葉が出て来た記憶がある。それが、ふっと意識に上ってきた。

琵琶湖に至るまでの、たとえば鈴鹿山脈から琵琶湖岸までの人間社会、陸上の社会が汚しているのだ。そうだ、琵琶湖は琵琶湖を汚さないのだと。だったら、陸上にある、あらゆる問題をやらないかぎり、こんなものいくら走り回って琵琶湖の水を取っても、分析しても、水ばっかり見ていては、いつまでも埒は開かないと思い、次のステップに行く、ぼくにとっては市民運動をやるきっかけの一つになったのです。

だから、教育問題もやらないと、ゴミ問題もやらないと、農業問題も、交通問題も、全部やらないと。いじめがあるような社会で琵琶湖がきれいになるわけがないというような、そういう気分になったのです。「琵琶湖は琵琶湖を汚さない」とふっと思ったのが、ここで八〇年代に市民運動に入る自分なりの整理ができたのです。だから、二十年後の第三次調査団は調査よりも市民大学に重点を置きました。

図 31　琵琶湖を囲む水田と山々

公害現場を歩いてきた人間だから、災害の被害者とは付き合って来た。しかし、住民運動とか市民運動とは付き合いがなかった。というより、あえて近づきたくなかった。近づくきっかけをつくってくれたのは琵琶湖の汚染との付き合いからです。そのまとめと琵琶湖が教えてくれたもっとも大事なことは「琵琶湖は琵琶湖を汚さない」という短いものでした。

Ⅳ　ミカンに育てられて

8　農薬裁判――農民の闘いに学ぶ

高校生の中毒死

一九六七年に和歌山県海草郡下津町大窪のミカン山で、ニッソールという農薬を散布していた松本悟さんという高校生が、農薬中毒で亡くなりました。ニッソールは、日本曹達という会社が作ったフッ素系の殺虫剤です。その前に売られていた同系のものは、フッソールという農薬で、その毒性があまりにも強いので、低毒性を謳った同系統の殺虫剤が一九六六年に発売されました。それがニッソールです。

前の薬に比べたら一〇〇倍ぐらい毒は薄いと宣伝をされた。それまでのフッソールを撒布する時はものすごい防御の恰好をしていたけれど、ニッソールでは気を抜いてしまって、中毒になった事例もあるようです。会社も気を抜かせて買うように、頭からバケツでかぶっても死なないと説明書にまで

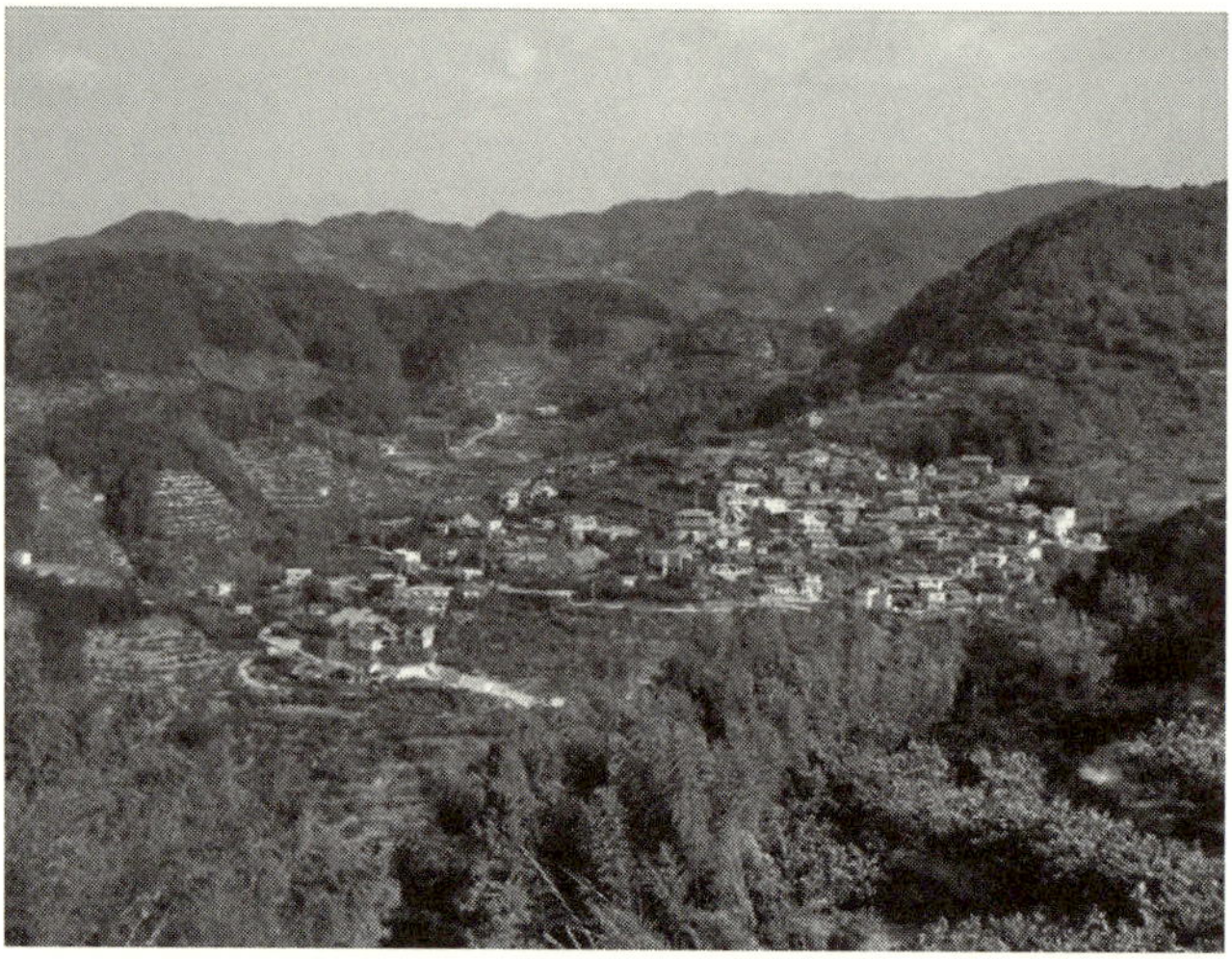

図32　大窪の村（標高200m）

書いて宣伝していました。それで、百姓もこれで楽になったと思ったと言います。ただし、ここでお話しする高校生は、ちゃんとした防御の恰好をして撒いていたのに、亡くなったのです。

田舎育ちですから、農薬中毒があるということは知っていた。これは前にも言いましたけど、その当時は大抵の農薬中毒事故というのは泣き寝入りがほとんどで、中毒死しても会社が葬式に来て、少し多めの香典を渡して終わりになっていた。それは社会全体が、金儲けのために毒と知りつつ撒いているのだから、撒いた人間が悪いという風潮の中で、百姓はおまえのところの薬でこんな目にあったということを、とても言えなかったのです。言わない、言えない雰囲気が社会、とくに農村にはあった。水俣だって、最初は患者さんの家に何かの祟りがあるとか言われるから、白い目で見られるから、ひた隠しにしたという悲しい事実があったように、そういう時代だったのです。

百姓が国と会社を訴える

こんな社会の雰囲気に抗して、一九六九年、松本さんの両親が損害賠償を求めて国と会社を和歌山地裁に提訴しました。だれも声を出さないのに、それに果敢に闘いを挑んだ松本武さんと松本エツコさんのお二人のことを知り、こんな百姓がいるのかと驚きました。裁判を起こした頃は、村八分寸前までになったとか。そういう険しい状況の下で裁判を始められました。

図 33 原告の松本夫妻

そんな裁判があると知って、松本さんに手紙を出しました。自分もいろんなことを考えているので、邪魔にならないように、裁判を聴かせてもらうしかできないが、傍聴させてもらってもよろしいかと手紙を書いたのは一九七一年三月のことでした。そうしたら、ぜひ来てくれと返事をいただいたので、裁判傍聴に行くようになった。その裁判にはいろんな人がいっぱい傍聴に来ているものと思っていたのに、傍聴席には、おじさんが二人、裁判を支えていた大阪の大叔母さんの松本員枝さんと、その仲間の方と五人ぐらいしかいなかったのです。ヘェー、こんな大事な裁判なのにと思って、これは行かないとしょうがないなと。ゆっくり勉強させてもらおうと思って、和歌山地裁通いを始めました。

裁判の法廷で大阪大学の中南元さんや、植村振作さんと知り合いました。植村さんは、婦人民主クラブの大阪の支部長だった松本員枝さんと知り合いでした。中南さんは農薬が専門というか、農薬の分析を主にしていて、その後、ぼくの分析技術の師となり、そして、環境におけるたくさんの化学物質の動向をいっしょに調べる得難いパートナーになりました。

年に一回か二回ぐらいしか裁判が開かれない。ほったらかしにされていました。農薬で裁判するなんて何言ってるのか、自分で撒いて死んだのだろと、裁判所もそんな雰囲気だったと思います。中南さんや松本員枝さんが、なんとかして裁判が開かれるようにしようと、和歌山駅前や市内で裁判を促進してくれというビラを配り始めると、やっぱり効果がありました。裁判官がちょっと気に留めたのでしょうか、法廷の回数が年に二、三回になりました。でも傍聴人が増えたのはわずかでした。やはり世の中はそうなんだ、農薬で死んでもしょうがないと、みんなが思っているのだろう。

ぼくはあまり役に立ったかどうかわからないけれど、中南さん、植村さんたちと「ニッソール中毒研究会」を立ち上げ、文献調べや裁判資料を作りました。そしたら、行政は農薬会社の情報を鵜呑みにして、毒性が高いにもかかわらず低毒性と分類したり、動物実験のいいかげんさも分かってきました。研究会の次には「ニッソール農薬裁判を支援する会」を立ち上げて、ぼくが事務局を担当しました。

それで村の人に裁判への関心をもってもらうにはどうしようかと思い、弁護士の井上善雄さんをはじめニッソール研究会と婦人民主クラブの人たちが、裁判のあったその晩に地元の大窪へ出かけ、公民館で裁判の報告会を開きました。大窪は六十戸、人口三百人ぐらいの集落で、ほとんどの家がミカン農家で、山の中腹にあります。家の庭先までミカンを植えた段々畑が迫っています。なかなか村の人は集まってくれなかった。ところが、ありがたいことに、ぼくは田舎育ちで百姓言葉を知っているので、村の人が親近感を持ってくれるようになった。やはり言葉って大事だなと思った。草取りとか、稲刈りとか、あぜ道とか、水口・水尻とか、泥落としのような農村ことばが分かりあえると言ってくれて、そして農薬や裁判の話もした。

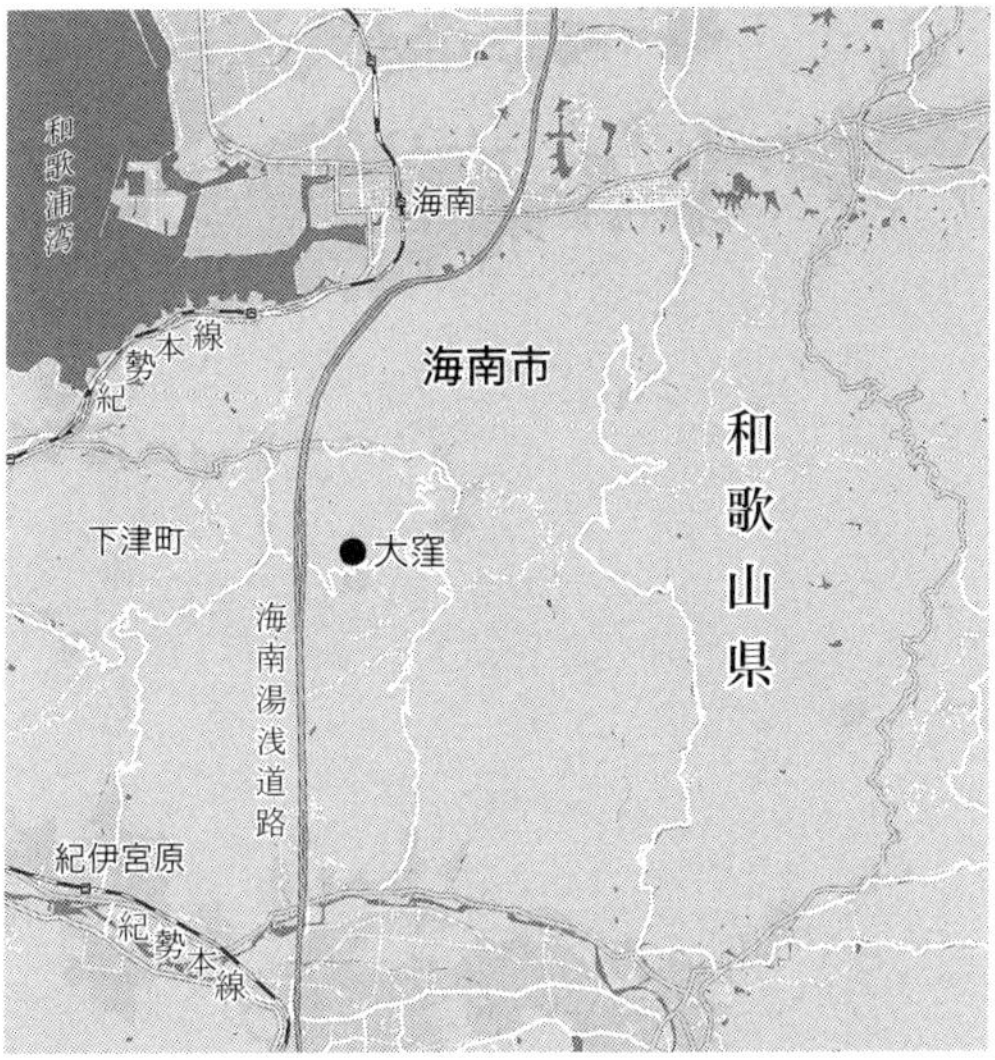

図 34　和歌山県海草郡下津町大窪（現在は海南市）

だんだん傍聴人が増えて来ましたね。最後、七年後（一九七六年）に和歌山地裁の判決が出た時には、村からも大勢の人が来てくれて、大阪、京都、東京、神戸からの支援者も含めて百人ぐらいの傍聴席が埋まりました。だから問題点を整理してちゃんとしゃべったら、分かる人は分かってくれる。村のみんなが農薬を撒かなければならないし、中毒を恐れ、悩んでいるから、そのことについて勉強してもらったから、たくさんの人が裁判所まで来てくれた。この裁判が自分自身のことだと村の人が思ったのだろう。

一審は完全敗訴、でも

和歌山地裁の一審判決の日の出来事は忘れられないものでした。裁判官が法廷に入って来たら、「起立、礼」という儀式があります。村の人は初めての経験だから、満席の全員が立ってキチッと礼をして椅子に座って、判決を聞こうと顔を上げたら、裁判官がもういなかった。小さい小さい声で主文の「原告の請求を却下する」とだけ読んで、判決文を読まずにさっと帰って行ったのです。傍聴者にはほとんど聞こえなかったので、村の人が、「わしらは判決を聞きに来ているのに、何も聞こえなかった」、「立って礼をして座ったら裁判官はいなかった」、「どういうことだ」、「こんなんでは帰れへん」と怒って、座り込んだまま、動かなかった。裁判所は困ってしまって、ぼくや植村さんに、書記官が何とかしてくれ、判決が終わったから、村人たちに傍聴席から出ていくように伝えてほしいと言って来た。だったら、ちゃんと傍聴人に判決が聞こえるようにしゃべったらいいのに、あんたらの問題だから、「そんなこと知らん」と放っておいたのです。裁判官が出て来て、もう一回しゃべったらいいじゃないかと言ったら、日本の裁判では、裁判官は絶対に二度と判決をしゃべれないと言う。傍聴席からは誰も出て行かない状態がしばらく続くと、それでは別室に裁判官が出て来て、説明するからそれを聞くということで納得してくれと言ってきた。室には全員は入れないから十数人ぐらいに、説明させてほしいと言ってきた。それぐらいしか妥協点がないからと妥協して、別室で裁判官が説明したのです。言いわけばかりでしたけれどね。これをやらせたのは、画期的なことです。日本の裁判史上初めてだろ

う と思った。後で弁護士連中に聞いたら、こんなことはあり得ないと言われた。それで、村の人も納得してくれた。これで村の雰囲気が変わりました。

原告の完全に負けでした。百姓が金儲けのために、毒と知りつつ撒いた農薬で、息子が中毒死したのだから親の責任だと。だから会社も国にも、なんの落ち度もないという判決文の主旨で、完全に原告の負けでした。一九六九年提訴して、九年かかって出た判決がこれです。七〇年代は、そんなものだった。

原告の心労と悔しさは言葉に表せませんが、自分は負けてもめげなかった。この時も、一晩寝ると、ある意味ではもっと元気になりました。省農薬ミカン山に関係しはじめていたし、村の人とも仲良くなり、自分の故郷に行くよりも大窪に行くのが多いほどでしたから。

その頃、裁判傍聴に行くと言うと、出張の許可がややこしいので、和歌山大学農学部へ研究打ち合

農薬の使用に過失
中毒死の原告側が敗訴
和歌山地裁

農薬散布による中毒死で、初めて農薬会社と国の責任を問うた「農薬ニッソール訴訟」の判決が二十七日、和歌山地裁であり藤原遠雄裁判長は「農薬の使用に過失があった」として原告側の主張を

和歌山県立吉備高校柑橘園芸科三年、十七歳＝が四十二年七月十四日、日本曹達製の農薬「ニッソール」をミカン畑に散布したあと全身けいれんを起こして農薬中毒と診断され、入院したが、十六日

重さを欠いた」と述べたほか、安全性や国の責任などについても全面的に被告側の言い分を認めた。

　裁判で藤原裁判長が早口でぼそぼそと主文をいい渡したことや全面敗訴などで支援グループらが騒

した」「不服なら控訴できることさえ告げず、逃げるように退席したではないか」ときびしい口調でたたみかけた。

　これに対し藤原裁判長は「大きな声で朗読したつもりだが、聞こ

図 35　農薬裁判判決

（『朝日新聞』1977 年 12 月 28 日）

わせに行くといって、出張届を出したら、しばらくして、事務官から「ちょっと、これまずいよ」と連絡があり、「なんで」と訊くと、「和歌山大学に農学部はあらへんで」。そうだ、農学部志望のぼくが大学受験するときに調べたが、農学部はなかった。「ほんまや。あそこにはあらへん、あらへん」と言って、「文学部か経済学部にするわ」。仲のいい事務官がいるのは大切ですね（笑）。

当時、兄は農薬会社で働いていた。ニッソールを売っている会社とは違う会社で、農学部を出て、昆虫が大好きな人で、その関係で農薬会社で働いていた。兄が農薬を宣伝販売して、弟が後ろから「あかんで、あかんで」と言っている兄弟はなんとかならんかと、植物病理学会などでは評判だったみたいです。学会に行かないようになりましたから、よく知らなかったけれど研究室の助教授が教えてくれた。でもぼくはこう思っていました。兄貴もその方面のプロとして、ちゃんと自分の仕事としてやればいい、ぼくも自分の仕事としてやっていく。周囲がどう見ようと、兄弟は仲良かったです。

だけど、本当に七〇年代は、公害問題をやるということがしんどかった。農薬裁判もそうです。繰り返しますが、百姓は金儲けのために農薬を撒いて死んだのだから自業自得だと。社会全体にこういう見方があった。社会全体が豊かになっていく、工業化して豊かになって、物が豊かにあればいいと思っていた。これは、今だってそうじゃないですか、福島原発が崩壊して逃げ回っている人々に対して、原発で金儲けしていたのだから仕様がないと言った京大の大学生院生がいましたが、彼女は多くの日本人を代表していますね。ここのところを日本は、あの公害時代も含めて、反省してない。ちなみに彼女の専門分野は「環境なんとか学」です。

村人の支援で会社と和解

農薬で恩恵をうけている家族が農薬会社やお上を訴えるなんてとんでもない、村八分にもなりかねない田舎の雰囲気だった一九七〇年代から、村から数十人を超えて支援に来てくれるようになって、二審の裁判はその後、八年間、大阪高裁で続きました。一審の時は出てくれなかった村の人が証人にも出てくれました。これが大きかった。地域住民・百姓がちゃんと対応したら、いろいろなことが変わっていく。理をつくして、自分らの主張を言ってくれました。大窪の近くの村でもこの農薬で二人が死んでいたことを後から知りました。

大阪高裁では裁判長がよかったので、本来は地裁でやるべき証拠調べを高裁がやってくれました。それで、農薬会社の実験ノートなど、重要な証拠資料が出て来た。これが大きかったですね。だんだん新聞の取り扱いも大きくなって、審理は一九八三年まで続きました。八三年に大阪高裁の裁判官が、法廷外の和解をしたらどうか、と言ってくれたのです。裁判を始めて十三年目です。もし最高裁まで行ったら、原告夫妻がもつだろうかと心配だったので、「われわれ支援者は発言しないから、好きにしてください」と言いました。それなら和解案で終結するということになりました。判決は出なかったがやっと勝ったのです。三十数年前ですが、会社から一二五〇万円の和解金が支払われました。国とは和解できなかったけれど、会社とはできた。これは日本の農薬の歴史の中で、百姓が国と農薬会社を訴えた最初の裁判で勝ったと言えます。国は逃げましたけどね。しかし、告発されたことで、その後の農薬行政は変わっていきます。

十三年間、弁護士もよく付き合ってくれたと思います。ベテランの河田弁護士と若い井上弁護士です。井上さんは、当初は司法修習生を終わって弁護士になったばかりの若手でした。支援する会も資金不足だったのに、法律事務所も快く引き受けてくれました。井上さんは一九八七年に設立された「レイチェル・カーソン日本協会」の発起人の一人です。この裁判は法曹界にも人を育てたと思っています。

ぼくの中に「省農薬」という概念が出て来たのは、裁判の中での議論からです。和歌山地裁で、農薬を使って死んだから何とかしろと裁判をしている側が、今でも農薬を使ってミカンを栽培しているのはどういうことかと、きびしい批判が支援者からありました。

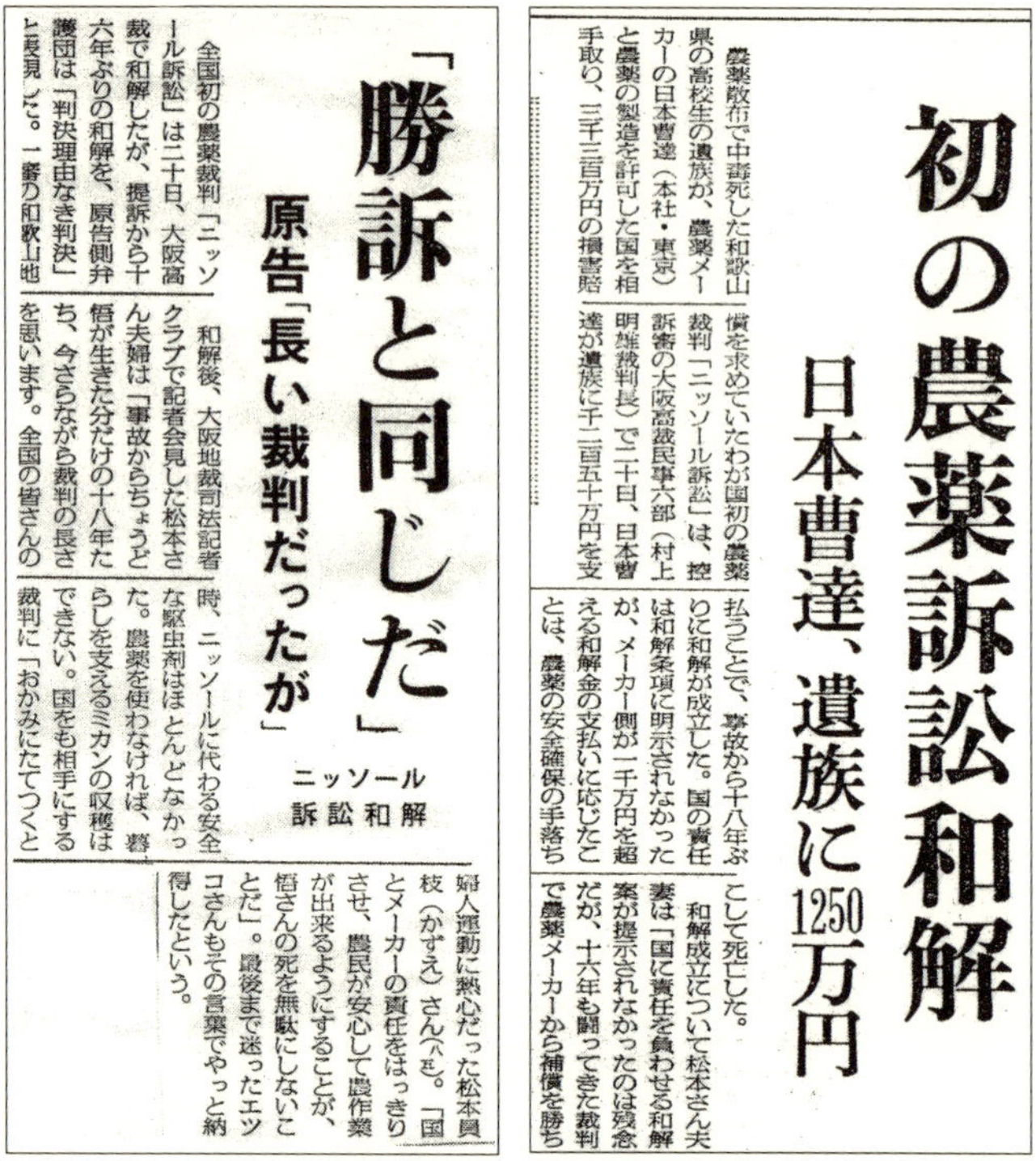

初の農薬訴訟和解

日本曹達、遺族に1250万円

農薬散布で中毒死した和歌山県の高校生の遺族が、農薬メーカーの日本曹達（本社・東京）と農薬の製造を許可した国を相手取り、三千三百万円の損害賠償を求めていたわが国初の農薬裁判「ニッソール訴訟」は、控訴審の大阪高裁民事六部（村上明雄裁判長）で二十日、日本曹達が遺族に千二百五十万円を支払うことで、事故から十八年ぶりに和解が成立した。国の責任は和解条項に明示されなかったが、メーカー側が一千万円を超える和解金の支払いに応じたことは、農薬の安全確保の手落ち

こして死亡した。

和解成立について松本さん夫妻は「国に責任を負わせる和解案が提示されなかったのは残念だが、十六年も闘ってきた裁判で農薬メーカーから補償を勝ち

「勝訴と同じだ」

原告「長い裁判だったが」

ニッソール訴訟和解

全国初の農薬裁判「ニッソール訴訟」は二十日、大阪高裁で和解したが、提訴から十六年ぶりの和解を、原告側弁護団は「判決理由なき判決」と[illegible]した。一審の和歌山地

和解後、大阪地裁司法記者クラブで記者会見した松本さん夫婦は「事故からちょうど十八年。悟が生きた分だけの十八年たち、今さらながら裁判の長さを思います。全国の皆さんの

時、ニッソールに代わる安全な駆虫剤はほとんどなかった。農薬を使わなければ、暮らしを支えるミカンの収穫はできない。国をも相手にする裁判に「おかみにたてつくと

婦人運動に熱心だった松本員枝（かずえ）さん(八五)。「国とメーカーの責任をはっきりさせ、農民が安心して農作業が出来るようにすることが、悟さんの死を無駄にしないことだ」。最後まで迷ったエツコさんもその言葉でやっと納得したという。

図 36 「勝訴と同じ」と報じる和解の記事

（1985年6月の新聞。左は『毎日』、右は『朝日』）

裁判過程で省農薬を考える

その頃、普通のミカン栽培では十五回ぐらい農薬を撒布していました。最後は、収穫の後の貯蔵期間中に腐らないようと石灰硫黄剤を撒きます。その季節になると山が真っ白になるほどでした。なんで十五回も撒くのと裁判支援者から言われた。

ミカン畑は昔から海岸線に多いでしょう。伊予は瀬戸内、瀬戸内には全島ミカン畑という島もあります。紀州ミカンは和歌山の海の見渡せるところにある。寒い冬場でも、海を通って来る暖かい風が包んでくれる場所だとミカンの木は生き残れる。当然、暖かいところは虫も菌もよく生き残れる。だから、大正の頃から、今みたいな合成化学物質の農薬はなかったけれども、いろんな方法で病害虫防除をやっていました。たとえば、和歌山では収穫が終わったミカン園の冬の風物詩は何だったと思うかと和歌山出身の同僚から聞かれたことがあり、皆目分からなかった。それは白いテントだと言う。和紙に柿渋やら油を塗った紙を張り合わせてテント状にしてミカンの木にかぶせる。このテントの中に青酸カリを入れて青酸ガスを発生させ、ガス燻蒸で害虫を殺していたのです。そして二日ほどそのままにした後、隣の木にこのテントを移して、ここでもまた同じようにする。ひとつ間違って吸ったら人も死にますから、大変な仕事だったようです。列車で毎日、学校に通っていた知人から、このテントが冬の風物詩だったと聞きました。

それから、戦前から機械油を撒くのもあったと思います。虫を窒息死させる作用があります。今でもよく使われています。葉っぱの上にカイガラムシがいますね、これに対しては機械油（マシン油）を撒くとカイガラムシを覆うように油の被膜ができて、ムシを窒息死させる。化学作用ではなく物理的作用で害虫を殺します。

人間と虫や菌、ほかの生き物との戦いでは、相手もだんだん強くなってくるから、もっと強いもので対抗しなければならない。そんな強力なものができるようになったのが、第二次世界大戦でのナチスのおかげです。おかげといっては変ですが、これは農薬の開発の出発になった毒物のことです。日本で有名になったサリン、これが殺虫剤の出発点です。サリンは主に人を殺すためのもので、あまりにも毒性が強くてとても農薬としては使えないから、化学構造を変えたのが、戦後に使われ始めた有機リン剤のパラチオン（商品名ホリドール）です。それからフッ素系化合物で、フッ素がついていると、毒性が強くなることをサリンで見つけて、フッ素系農薬が製造されはじめ、最初に販売されたのがフッソールで、ついで少し毒性が弱くなったのが松本悟さんが亡くなったニッソールという殺虫剤です。農薬も毒ガスの平和利用と言っていました。今も、その言い方は原発擁護に核の平和利用という風に使われていますね。その先がどうなるかはチェルノブイリやフクシマを経験するまでもなく分かっていたはずです。農薬もその例だったのです。

農薬は毒であるという、肝に銘じるべき前提が農薬のいちばん近くにいる百姓に伝わっていなかった。アメリカの広大な農地にヘリコプターで農薬散布したのを真似して日本でもやった時代がありました。日本では農地のすぐ横に人家がある。町もあり、アメリカとは環境が違うことなど無視して強行した。農薬を空中散布する日だから、何時から何時までは外に出てはいけないと回覧板が回ってきた。散布後、鉢植えが枯れてしまったり、池の鯉が浮いたり、学童に中毒が発症した。

研究者というのは、研究をしているのだから、その化学物質のプラス面とマイナス面どちらも分かっています。科学者だけでなく、それで製品を開発した会社や流通業者（農協など）はその両面を承知しているけれども、プラスのことしか言わない。マイナスはなるべく言わないか、できるかぎり言わない。その限度というか、範囲をきめるのは行政であるはずなのに、国民が行政を信頼して任せられるのかというと、ニッソール裁判の時のように、結局、責任はとらないで、うまく逃げてしまおうとする。便利になる、楽になる、金はかからない、いいことばかり言って、マイナス面は言わない。会社、行政そして研究者も言わないという農薬ムラがある。原子力ムラとはフクシマ後にはよく言われるようになったが、いろんなムラがこの世の中にはある。かならず研究者がそのムラの良識のような顔として座っている情けない状態は今も続いている。原子核工学の学生の就職先は、原発をつくっているところか、電力会社でしょう。だから、原発の悪い面を言わないと学生も採用してくれるし、儲けた金も回ってくる。言わないといいことばかりというより、言った場合のデメリットが見えている世界である。

これで結局、日本の科学界、日本の企業、この二つの体質は同じになった。産学協同という言葉に反発した頃がありましたが、今は、そこに政治が大いに介入し、軍事が加わり、産軍学共同の時代に入りつつあります。二〇一六年九月に安保法制（戦争法）が成立し、海外派兵が合法化され、軍事技術に関連する研究には研究費を出すと露骨に大学と研究者に迫り始めた。それに抗する動きは悲しいかな現役の大学人からはほとんど出ていない。

農薬裁判も含めて、やって来たことを、科学者運動だと思っています。公害問題、農薬問題に関わって来て、百姓を何とかしたいというのはもちろんありますが、大学闘争で問われた、科学とは何ぞやという問いへの自分なりの回答を追い求めてきた。だからぼくは、科学者運動として、すべてをやってきたつもりです。そして、科学者は現場を知らないでいては、本物の研究はできないと思っています。

9　省農薬を実現したミカン山

一九七八年から、ミカン山の調査をはじめました。調査は二〇一八年の今も続いています。なんと四十年も一枚のミカン園で好きなように調査をさせてもらっています。なぜそんなことができているのかと不思議でしょうが、それは、仲田芳樹さんという、一人のすばらしい百姓との出会いから。

仲田芳樹さんは、松本悟くんの伯父さんで、一九七〇年から、新たに山を開墾して苗木を植えて、七二年に省農薬ミカン園として出発した。七四年といえば、和歌山地裁での裁判が係争中でした。そんな時になぜ「省農薬ミカン園」が始まったのかについて、その後ずっと仲田さんとぼくは、笑いながら言い争った。仲田さんは「あんたが省農薬園にしようと言うたから、わしは始めたんやで」と言う。ぼくは「なして俺が言うか。ミカンを作ったことがないのに」と。いつも酒飲むと水掛け論をやっていました。ぼくは絶対に仲田さんが言ったと思っています。農薬を使わないと、果実の表面が汚くなり、農協も市場も取引をしてくれませんから、農家は食っていけない。その現実と農薬裁判の中での主張との狭間で松本さんも仲田さんも悩んでおられた。そして、丁度、新しいミカン園を始めたの

図 37　省農薬栽培を実践した仲田芳樹さん

で、その園では農薬をできるだけ使わないミカン栽培をしようと仲田さんは考えられた。二人で喋っているうちに、ミカンは仲田さんが作る、ぼくらは調査記録をするということになり、それ以降、仲田さんと裁判支援者と農薬ゼミが二人三脚以上のおもしろい関係で今日までやって来ました。

農薬ゼミという自主ゼミの学生と市民

この調査は、実際に省農薬でミカンを栽培した場合の病虫害発生調査であると共に、ぼくにとってもう一つの側面がありました。日本の研究に対するアンチテーゼです。研究者は研究に金が付いたら調査する。農水省などの調査研究プロジェクトはだいたい五年間ほどは研究費が付くので、その五年間は調査し、五年経って論文書いて終わったら、その後は知らん顔です。こんな五年くらいのデータで百姓を説得するなんてできない。ぼくらが省農薬ミカンの実験栽培を五年で止めていたら、とても信用してもらえなかったと思う。だから、研究というのは、すぐに結果が出て、理論が立って、政策が変わるというようなものではない。そういう思いがあって、「農薬ゼミ」という自主ゼミをつくりました。そのゼミの活動として省農薬ミカンの調査は毎年やろうと決めて、四十年後の今も続けています。

もう一つ、ぼくは六〇年安保の世代で、その後の六九年の大学闘争は、時代の変わる時だったのかも知れないけれども、あそこで突きつけられたことに、まじめに答えようとしたら人生が終わってしまったという人がいっぱいいる世代です。科学論をするほど賢くないけれど、既存の価値観に囚われないで、自由な発想で、自分のやりたい専門を考えることができた世代だったのかと思います。公害現場を歩き、被害者にとって必要な調査をやる中で、研究や大学や社会の在り方について考えることができたので、若い連中にも農業や環境問題を抱えている現場を歩き、考えてほしいのです。だから、現場をどう歩かせるか、和歌山のミカン山を長いことやって来たのは、その一つで、現場を見てほしい。そして現場の百姓としゃべり、それが自分なりの農業、農薬に対する考えを創り上げるきっかけになると思っています。ところが、教室に座らせて、出席を取って、先生の講義を聴いて、覚えて、言ったことをテストやらレポートに書いて、それがいい子だとしている今の教育が立ちはだかっています。全部を否定しませんが、そ

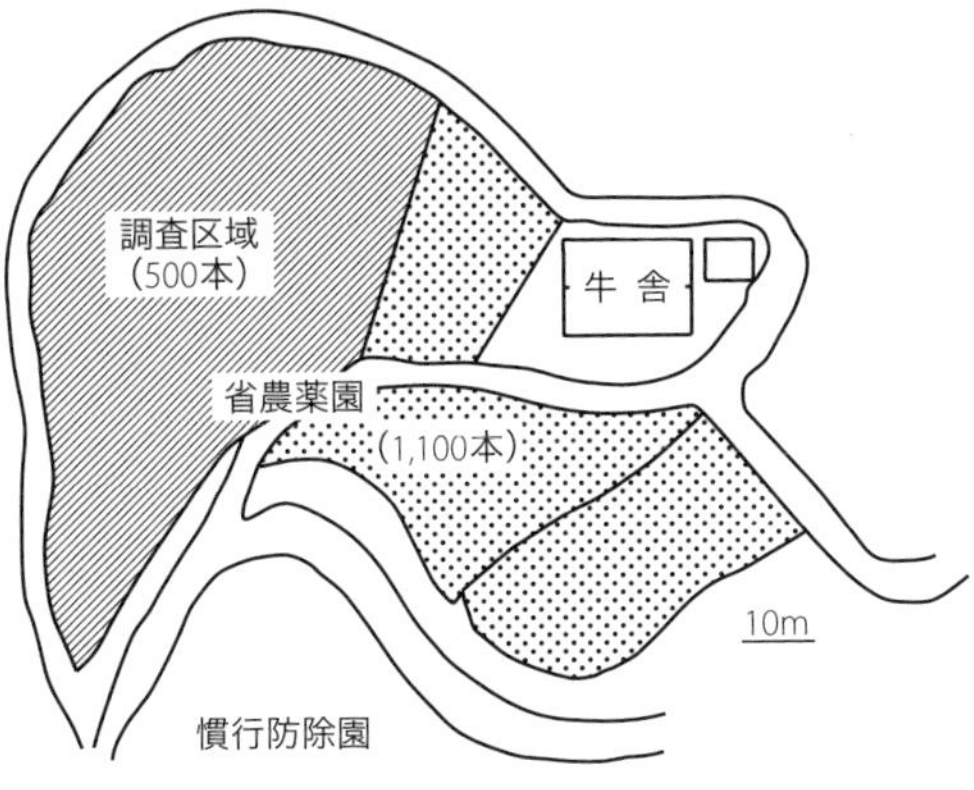

図38　省農薬ミカン園

んなことより、もっと現場に行ってほしいが、時間がない。学生にも、先生にも時間がない上に文科省の締め付けもあり、現場と付き合うことなどできないのが今の大学です。

一九七六年から二十年間は、一町歩のミカン山の半分、五百本の木を調査対象にして夏と秋に調査していましたが、木が大きくなったので、五百本はとてもできないから、今は五十本に代表させて調査をしています。五十本でも結構な量です。調査内容を詳述する余裕がないが、この園で発生する害虫七種類と病気三種類の発生状況を数値化して記録し、秋には果実数も調べています。そして、単に

図 39　省農薬ミカン園

図 40　大害虫のヤノネカイガラムシ（メス成虫）

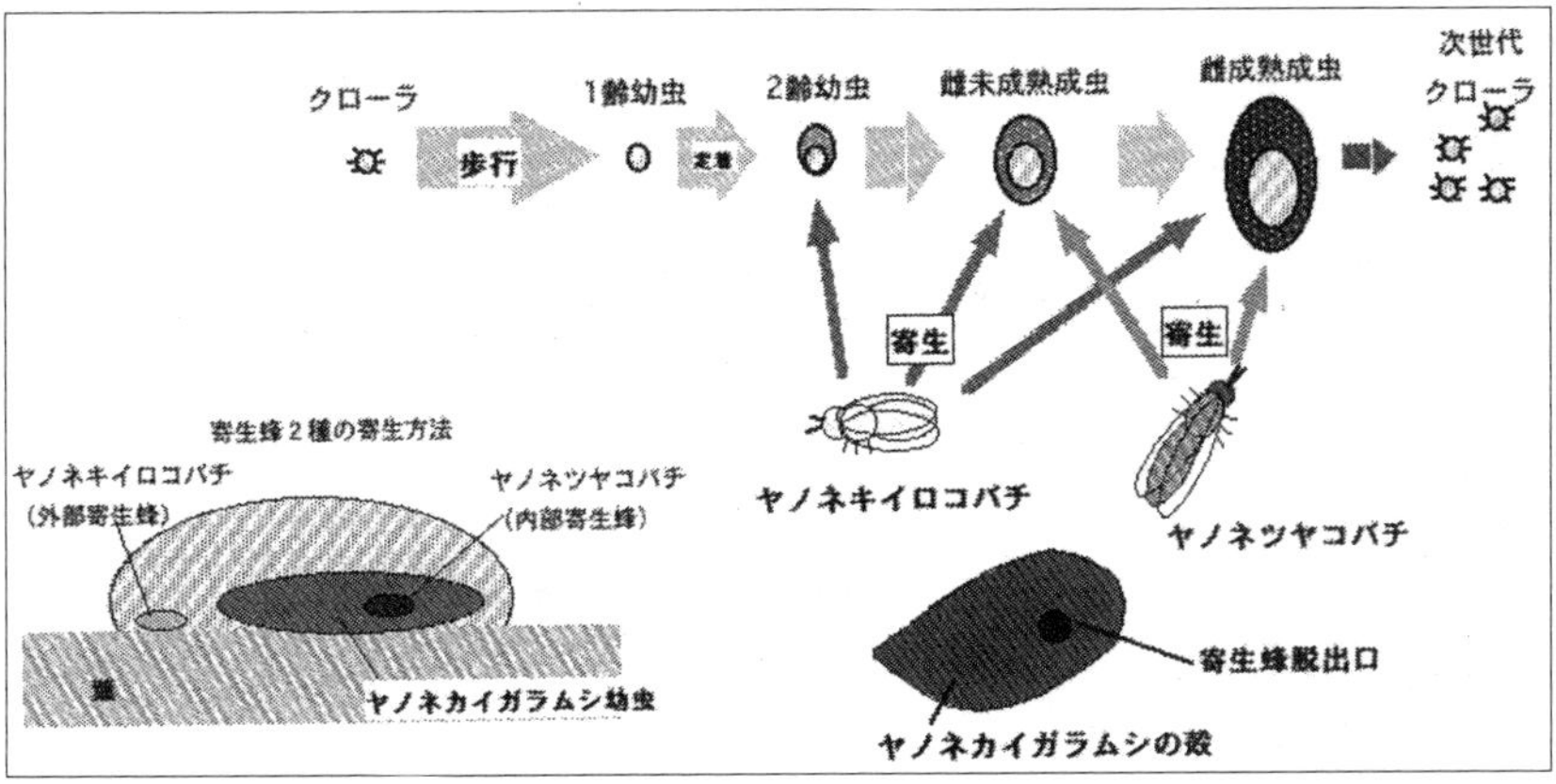

図41　天ヤノネカイガラムシと天敵の関係図
ヤノネカイガラムシと寄生蜂（ヤノネキイロコバチ、ヤノネツヤコバチ）の生活史
（天敵蜂２種を導入した。いずれも肉眼観察が苦しいほどに小さな蜂である）

農薬を減らしただけではなく、一九八六年に、ミカンの最大の害虫であるヤノネカイガラムシの発生を抑えるために、ヤノネカイガラムシの天敵であるアカヤドリコバチとキイロツヤコバチをこの園に導入し、散布農薬の種類と量を少なくし、ほぼ完全にヤノネカイガラムシの発生を被害無しの状態にまで押さえ込む事に成功しました。この実験を通じて省農薬栽培に百姓もぼくたちも自信を得て、それから三十年後の今も栽培を順調に続けています。

ぼくは今は調査していません。一〜二ミリぐらいの虫を見つける作業は老眼ではきつすぎるので後方支援だけです。今の学生は、石田は調査したことがあるのかと思っているでしょうね。単位もでない自主ゼミですが、途切れることなく学生が参加してくれて、四十年も続けてこられたのは当事者にとっても驚きです。続けたからと言って役に立つかどうかは分かりませんが、記録は残さないといけないと思ってきただけです。それからもう一つは、百姓と

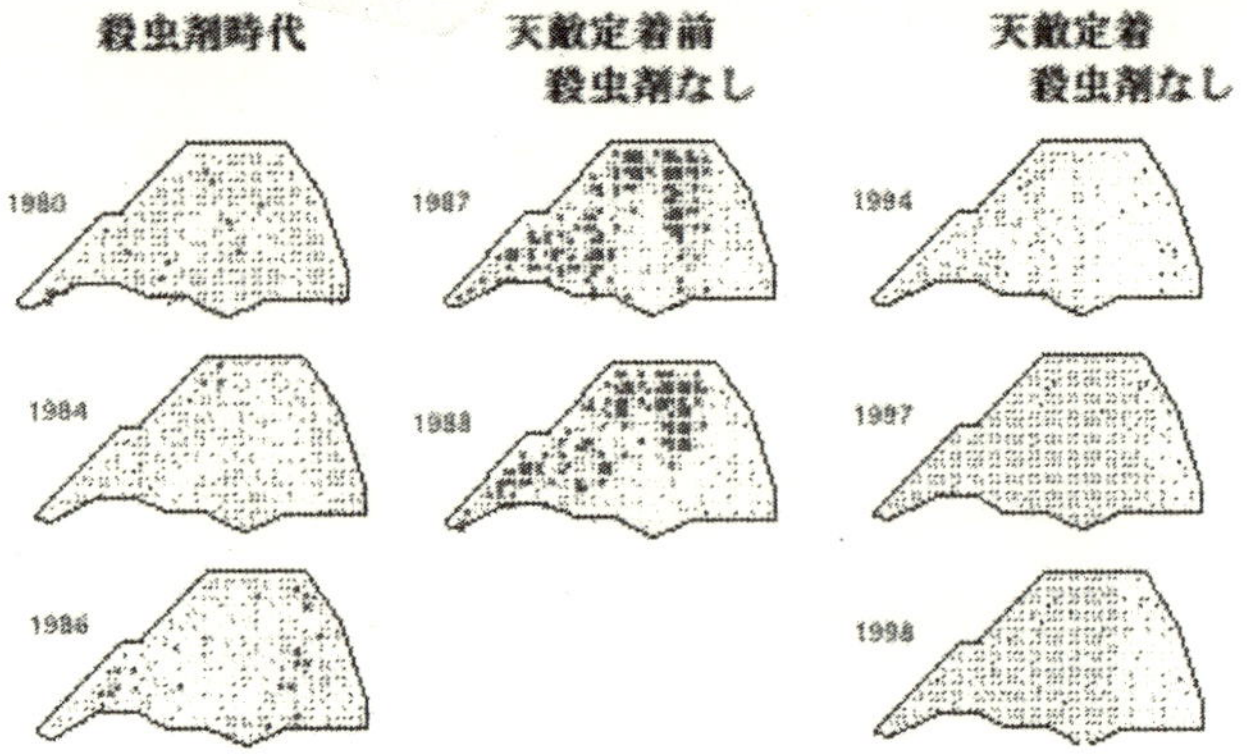

図42　天敵導入前後のヤノネカイガラムシの発生状況
（調査園の500本のミカン樹ごとに調査結果を表示。
黒い点の木は枯死の危険性が高いことを示す）

付き合い切るためには、五年で止めてはいかんと思ったからです。

病害虫調査を続けて四十年

もうひとつのゼミ作業として、生産された省農薬ミカンを自分たちで売ることです。こんなミカンは市場に出しても買い叩かれるだけだから、自分たちが生産から販売まで付き合い切ろうと決意しました。ゼミメンバーは宣伝チラシ作成から注文取り、販売配達から集金までを自分たちでやり通し、その中で農薬問題について知るべき全過程を体験しています。このゼミ活動全体を表すなら、それは「環境問題への逃げられないかかわり」です。五年もすれば全て分かったような顔をして、はい終わりました、次に行きましょうかというようなことでは環境問題をやったことにはならないと思っているから。

一九八六年頃でしたか、東大の高橋晄正さんがやっていた『薬のひろば』という雑誌に省農薬ミカン園のことを連載しろと言われました。農薬裁判では、研究者として本当に真剣に関わってくれた方なので、断りもできず、仕方がなく書いたおかげで、八六年には『ミカン山から省農薬だより（北斗出版）』を出版しました。それから三十年近く報告するのを放ったらかしにしており、ミカンを購入して食べ続けてくれている人から、書きなさい、いつ書くのと叱られています。

一九八三年に裁判が終わった時、原告の松本武さんが、支援者に「この和解金どうしようか」と聞くから、「そんなこと聞かんといて」と言ったのです。「ぼくらは裁判で勉強させてもらったので、和解金は原告のお金ですから、ぼくらは一切要りません」と言いました。「ただし、一つだけ言わせてもらうとすれば、よく、万年筆や何やらを裁判記念品として配ったりしますが、絶対に配らんといて」とだけ言わせてもらった。原告は、村の公民館の畳を替えたり、机を替えたりされた。それで、何かできんかな、小屋を建てて、日本中で農薬問題を考える人が来てくれたら、泊まれる場所をつくったらどうかと考えられた。ミカン山の近くの土地に家を建てられたので、亡くなられた息子さんの名前を付けて「悟の家」と名付けました。一番よく使っているのは、農薬ゼミです。何も要りませんよと言いながら、一番の贈り物をしてもらったのはぼくらでした。ミカン園調査はとても楽になり、風呂場まである別荘です。長期間泊まり込んで調査をして、卒業論文、修士論文、博士論文をこの園での昆虫学研究で書いた学生もいます。

基本的に年に五回行きます。二月は剪定見学、五月は花見、七月は害虫の数が一番増える時期の調査。そして、十月末の調査で越冬害虫の数を把握し、十一月の中ごろのミカン収穫作業。以上の五回が年中行事の和歌山行きです。一回は二日から三日です。年度最後の大仕事はミカン販売です。十月半ばから注文を取り、十二月に販売します。京都市内は配達もやり、販売箱数は十キロ入りの箱で一三〇〇箱から二〇〇〇箱にもなります。これが終わるとミカン山との付き合いは目出たく終わり、正月を迎えます。普通の研究者だと、ミカン山へ行って夏と秋の調査をし、余興として収穫も手伝って、後は論文を書くだけでしょう。普通はここまでですが、農薬ゼミは売るところまでやる。作ったものを売って生計を立てる、これが農業です。ここまでやって、はじめて百姓との付き合いができたと言えると思うのです。

図 43　農薬ゼミ調査風景

図 44　和解金で建てられた「悟の家」に集まった裁判を支えた人々

このミカン園では、一九七〇年に最初の苗を植えました。それは二歳の苗木で、苗木屋さんで二年間育てられたものを買って来て植える。五歳ぐらいになったら、もうミカンの実が生り出します。五歳で一応、実が生るようになって、それから、六十歳までは穫れます。おいしいのが採れ出すのははっきりしています。いつも学生に自動車の任意保険を例にあげて説明しているのですが、二十歳まで保険料金は非常に高いでしょう。二十一歳以上になると少し安くなるがまだ高く、二十五歳でやっ

図45　5年目のミカン山

図46　40年目のミカン山

と安くなる。これがミカンの木でも同じで、二十歳前のミカンは本当に酸っぱくて食えない。二十五歳ぐらいから安定して、六十歳ぐらいまでおいしくて安定しています。六十歳ぐらいになると、木が疲れてきて、あんまり数をたくさん生らしたらいけない。

四十年目ころから、農家は木の更新を部分的に始めます。更新というのは、千本の木があって、それが一気に六十歳を過ぎて、みんなバタッと倒れてあの世へ逝ったら百姓はたいへんでしょう。だから、園の一部の木を切って苗木を植え、二十年後にはもっともよい状態になるようにして、毎年少しずつ改植し、一気に収穫、収入がゼロにならないようにします。

数年後の木の形を描くプロの目

仲田さんは十六歳からミカン栽培をやって来られて、二〇一四年に亡くなられた大ベテランの百姓でした。百姓というのは、千本の木を対象にしていても千本を一括りにしているわけではなく、一本ずつとの木としゃべって、その木の声を聞いているとしか思えない行動をするものですね。剪定作業をしている仲田さんの後ろについて勉強したけど、いまだに剪定ができず、諦めました。いろいろ質問すると、「さっきの木とこの木は違うんや」と言われ、「三年後にこうなって、こうなってるはずだから、この枝を残しておいたらじゃまになるから、これを切るんや」と言われる。木の前に立ったとたんに、三年後がパッと浮かび、三年後のこの木は、こんな形にしたいという。そして隣の木に行ったら、もう対応がちがう。いや、百姓ってすごいなと。

なんで三年後が分かるのかぼくには分からん。だから、剪定はまったくせずに、切り落とした枝を集めて、山のように積んで燃やしていました。ミカンの木というのは油分が多いから、よく燃える。燃やす作業だけはいっしょにやらせてもらって、文句なしに楽しい。

最初に販売した樹齢二十歳から二十五歳までのミカンでは、苦情が沢山きました。少々表面にカサブタが出来ていても大丈夫だったが、「こんな酸っぱいミカン食えるか」とよく言われた。だから、寒い部屋に置いてもらったら、そのうちに甘くなりますからと説明・説得しました。というのは、ミカンには酸と糖が両方含まれています。ミカンの収穫直後は酸の濃度が高く、どうしても酸っぱさが前に出てきます。でも、ミカンは生きているから、糖よりも酸をまず消費する。だから、置いておくと酸と糖の比率が変わって、酸が減るから糖の比率が高くなって、甘く感じられる。酸っぱいとクレームが来たら、丁重にこれを説明して、寒い部屋に置いてくれと頼みます。山中高吉さんという、農民運動の組合長さんがおられて、そこの組合を経由して売ったミカンを「こんな酸っぱいもの食えるか」と言って返して来た人がいた。山中さんが「お前ら何言うてんねん。わしら百姓の仲間が一生懸命作ったものを、酸っぱいから返すとは何事や。わしら、なんで運動やっているのか、言うてみい」と。ぼくがよう言わんことを、ズバッと言ってくれた。あんな百姓はもういないなあ。

収穫の時期もさまざまで、地形や気候によりますね。省農薬ミカン山は、和歌山市を流れて海に出る紀ノ川よりも南の山をひとつ越えた海南市にあります。海南市のミカンは年内に収穫しますが、紀ノ川沿いは年が明けてから収穫します。地形と気候によって違います。だから、ある意味では、場所によって時期をずらして出荷できるから、地域社会としては都合がいい。早生とか晩生とか収穫時期を異にするミカンを作るのは、労働力を分散させ、市場に長くミカンがあるようにとの知恵です。

省農薬ミカンは一九六〇年代の品種（宮川早生と興津早生）で、今の主流である高糖系品種ではないので酸っぱいです。近ごろの甘いだけのミカンはまずい、本物のミカンではないと言ってくれる消費者も多く、やはり日本人は、酸っぱさと甘さの微妙な兼ね合いを楽しんでいるのです。

図47　仲田さんと子ども

見栄えが悪いなどのクレームには、農薬がかかっていないから安全だと話します。この瞬間が新人学生には大事で、省農薬はミカンの品質と品位、現代の市場の価値観などなどを考えるチャンスなのです。病気や害虫の調査は農業現場でミカンの木とミカン栽培者と向き合い、販売活動で消費者や市場と向き合い、両方の場面に出会う事によって農業とは、安全とは、市場とはなにかを考え、科学するとは何なのかを悩むことができる良い出発点だと思います。

省農薬ミカンを買ってくれる人には市民運動している人や有機野菜とか農薬や化学肥料の問題を勉強している人、ものわかりがいい人が多くおられて、ミカンの木が若く、ミカンの実がまだ酸っぱい時代に支えてくださった。そのうち、木も大人になって来て、ミカンが変わって来る。ミカン山からくるミカンが、年々よくなってきました。土がよくなって来る。農薬をかけないから、ミカンが自力で強くなろうとする。そういう自然の力がある。農薬をかければかけるほど、農薬に対する耐性というか抵抗性が虫や菌について来るから、もっと強いのをかけるとか、もっと回数を増やすしかないけど、それをやめていくと、今度は自分を守るために植物自身が強くなるようで、そういう力を持った作物はおいしい。最初の頃のミカンを食べた人には、この劇的な変化が分かるのですね。見かけがよくなった、とてもおいしい。ところが、良くなり過ぎて、ある人からは、市販のミカンと同じほどきれいになって、省農薬栽培ではなくなったのではと聞かれたこともあった。

図 48　ミカン豊作

作物は生きています。生きているから、いい時もあれば悪い時もある。そこを教えたいというか、体験させたいと思って、学生たちをミカン山に連れて行きます。それは、学生たちのためだけではなくて、口幅ったいけれど、消費者にとっても勉強になると思っています。作物は豊作の年もあるし不作もあり、隔年結果を繰り返す。大きいのから小さいものまであるし、傷んでいるのが混じることもある。これを全部ひっくるめて作物です。マーケットに行ったら、そろったきれいなのがいつもあるから、お金を払って持って帰るだけの暮らしをしていたら、農業の現場は見たこともないし、考えることもない。有機農業運動とか環境運動とかの一番重要なのは、農業現場を想像しながら食べることまで含んでいる行為だと思うのです。

環境問題への逃げられない関わり

前にも述べましたが、農薬ゼミのメンバーは、調査し、収穫し、注文を取り、配達し、集金し、農家に金を届ける。学生も真剣に販売配達やっています。そうすると、学生も分かるのです。百姓のしんどさだとか、仲買人のしんどさだとか、小売人のしんどさだとか。研究者のしんどさを体験してくれて、その中で自分の環境や農業への考えを深めてくれます。そのしんどさの代わりに、一箱につき五〇〇円ほどをゼミの収益にさせてもらっていますから、農薬ゼミは金持ちです。五十万円ぐらい儲けるから、調査に行く資金にしています。今の大学教育でもフィールドは大切だと言って、フィールドに連れて行って、いいところだけちょっと見せて、見たか、分かったかだろうと思わせて帰って来る。そんなのではあまり役に立たないと思いますね。行かないよりはましだろうけど。

ミカン山で勉強させてもらったことはいっぱいあります。こんなに農薬を使って、息子を失ってどうするのか、ということを、ずっと自分の中に抱えて来た人たちと出会えたのです。その現場を見て、いろいろ考えずにはいられなかった。考えたけれど、あまり悩んだ記憶がない。滋賀県の北で育った人間は、ミカンの木なんて見たことがなかったし、暖かいところのものはいまだによく分からないですね。だから、これからも知ることがあって楽しいです。百姓というのはほんとうにおもしろいし、これだったら農学者になるより百姓をやっていた方がもっとおもしろかったかも知れない。

農薬を使う、ということですが、使った方が収穫が多いということはある。安全な環境で、安全な食べ物を、安定的に生産する。これ以上に農業の使命はないと、今は言えます。以前なら、よう言わなかったかな。安全な農業というのは、百姓が安全だということです。安全な食べ物というのは、百姓が安全だったら付随的に付いてくるものだと思う。それが分かったのは、農薬裁判をやって、そこでいろんな勉強をした。百姓が安全な環境で生産できること、そういう農業技術をつくれば、安全な食べ物ができてくるだろうと。そういうふうにして、省農薬という考え方、言葉を深めて行きたいと思うのです。

図49『ミカン山から省農薬だより』を出版した（1986）

消費者が求めているところへ、本当に行けるかどうかというのは、正直いって自信はなかったけれど、安定的に生産できるというところまでは来ました。これは、価格の問題に関係して来ます。ここまではなかなか言えなかったですね。そこまで、よう責任は持てない気持ちだった。百姓が安全な環境でできるような農業技術だったら、毒物が入っていない安全なものができるだろうと。だけど、そのうちにちゃんと生産ができて、消費者がある程度のリーズナブルな価格で購入し。食べられるようにするまで、本当にできるのかと言われたら、いや、なかなか自信がなかった。ごり押しに走って来ただけかも知れません。

農家によっては、というより、そういうのが普通なんだけど、自家用と、農協に出荷する作物とでは、畑も育て方も分けています。農薬は使わないようにして自家用は育てる。農家は農薬が何か分かっているのです。安全なものを、安定的にできるようにするのが、農学の使命だったはずです。そこのところを研究者は考えなかった。うまく整理していえませんが、それを何とかしたいと思うのが、自分らで売り出したことだと思います。ミカンを、世の中へ売りだすことによって、もう一回勉強しなおさないとしょうがないと言う気があった。

図 50　京都に到着した省農薬ミカン 10 トン（1000 箱）

去年も売りましたが、高温で腐りがひどくてね、箱の中でミカンが次々と腐っていきました。収量は多い年の方が楽です。売れ残ったら押し売りやればいいからなんとでもなりますが、今年は収量が少なく、注文に応じきれず、断らなければならないでしょう。断るってむずかしいですね。支持者に断るのは辛いものです。失敗するのはこんな足りない時です。足りなくなって、「お前のところで何十年買っていると思っているんや。なんとかならんか」と言われると、八割は自分のところのものを入れて、二割ぐらいは他の産品を足して売ってしまった事件があり、バレてつぶれた生産者がありました。収穫量が少なくて足りないときの苦しさをも、学生たちは去年味わえてよかったと思っています。そんな局面で、環境問題というのが、生活、生き方、全部引っくるめてあるんだということが初めて分かるでしょう。

図51　ミカン山大集合

「はなまるマーケット」というテレビ番組で省農薬ミカン園を取り上げて、現地取材もやってくれて、番組ができました。最後に、「どうしますか、連絡先を書きますか」と言われて、どうしようかと迷ったけれど、一回やるかと思って、研究室の電話番号をテロップで、ほんの三十秒ぐらい流してもらった。番組が終わって五分後から電話が鳴り始め、取って対応して終わったら、五秒も経たずにまた鳴る。大学の交換台から文句が来て、どうなっているのか、回線がパンクしてると。そうしたらＮＴＴが、「この電話は混みあっているから後ほどおかけ直しください」というメッセージを入れてくれたが、それなのに、電話は鳴りっぱなし。石田研の内線番号は六一三三で、六一三三はつながらないから、六一三四とか六一三五だったらかかると思う人がいて、隣の研究室から「おい、お前のところのミカンをなんとか言ってるぞ」と叱られました（爆笑）。そうして、あっと言う間にミカンは完売してしまい、昼過ぎにはなくなった。それで「おい、絶対に電話に出ないでおこう」と言って、交換台にも謝って、よその研究室にも「それはうちと違うと言ってくれ」と頼んで、その後一週間、電話に出られなかった。学生からも、もうアホなこと、二度としないでくださいと言われた。

テレビを見て注文してくれた客のその後を追跡すると、次の年に注文してくれる人は一割も残っていなかった。だから、テレビのお客ってそんなものやというのが分かった。結局、ぼくらの話を聞いてそうだと思ってくれた人、パンフレットを読んでそうだと思ってくれた人が二十年も付き合ってくれている。そして、その人たちが新しい購入者を増やしてくれるのです。テレビに取り上げられたら、運動が広がると思い勝ちですが。一人一人にビラを持っていって、しゃべる方が効果が大きいと思う。テレビはこりました。あの鳴りっぱなしはすごかった。大学からも「次からやるんだったら、言ってからやって下さい」と言われ、「いえ、もう二度とやりません」。

農薬多用の日本農業は続いています。決して農薬を減らす技術が高くなったとも思えません。一つのミカン山で、息子の死、十数年の裁判闘争、省農薬栽培への挑戦を続けた百姓と巡り合い、この苛酷な挑戦の一員として参画させてもらった半世紀近くの月日でした。その間に、このミカン山に一回でも来てくれた学生や市民は何百人にもなるでしょう。彼らが、それぞれの労働と生活の場で、逃げられない環境問題へのかかわりを深めてくれていると思っています。それが安全でおいしいミカン以上の収穫物です。

追悼

悲しみは突然にやって来るものですね。二〇一三年八月二十三日に仲田芳樹さんが八十三歳で逝去されました。農薬裁判を親戚として、ミカン農家の仲間として黙々と支えられ、その苦しい闘いの中で省農薬ミカン栽培という、それまでのミカン人生になかった試みを始められました。僕なんかは、芳樹さんの後ろを付いてきただけのようなものです。立派に育った省農薬園は息子の尚志さんに栽培技術も含めて遺産され、この三年間ほどはミカン園を見回りに来られるだけになり、息子にすべてを渡した安堵感で少々活気がなくなって来たようで心配していましたが、ついにお別れとなりました。

会社務めを早めに退いた尚志さんは、お父さんの思いを継いで、省農薬ミカン園の栽培を引き継ぎ、肥料も剪定も摘果のやり方を研究され、省農薬栽培の原則は変えないで、より活力のあるミカンの木が育ってきました。農薬ゼミとしても、その新たな栽培方法を一緒に考えながら数年が経過しました。芳樹さんが八十歳に近づかれる頃から、後継者問題はどうなるのだろうと心配していましたので、ほっとしながらの楽しい和歌山通いが続いていました。ところが。二〇一七年秋の収穫と出荷作業が終わった十二月二十八日の深夜に亡くなられたとの悲報が届きました。ただただ「なんで?」とうろたえるだけでした。肺からの出血が原因だとのことでした。この本が出版できたら、まず読んでいただこうと思っておりましたが、叶わないこととなりました。お二人のご冥福をただただ祈るだけです。

図 52　ミカン山で語り合うお二人
（仲田尚志さん、仲田芳樹さん）

これからの省農薬ミカン園をどうするかを遺族の方々とご相談し、できれば続ける方法を探したいと思っています。以前の大窪なら、親戚仲間が沢山おられたので、すぐにでも助っ人が現れるところですが、ミカン専業農家は二軒だけで、兼業農家か高齢者農家がほとんどの現状では助っ人を求めることは難儀と言わざるをえません。まさに日本の農業、農村が抱えている問題点に向き合い、解を求めて苦労しなければなりません。農薬ゼミにその力があるのかが試されています。関係者の方々とじっくりと相談しようと気持ちを整理するのが精一杯の状態です。いつか「省農薬ミカン園は続いていますよ」と報告できたらと願っています。

V

公害被害地から自分の街で

10　生活者の運動

京都水問題を考える連絡会

琵琶湖に赤潮が発生し、飲料水源を一〇〇％琵琶湖の水に頼っている京都市の水道は連日の「臭い水」に悲鳴を上げていた。京都市の浄水場も活性炭投入などの対策を実施するが脱臭のノウハウを確立するまでには随分と時間がかかった。琵琶湖淀川水系の中流域に位置する京都に住んでいる市民としても何かをやらなければとの思いは広がっていました。党派系の団体や全国組織の下部組織などがありましたが、当時、市民団体と称される市民の集まりは京都市でもそれほどはなく、槌田劭さんが代表の「使い捨て時代を考える会」、長尾憲章さんが代表の「嵯峨野の自然を守る会」とか、佐伯昌和さんが代表の「反原発めだかの学校」くらいでした。

少ない市民運動体だったけれども、京都には、精神的支柱というか頼りになる人たちがおられた。

まず、日高六郎さん、鶴見俊輔さん、飯沼二郎さん、岡部伊都子さんに瀬戸内寂聴さんとかで、その次の世代が槌田さんたちなんです。

槌田さんは金属物性の専門家で、伊方の原発訴訟の時は物性的に原発は成り立たないと論証した学者で、すぐれた研究者だったのに、その後、「科学をやめた」と言って京大を去り、京都精華大で学内に畑をつくって農業を教えておられ、リアカーで古紙回収をやられ、それから「使い捨て時代を考える会」と「(株)安全農産供給センター」を設立して、有機栽培の実験農場を始められた。たくさんの活動家も育てて、京都に面白い動きをつくった市民運動のさきがけです。彼が呼びかけ人となり、それに婦人団体などが呼応して「京都水問題を考える連絡会」を立ち上げるから参加しないかと誘われた。市民運動などというものに興味はあったが、自分自身がその一員となるとは考えてもいず、せいぜい催しの参加者になる程度だったので、そのつもりで準備会に出かけてみた。

槌田さんが「ぼくは京都市民じゃないから、京都市内に事務所がある方がいいよね」、「それはそうやろうな」。槌田さんは宇治に住んでいます。「あんたの家、山科やな」とか言われて、それに賛成もしないうちに、「それなら事務局を頼むわ」と、わが家の住所と電話番号が「京都水問題を考える連絡会」の宛先になった。挑発に乗りやすいという反省はあったけれども、「琵琶湖は、琵琶湖を汚さない」と気づいて、陸上の、上流のこともやらないといかんと思っていた矢先だったから、この際、挑発に乗ることも大事かと参加することにした。

ぼくがやって来た公害の調査も、七〇年代の終わりになってくると、ちょっと少なくなって、これまでよりも暇になった。公害問題というのが、片がついたわけではないけれど、それほどひどいのが出てこなくなっており、ぼくも事務局を引き受けられた。

それが市民運動をやる、とりわけ市民運動の事務局をやるとっかかりで、その後は、市民運動の仲間から「連絡先と名前と事務局長と書いた名刺を作っておいて、その上に何とか団体と書けば、すぐ使えるようにしておいたら」と言われるくらい、事務局長をいっぱいやりました。

個人の家庭の電話というのは、プライバシーに関わるから、なかなか教えないけど、わが家の電話番号なんて、何十万枚というビラに印刷されておりました（笑）。「プライバシーがないんか、俺には」とか言っていた。実際はぼくのプライバシーやなくて、家族のプライバシーがない。例えば、過激派と言われた滝田修さんの処分があって、京大の教官有志として総長室の前で座り込みをやっていた時だった。ぼくの留守中に警察が、「お宅の電話番号がなんとかいう活動家の下宿を捜査した時に、出て来ましたけど、どういうことですか」と訪ねて来た。「うちは、もういっぱいいろんなビラを出してるから、どこにあってもおかしくないでしょう」と言ったら、警官が「そうですか」と言って帰ったと。

生命と環境を守る市民の行進

京都市民は琵琶湖の赤潮発生で飲み水の水質悪化の被害者であるが、合成洗剤を使って下水として淀川に流している加害者でもある。京都市民として何をやるべきかを考えて、「京都水問題を考える連絡会」は設立されました。当面の活動の中心は滋賀県住民が琵琶湖水質保全運動として展開してい

図 53　生命と環境を守る市民の行進を毎年 5 月連休に

る合成洗剤追放に呼応して、合成洗剤を使わない運動を中心にして始めました。そのキャンペーンのためにも、一九八三年五月三日に「生命と環境を守る市民の行進」という催しをやろうということになった。「環境」という言葉が出てきた頃で、鴨川の三条大橋下から円山公園まで歩きました。それまで、ほとんど京都にいなくて、現場現場を歩いていましたから、京都の人とあまり話をする機会がなかったが、水問題をやっているうちに、京都に大勢知り合いができた。これが市民運動に仲間入りした最初であり、最初からデモ指揮をやりました。

　当時は地域婦人会というのがあって、なかなか力をもっていました。京都市婦人会協議会の下に各行政区ごとに支部があって、右京区の婦人会（三千人以上会員）が区婦人会として連絡会に入って来られ、重要なメンバーでした。

「市民の行進」というのは、数百人が参加して、それぞれの団体の主張を表現していました。合成洗剤追放や農薬問題、空き缶問題から人権問題などとたいへんにぎやかな行進でした。その一つに反原発運動があった。合成洗剤は反対だけれど原発は賛成と主張する参加者や団体がいくつかあり、「私も原発反対みたいに見られる」、「いっしょに歩くのはいや」と言われ、それを取り持つのが事務局長の一番の仕事でした。それでどうしたかと言うと、合成洗剤追放運動の人たちの大部隊は先頭を歩いてもらい、そのあとに農薬とか、空き缶や日常生活に関係するグループが歩き、その後に季節の花を満載した車を配置しました。その後に、反原発とか反天皇制とか反何々とか、当時のいわゆる過激と言われるテーマを標榜している団体を配置して最後を占めてもらって、婦人会には、「これだったらどう？」と聞くと、「これだったらがまんするわ」と。

午前の部 AM10:00〜12:00		
1	5/18 水	安いか高いか原子力発電 久米三四郎氏
2	6/1 水	安いか高いか原子力発電 話し合い（話題提供）久米三四郎氏
3	6/15 水	「奇形ザル」は訴える 農薬、食品添加物…を考える 好広真一氏
4	6/29 水	「奇形ザル」は訴える 話し合い（話題提供）好広真一氏
5	7/13 水	消費社会のしくみと意識 日高六郎氏

午後の部 PM6:30〜8:30		
1	5/25 水	有機農業の思想 槌田劭氏
2	6/8 水	日本の農業の現在と未来 飯沼二郎氏
3	6/22 水	日本の農業の現在と未来 参加者による話し合い
4	7/6 水	京都市民と北山 森林と人間生活 四手井綱英氏
5	7/20 水	「環境」って何？ 話し合い（話題提供）川那部浩哉氏

図 54　生命と環境を守る市民講座“かざぐるま”

市民講座の五原則

この件から、相互理解が足りない、もっと皆で話をしなければいけないと思いました。そして婦人会の原発賛成という人たちのためにも、何かやらなければならないと思い、「グループかざぐるま」を結成して、「生命と環境を守る市民講座」を始めました。一九八〇年から一九八九年までの間に十五期で百二十六回ほど開催しました。

講座の講師は関西に住んでるいろんな人に依頼し、原発賛成という婦人会の人たちに、「一回は講座を聞いてくれ」と声をかけて、賛成でも反対でも、いろいろ議論したらいいやと話したら、「それなら行くわ」と言ってくれた。そ

図55　市民講座“かざぐるま”の一コマ

の当時の課題だった合成洗剤、水問題、原発、農薬、添加物、障害者問題、差別問題などを取り上げました。そうしたら、「だめよ、反原発なんて」と言っていた人たちが、「少しは分かってきたわ」と言ってくれたものです。

「生命と環境を守る市民講座」では、講座について五つの原則を立てました。一つ目の原則は、有名な先生であろうと無名であろうと、講師料はタダで、余程遠くから来てくれる方以外は交通費も出さない。なぜ講師をタダにしたのかと言うと、資金がなかったこともありますが、例えば、今日、講師に立ったとしも、明日は聴講者になる。講師と聴講者は日替わりで変わっていくものだから明日は聞く方に。講師がタダなら、聴講者になるときもタダにしようと。

そういう無理な論理を立てて、上野千鶴子さんに頼みに行ったら、「えっ、タダ？」と言われて「払う金もないし」と。小出裕章さんは大阪の熊取町の住人だから、「えっ、熊取から行くのにタダか？」「そうや、タダや、みんな」。それでどうしたかと言うと、小出さんの講座を企画したときに、三人の準備グループをつくって、その連中に「まず行ってくれ」と熊取に行ってもらい、講師から宿題をもらって帰って来て、その宿題の答案というか資料の準備をして、また行ってしゃべってくる。だいたい二回か三回は講師との打ち合わせに行くことにしてました。それで、講義のレジュメは講師が作るのではなくて、準備グループが作ろうという方針を立てたのです。それで三回ぐらい行ったら、小出さんの方が、「これだけ来て、これだけがんばってくれるのだったら、タダでいいよ」と言う話になって、上野千鶴子もそのうちに「タダでいいよ」と言ってくれて、関西にいる著名人もみんなタダで来てくれました。日高六郎さんも、飯沼二郎さんも。

二つ目の原則は、関ヶ原から東の人は呼ばない。それは遠いということもあるけれど、そんなところまで人を探しに行かなければならないようだったら、関西の文明、文化はないのだから、諦めたらいいという思いで、この原則を立てました。

三つ目は、略語を言わない。例えば当時、「原発」という言葉はまだ一般的でなく、「原発、エッ？ それ何」と聞く人がいるから、「原子力発電」と言おう。仲間うちの専門用語で話をすると、市民講座にならないから、略語は言わないでおこう。

四つ目は、差別用語は使ったらあかん。あかんけど、使ったとしても、すぐにけしからんというのではなくて、なんでそれを使ってしまったかということを、皆で議論しよう。それが講座の意義だからと。

五つ目は、今日は主催者が受付に座っているけれど、新しい人が来たら、その人が受付に座ってくれるようにならないと長続きしない。舞台で踊る人間と舞台を作る人間は入れ替わらないとならない。仲間うちだけでベチャベチャしゃべっている時間があったら、初めて来た人の横へ行って、「よく来てくれた。今日はこんな話で、次はこんな話だし、これからもよろしく」みたいな話をして仲間になろうと。

この五つを原則にしてやっていると仲間が湧いてきました。言葉通り、湧くように出てきて、二回、三回と聴きに来ると、いつの間にか受付に座っている。そういうふうにしたのがよかった。市民運動の原則というのは、こんなものだろうと気付き、教えられました。

それが、その後の「原爆の図」展の原則でもあったし、またその後の「きょうと・市民のネットワーク」の原則にもなりました。もとは、ぼくの研究室がそうだったんです。一定の原則を決めて、後は自由に自主的にやってましたね。

ついでだから、少しぼくの研究室の話をします。農学部でぼくがいた研究室は本来は図書室でしたから、教授室より広い部屋でした。部屋の真ん中に木製の机が三台あり、隅っこの小さい机がぼくの席でした。部屋の鍵はドアの横にある戸棚に入っていて、だれでも使っていいが自主管理はしろよと。なるだけ部屋は閉めない主義にしたのです。居たいやつは居るし、帰りたいやつは帰る。ただし、机の上に私物を置いて帰ったら捨てるよと。だれかが来て机を使わなければならないのだから。一回だけ皆が酔っ払って帰った後、いっぱい散らかしてあったから、全員から罰金を取りましたので、そういうことは二度と起こらなかった。部屋の住人になって寝ている者もいたけれど、朝、ぼくが出勤するときには、ちゃんと起きてきれいにしておかなければならない。そこで、いろんなグループが同時に三つぐらい会議をやったりね。ここでしゃべっていることは、それが別の会議だったらお互いに聞こえても、他言してはいけないということにした。学生たちは「石田部屋」と呼び始め、それからずっと、どこでも石田部屋で通っていた。石田部屋は、一九七〇年代から八〇年代は、反公害運動をやっていた連中の溜まり場だった。工学、農学、理学。経済、法学、文学など、いろんな学部の学生が来ていました。卒論生でも専攻生でもない学生達のたまり場でした。学生でない人もいた。今、京大の現役の連中が、「石田部屋がないのがさびしい」と言ってくれますが、今の大学では管理だけがきびしくなり、絶対に作れないようです。

ぼくは気がつかなかったけれど、いっしょに運動をして来た人が言ったことがあります。京都の市民団体の催しでは、どの団体の、どの講演会でも、聞きに来た人が、人手がないと知ったらすぐその場で受付を手伝ったりしている。主催者も聴衆もお互いに顔見知りが多いから、違和感もない。いやお久しぶり、ごくろうさま、よう来てくれはってとか、どこの会合であろうと、立場が入れ替わっても、自然体でやっている。だから、京都の住民運動は仲がいい。何かある時に声を掛け合うと、すぐ何人か集まる。ぼくのところの学生も、オバちゃんたちに頼りにされてよく動きます。京都のオバちゃんは、人使いがうまい。それとも人使いが荒いと言うべきか、などと言ったら怖いからよう言わんけど、若いのを、よう働かす。こうして京都方式が周りにできていきました。

11 合成洗剤追放運動——批判と提案

「京都水問題を考える連絡会」は、右京区の婦人会、婦人民主クラブ（婦民）、使い捨て時代を考える会などが主な構成団体で、最初に取り組んだのが合成洗剤追放運動です。合成洗剤を追放して石けんを使いましょう運動は、全国的に広がっていた。京都の上流の滋賀県でも、下流の大阪でもやっていました。

滋賀県には湖南生協というのがあって、石けんを使って琵琶湖の水を守ろうと、廃食油を回収して石けんにしていた。滋賀県には、廃油石けんの工場ができました。

千差万別の運動をしている団体が手をつないで運動できたのは、最初に取り組んだ大きな運動のテーマが、合成洗剤追放だったから。スローガンの掛声は全国的だったけど、石けんを使う人は少なかった。その訳はというと、マーケットに石けんがないからです。あるのは合成洗剤ばかり。買おうと思っても手に入らない。どこで売っているのかわからない。だから、廃食油の石けん作りがあちこちで行われました。京都水問題連絡会の主婦会員たちも、あちこちから廃油の手作り石けんの講師に呼ばれて忙しかった。

それから、石けんが広がらなかった理由がもう一つあったようです。「京都水問題連絡会」が、京都市から石けん使用についての市民調査を委託されて、会員が手分けして戸別訪問して調査をしました。それでわかったのは、たくさんの一般の主婦が合成洗剤を石けんだと思っていたんです。「うちは石けん使っていますよ」、「どんな石けんか見せてくれませんか」。そうしたら、大半の家庭で出してくるのは合成洗剤の箱ばかり。運動は何から始めなければ定着しないか、それに気付かされた。合成洗剤反対、と口で言っていても世の中は変わらない。合成洗剤と石けんの区別を知らない人が圧倒的多数だったのです。調査と言う現場がそれを教えてくれました。

図 56　石けん洗浄給食現場

連絡会では、学校給食の食器洗浄を、合成洗剤から石けんに替える請願運動をしました。ぼくは農薬問題で、無農薬と言わないで省農薬という言葉を使ったように、その時も合成洗剤は危険だから使うのはけしからんという団体もあったけれども、そういう言葉でなくて、石けんを使う実験をしてくれという方針を決めました。日本中に石けん洗浄のノウハウはないだろう、だからノウハウを作ろう、そのために実験してくれと提案し、実験が成功したら広めてくれと教育委員会に申し入れた。だから一部の人たちから一歩下がった運動だと言われたけれど。その時に教育委員会の総務係長だったのが、今の京都市長の門川さんです。当時はけんか相手のようにやっていた。係員が水田さんで、何年か経ってから、市の職員に「水田くん、元気？　この頃どうしてる」と聞いたら、「水田君って、伏見区役所の区長ですよ。区長をくん呼ばわりですか」と叱られた。

当時、京都市の小学生は十三万人でした。今、七万五千人で、京都市の小学生は半減しました。十三万食だから大雑把に見て三九万枚の食器を洗うのを、全部石けんに切り替えるのに十年かかりました。ぼくらが付き合ったのは五年、あとは教育委員会がやりました。

最初は、とにかく六校を実験校と決めて、生徒数が百人、二百人、三百人、四百人、五百人、六百人ぐらいの小さい学校での実験です。実験をやった後、一番最初に合成洗剤を止めて石けんにしたいと言い出したのは、現場の給食の調理員さんたちでした。つまり、ものすごく合成洗剤で荒れていた手がつるつるになった。学校給食労働組合の委員長に、何でこんなに手が荒れている人がいるのに、あんたら気がつかなかったのかと聞いたら、その人はよく組合に行っていたけれど、いつも手を隠して、見せないようにして、話していた。あんまりひどいから見せるのが嫌だったと。そのことがわかって、写真を撮らせてくれと言って、それからは、労働組合の委員長は「こんなことを私は知らなかった」と反省されて、活発に動いてくれた。

そうして今度は、給食労組と、連絡会の主婦会員が話し合いの場をつくった。こうして話し合うと、給食の調理員も変わるし、主婦達も変わるのです。調理員たちの力が下から組織を動かし、主婦たちはＰＴＡに話して行く。そういうふうにして、現場からも積み上げていった。

ことは簡単ではありませんでした。なぜなら、給食が伸びてきた時代と、合成洗剤が石けんを追い越し、伸びてくる時代が一緒なので、給食現場では合成洗剤を使うノウハウはあるが、石けんを使うノウハウはない。合成洗剤用の食器洗浄機はあるけれど、石けん用はない。ないのだったら開発しようと教育委員会も踏み出してくれた。

京都市の給食労組と教育委員会は、洗浄機を作る会社といっしょに石けんや食器洗浄機も開発してくれました。当時は、千人以上の小学校がありました。給食でお皿が三つあったら、三千枚で、一斉に食べて、一斉に返って来る。それを短時間で洗う作業です。そのための洗浄機というのは、どういう機能がいいのか、その洗浄機で使う石けんも開発しようと。合成洗剤けしからんではなくて、けしからん中身はよくわかっているけれど、なんとか減らせるようにしようと、実験校をつくったのはよかったです。

この実験が始まるまで、二週間に一回、教育委員会の総務課長とか保健体育課長の前に座っていました。そして、できないという情報ばかり出さないでくれと、このようにやりたいという情報を出してほしい。市議会に「できません」という情報を出しているが、「できないのは当たり前だよ、ないのだから」という話をしていた。石けん用の食器洗浄機はできないが、石けんで洗ったあとのすすぎ機が開発され、十年後には全校で石けん洗浄になった。

もうひとつ忘れられないことがある。六校で実験を開始したが、どんなことをやっているのかを見に行きたいが、何度も行くと調理員さんに嫌がられるだろうからと、一つ二つの実験校に制限して、それも短時間だけ見せてもらった。と言うのは、学校給食に関する保護者からのクレームがよくあると聞いていたので、こちらもクレームを言うために見に来るのだと思われたくないと遠慮していた。そうしたら、調理員さんから、「一生懸命に石けん洗浄実験をやっているのに、要求した者が見に来ないとはどういうことか」と叱られた。弁解したが、こちら側の言い訳にしかならない。それで、全実験校を見せてもらうことに方針を変えた。洗浄現場に一緒に立てば、その環境の悪い点も良い点も理解でき、教育委員会への進言もさせてもらえた。やはり、なにごとも現場を見て直接話さなければと思ったのでした。変に遠慮するのはよくないと反省し、一つ賢くなった。

京都のゴミ回収車は食用廃油で動いています。ゴミの回収が来たら、すぐに分かる、天ぷらのにおいがすると面白がる会員もあれば、あれは何とかならんか、油酔いするという人もいた。その内に、天ぷらの臭いがしなくなった、精製技術が進んだのでしょう。京都市が回収車に使うようになって、京都市は廃油を近隣県からも集めたらしく、滋賀県の消費者団体から文句言われた。うちの県の廃油石けん業者が、廃油が足りなくなって困っている。あんたらの運動で困っている。京都は京都だけで集めて、滋賀県の油まで持って行かないでくれと。

調理場の石けん切り替えは長い取り組みになったけど、面白かったですね。ぼくのように公害の被害者の住む現場ばかり歩いてきた人間が、初めて都会の女性中心の大部隊、大集団と付き合って、市民運動も悪くはないなと思ったのは、その時ですね。

京都水問題を考える連絡会の女性陣がスーパーの入り口を借りて、毎月一回、食用廃油の回収し、石けん使用を呼びかけるチラシを配る運動を始めました。スーパーの店頭でこんな運動を展開できたのは全国でも珍しいことでした。店の前の反対側の道路から出入りするお客に向って石けんを使いましょうと訴える運動はあったでしょうが。店との話し合いで合成洗剤の危険性を言うのではなく、石けんの良さを宣伝することに重点を置くのでと約束しての開催でした。廃油を持って来て、スーパーで石けんを買って帰る人もいました。この廃油回収は十年くらい続いたかな。石けんづくり講習会も盛んで、自治会やら団体やらの申し込みが多くて、講師役は忙しかったと聞いています。

図 57　廃食油回収と石けん普及キャンペーン

七〇年代の終わり頃から八〇年代が、もっとも住民運動に生命力みたいなものがあった。工業社会に突っ走ったマイナスが、公害という形で噴き出して、消費者も日常生活の中でいろいろ見えてくるようになる。自分たちが声を上げないと子どもと暮らしも守れないから、一生懸命だった。運動に活気があった。その中で、企業も安全とか、低毒性とか、分解性の商品開発をするようになり、そういう環境に配慮する社会への機運ができて来た。

今、ある程度は環境に配慮したマーケットなり法律なりができて来た中で、市民運動が低調になったわけではないけれど、あの頃とは市民の問題意識が、そういう世の中の変化と共に変わってきたように見えます。そして、あの時代は、専業主婦が今に比べて多かった。だから、自分の自由な時間を、市民運動や住民運動に使いやすかった。主婦活動家というのは、圧倒的に大きな行動の担い手だった。

今は今で新しい社会運動のテーマが生まれています。あの頃と同じような市民運動ではないけれど、問題意識があり、立つ位置も変わりました。ぼくがいっしょに運動して来たすばらしい女性たちは、いなくなった人もいるし、残りの火を燃やしている人もいます、ぼくも共にね。ぼくたちはある種の戦友と言えるかなあ。

12 「原爆の図」展——全員に役割のある運動を

原爆の図に出会う——一九八三年

ぼくは緑茶がだめで、とくに空腹時に飲むと貧血を起こして倒れる。学生の時に気づいたのです。信州の友達の家で、お母さんが出してくれた緑茶を飲んで、四つん這いになって「トイレはどこ」と言ったのを思い出す。我が家では番茶だけです。

一九八三年の四月に滋賀県の環境保全運動の仲間に誘われて中国に行きました。岳陽から武漢へ行く列車に乗って、窓外に広がる中国の農業風景をフィールドノートに書いていた。書きながら、暑いから、出ていたお茶をうっかりして一杯飲んだ。列車は武漢駅に到着し停車したけれど、ぼくの目は回って止まらなかった。メニエール氏病の手前みたいになってしまった。仲間は武漢を見物していたが、三日間、寝ていました。支えてもらって、なんとか上海まで行きました。上海ではじめて医者に行き、帰る飛行機が出る日になって、壁に指を添えて、歩けるようになったので、帰って来たのが五月一日です。

五月三日は「生命と環境を守る市民の行進」がありデモ指揮をしなければならず、三条河原から円山公園まで先頭を行く宣伝カーのサイドミラーをギュッと握ってなんとか歩いた。

五月の連休が終わった時に東京で仕事があって、なんとか東京まで出かけて用事を半分すませたが東京の音がうるさくて、体調ももう一つだった。東京にいる卒業生に「どこか静かなところへ行きたいが、東松山市の丸木美術館はどうだろう」と頼んで連れて行ってもらいました。なぜ東松山かというと、枚方市職員の友人から、丸木夫妻の有名な作品である「原爆の図」の展覧会を京都で開催しないかと言われていた。枚方市では、市主催で作品の一部の展覧会をしたようです。そう言われたけれど、「そんなのをやるほど、ぼくらには実力はないし、『原爆の図』をちゃんと見たこともないから、だれかに言っておくわ」と返事したままになっていた。そのことがずっと頭にあって、一回見てみようと行ったのです。絵を見て疲れたら外に出て、美術館の横を流れる川の河原で寝転んで、また入った。「いいよ、いいよ、何回入っても」と言われて、一日中、美術館にいました。そして、「そうか、丸木位里さんと俊さんの「原爆の図」という絵は原爆の悲惨さだけ、幽霊のような部分だけ描いていると思っていたのだけれど、これは違うな、今、ぼくらが考えている公害問題や人権問題、差別問題とか、もちろん反原発や反核、そういうものを全部描いた絵だと思いました。公害調査をやっている自分は分析数値が先行する表現しかできないが、この絵には数字が一つもないのに数値以上のものを表しているのだと、当たり前のことを一人で納得して帰洛した。目はまだふらふらしていたが収穫の大きい東京行きだった。

それで、帰って来てすぐに、その後、いっしょに生協を作った黒岩卓美さんにまず声をかけ、「おい、『原爆の図』展をやろう。やるのだったら、全作品持って来て、京都市美術館を借り切ってやろう。ちまちました所ではやらない」と大ボラを吹いたのです。そうしたら黒岩さんやいっしょにいた連中がやろうと言ってくれて、でも金がいるなと。五人集まっていたので、まずは五万円ずつ出そうということになり、五人で二十五万円を用意して動き出したのです。会場は岡崎にある京都市立美術館の左半分を借りることができました。準備に一年ぐらいかけて、一九八四年七月に十日間の展覧会をやりました。原爆の図、十三作全部貸してもらって、「原爆の図」展としてはそれまでで一番大きい展覧会でした。

代表は飯沼二郎先生になっていただいた。お願いするために、家へ行ったら、「外はどんなんですか」と。そんなこと聞かれても、何のことやら分からない。そうしたら、「いや、ぼくは一週間、家から出ていないので」と言われるので「散歩ぐらい行くんでしょう」と言ったら、「いや、ここに座ってね」と小さい机で、「ずっと本を読んで、思いついたことを書いて、こんな楽しい毎日はないよ。だから外には出てないんだよ」と言われて、「あかんわ、ぼくにはできません」と。先生の奥さんが来られて、「石田さん、もう、二郎なんか放っといて私の絵を見に二階へ行きましょう。こっちの方がわかりやすくていいわよ」と誘われた。一週間もずっと家で居て楽しいと言われながら、忙しい代表も引き受けてくださった。飯沼さんは展覧会の十日間ずっと入り口に立って、切符のもぎりをやっておられた。「先生は休んでくださいよ」と言ったら、「いや、ここが楽しい」と言って、ずっと座っておられた。

仲間が湧いて来た時代

展覧会の主催団体は「丸木位里・俊の原爆の図を見る会」として準備を始めた。事務局会議は、この人と思う人に声をかけているうちに七十人ぐらいの人がなってくれて、会議には三十人から五十人ぐらい来てくれました。事務局長はぼくが引き受け、事務局には全体を見てくれる黒岩さん、財務の関谷滋さん、庶務の松井由利枝さんの四人で仕事を回していました。大勢が集まる事務局全体会議では企画宣伝等々を決めて行きます。そこでは、絶対に金の話はしなかったです。それをやったら皆んな暗くなるでしょう。皆んなの会議の時は「そうや、平和や、反戦や」と、そういうことばかり言っていたけれど、事務局の四人になった時は「ぼくら四人は、あっちを向いたときは、絶対に金の話はせんとこうや」と決めて、こっちでは平和も反戦も出ない、「おい、あそこで損した三十万、どこで取り戻すか考えよう」、「この借金、焦げつくかも知れんで」とか。反核平和はそっちで、金はこっちでと、徹底的に使い分けました。「えっ、二百万円も借金があるの、どうするの」みたいな話でシーンと静かになるからね。ある意味、腹くくって、ぼくにしては最大の実験をやらせてもらった。

プレ・イベントも、いろいろやりました。毎月一つか二つはしました。そうして盛り上げていったのです。月々のイベントの金と会場は事務局が準備します。事務局会議の出席者の中から、何月のイベントはあんたとあんたとあんたの三人でやってと、出身団体が違う人を選びました。こうやって各イベントの担当を決めて、金はいくら用意する、会場はここ、後はすべてやってくれと全部任せて、事務局長のぼくは直接何もしなかった。そうすると、多くの場合は、もめてなかなか決まらないから事務局へ相談に来るのです、「決まらん、どうするねん」と言って。「金はいくら、会場はここと決めて、中身はあんたらに任せた。なんで事務局がそんなことに口を挟まないといかんのか。ぼくは知らん、これ以外、事務局は言うことはない」と。それで、しばらくすると、皆仲よくなるのです。はじめは、どうしてか分からなかったが、だんだん分かってきたのは、それぞれの所属団体での物事の決め方が違う人たちが、いっしょにやるわけでしょう。多数決もあれば、徹底的に議論して決めるのもあれば、代表が独裁的にこれだという団体もある。その決め方が違う人たちの集まりだからもめるのです。それで一カ月ぐらいぎくしゃくしていると、そのうちに自分らの決め方が決まってくる(笑)。これがぼくは民主主義だと思ったのです。このやり方でよかった。そんなことに、いちいちぼくらが入っていくことはないから、自分たちでやったら、できるということです。やっぱり任せることです。

図 58　看板を自分たちで作成

事前の宣伝イベントでも、開催当日になると実行委員はもちろんのこと事務局も、参加者があるかどうかが分からないからドキドキ、ウロウロします。五月にコンサートをやった時のことです。ピアノの弾き語りで二人が出演するコンサートですが、主催した担当者もぼくも全然自信がな

図59　毎日、受付で頑張られた飯沼次郎さん

かった。その日は人が入らないのではないか、どうしよう、どうしようと思っていた。烏丸通に面した勤労会館で、そこの会場の守衛というか、警備の人が来て「どうや」と言うから、「今日はあかんわ。自信ないし、ガラガラかも知れん」と言ったら、その人が、「今日は二百人、入るで」と言ったのです。まったくいいかげんなこと言うなあ、このおっさんはと思ってね、「なんでわかるんや」、「見てみい、お前のところに一生懸命働いている人が二十人おるやん。二百人は来るよ」と。そしたら、ほんまに二百人近くが参加してくれた。ということは、一人が十人は連れて来る。それ以上でもないし、以下でもない。毎日いろんなイベントの現場を見ていたら、分かるんやろなあ、準備している人を見ていたら。やっぱり、プロはちがうなと思って、今でもあの人を尊敬しています、現場にいる人はすごい。

「そうか、一人はせいぜい十人か。十人つくって、その十人がまた十人をつくってくれる運動をやれば、ぼくらの言っていることは、世の中に広がっていく。それを、一人が百人も千人もと思うからしんどいので、十人ぐらいだったら、なんとかなるかも知れない」と思った。この原則は、その人に教えてもらいました。

四人で事務局をやって、そして事務局員は七十人ぐらいで、周辺で手伝ってくれる人が三百人いて、会員が三千人で、本番の入場者は三万人という展覧会ができました。

全員に役割のある運動を

「原爆の図」展では、宣伝カーを作ったのです。車の上に「原爆の図」展と書いた看板が載せられ、こんな派手なやつを付けて、スピーカーも乗せ、誰があんなもの運転するのかと思っていた。初めは誰もなかなか動こうとしないので、こんなもの作ってどうしようかと言っていたら、そのうちに人が出て来ました。「俺は午後二時間だけ休暇取れるから、運転して来るわ」と言って、ちょっと走ってきたりする。「どこに行ったらええか」、「どこでもええ。自分の家の周りでもいいし、彼女の家の周りでもいいから、好きなところへ行っておいで」。そのうち、来てくれるのが数十人になった。一台で足りなくなったから、二台目の宣伝カーを作りました。そしたら、数十人が自分らでちゃんと自主管理というか、ローテーション組んでやっていました。それで、京都中を宣伝して走ってくれました。

「子どもが幼稚園に行ってる間だけですが、手伝うことありますか」とか、空き時間に来てくれる女性がいっぱいいました。やってもらった仕事の一つはナンバー打ちです。展覧会の入場券は五万枚刷り、この入場券にナンバーを打ってもらう仕事をつくりました。隣の部屋が空いていたから、ちょっと借りて、券とスタンプを置いておき、ボランティアに来てくれた人に、ナンバー打ちをやってもらったのです。帰る時は、ノートに何番まで打ったと書いておいてもらう。次に来た人は、その次のナンバーからガチャンガチャンとやる。来てくれる人みんなの仕事を作らんとあかん。いろんな人が、いつでもだれでも、サッと入れるような仕事を作っておく。福本俊夫さんは、京都で一番の繁華街の四条河原町で、原爆の図の写真を立てかけて、たびたび宣伝をしていました。

陣中見舞いに来た仲間が後で言う。みんな一生懸命何かして働いているのに、おまえは一人だけボケーッとして、サボッていた。「ひまそうやな」「いや、人の仕事つくるのに忙しい」と言うと、「人に仕事さしておいて、自分がサボろうと思うて」と言われる。人の仕事つくるのに、それを考えるのに、どんなに忙しいかだれも分かってくれない（笑）。市民運動の一つの原則は、いろんな人が登場するチャンスを、どうやって作るか、というところだと思います。「今日はありませんから、座っていてください」といったら、絶対にだめですね。いつでも皆が何かできる、ということです。毎日来ていないとできない、というのだったら、せっかく来ても役に立たないから、だれも来なくなる。何かやることがあれば、いろんな人が登場する。人がいないと言うのは、仕掛けが悪いのであって、何かしたい、自分の存在を何かのかたちで表現したいと思っている人が自信を持てたイベントだったと思います。

この前、選挙運動に参加しました。これは落選したけど、落選してもよかったな、やって何か残ったな、という選挙は意味があると思っています。だから、選挙は、選挙の後のためにもするのです。ビラ折りとか、ポスター張りとか、「いっぱい仕事作っときや」と言って、はじめて来てくれた人が「あ、ビラ折るわ」と折ってくれて、帰る時に、折ったビラをちょっと持って行って、帰り道の家のポストに入れてくれるように、どれだけ皆が参加できるかを一生懸命考えるのが事務局の仕事だと思います。

三万人の「原爆の図」展

言い出してから、一年かかって「原爆の図」展までこぎつけ、展覧会をやっている期間は、道路をはさんで向かいの商工会館の広場で、いろんな団体がテント村みたいなのを作って、石けんの宣伝販売とか、バザーとかやりました。反戦平和に関する子どもの本を集めて展示した団体もあった。暑い夏の最中でしたが盛会で、展覧会を見終わった人でも、テント村へ再度やって来たりしていました。だれかに会えるからでしょう。槌田さんは、会場を訪れた人たちと座談する場をつくっていました。

二十五万円で始めて、いっぱいプレ・イベントをやって、最後に展覧会を十日間やって、三万人の入場者があった。半年ぐらい後に決算できました。会計担当の関谷さんに、「最終経理はできたか」、「できた」、「いくらだった」、「二千六百万円の収入があって、四百万円儲かった」。二十五万円で始めたのが、最終決算で動いたお金が二千六百万円だという。これを聞いた時は鳥肌立った。三十年前の金額ですよ。儲かったお金について、悩むこともめることもありませんでした。なぜなら、立ち上げの時にこんな議論をしていたのです。ぼくが言い出したと思うけれども、仲間も同意してくれた。「原爆の図を見る会」の終わり方の議論はこんなものでした。「集会や、デモや、イベントをやったら、いつも名簿と金を残したいと思って来た。デモ行進や講座をやった時、名簿と金を残すのが次の運動になると信じてやっていたけど、今回は、一生に一度ぐらい名簿も金も残さないイベントにしないか」

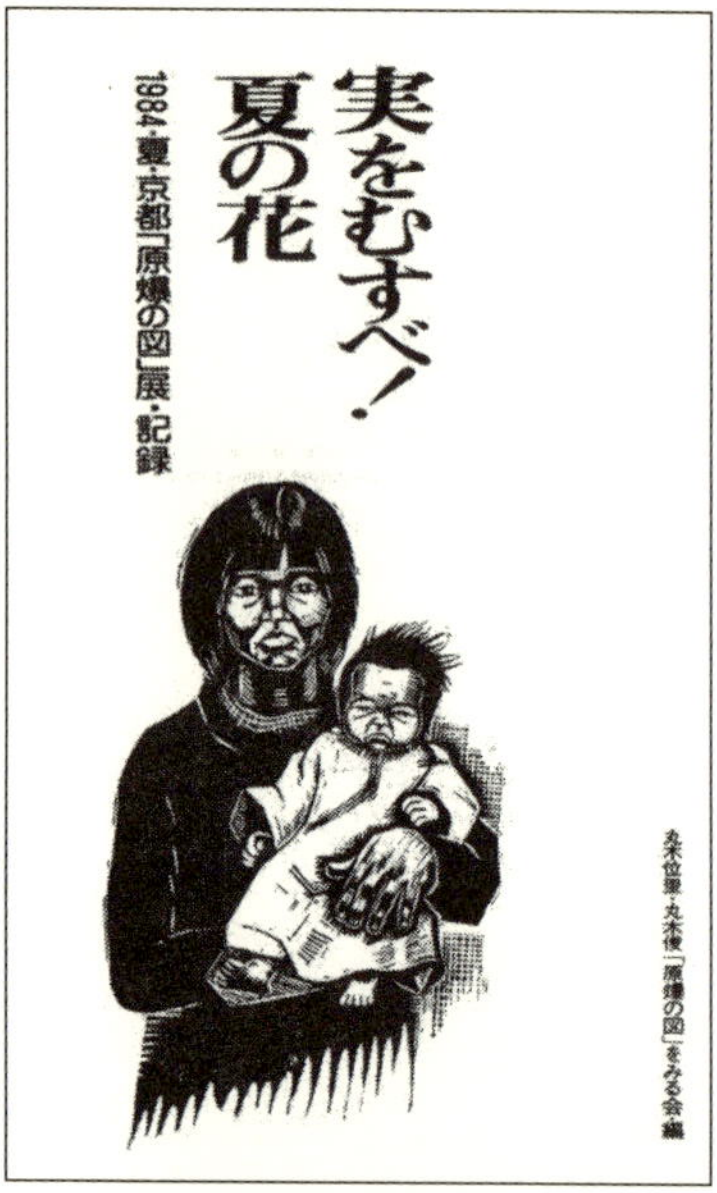

図60 「原爆の図」展　報告書

と言うと、皆が「おもしろいな」と言ってくれた。だから、残金四百万円のうち、二百万円は、丸木美術館が倉庫を建造中で、資金募集していたから、そこにカンパしました。二百万円で一〇〇ページの報告書「実をむすべ！　夏の花」を五千冊印刷して、会員に配り、協力者にも渡した。名簿のカードは全部、ドンド焼きの焚き火で燃やそうと言ったら、事務局の皆がそれはあかん、三千人にそれぞれ返すべきだと言ったので、原本のカードは報告書といっしょに封筒に入れて各人に返した。手元には、金もゼロ、名簿もゼロで、面白かったことだけ残りました。一生に一回やりたかったことや、と言って笑って終わった。いさぎよく次のステップに行けよと教えてもらったのが「原爆の図」展でした。

こんな原爆の図展が終わる頃から、またいいかげんな性格が頭をもたげ、それぞれのやっていることはちがうけれど、連携できることをやって行こうと。農薬問題をやっている時は、農薬をやっているグループが集まるのも大事だけれど、農薬をやっている人間と、子どもの教育をやっている人間と、合成洗剤のことをやっている人間が、ネットワークをつくっていくのも大事だと思った。そういうネットワークをどうやってつくるのかと。それで、そういう連絡し合う組織をつくらなければいかん、という気分になってきて、「きょうと・市民のネットワーク」という市民団体を立ち上げました。このネットワークができたのは、「原爆の図」展から二年後の一九八六年でした。何かやるたびに、そこから一つだけとはかぎりませんが、生まれてくるものがあった。

図61　丸木位里・俊さんからのプレゼント
平和のハト

13 「きょうと・市民のネットワーク」結成

路地裏の三軒長屋で

「琵琶湖は、琵琶湖を汚さない」。陸上社会がきれいにならんかぎり、湖は、水はきれいにならない。陸上社会がきれいになるのは、課題を超えてつながらないとあかんと考えて来ました。それで、原爆の図展が終わったあとの一九八六年に「きょうと・市民のネットワーク」を作ろうと呼びかけました。京都の一九八〇年代は、市民運動の頂点の時代だったと思います。いろんな人が登場して、面白い運動が次々と始まりましたから、掲げる課題を越えて、そういう人々が交わったらよいというのでやり出したのが、「きょうと・市民のネットワーク」です。課題がちがう団体が混じり合って、相互理解、相互支援から新しい運動展開が出来ればいいなと思って、繋がるにしろ、混じり合うにしろ、そのためには「場」が欠かせないと、金も無い市民団体でありながらも事務所を構えたのは一九八六年でした。

京大薬学部のすぐ近くにある三軒長屋は細い路地の奥にある古い木造平屋で、素浪人でも住んで傘貼りしていたら、似合う佇まいでした。通路の突き当たりに共同便所の小屋があった。ぼくらが借りる前、三軒の真ん中を「使い捨て時代を考える会」が事務所として借りていたが、そのうちに別の場所に移った後は、貧乏学生が住んで、両側の二軒を「きょうと・市民のネットワーク」が借りて、一九八六年から二〇〇三年まで十八年間いました。

図62　きょうと・市民のネットワーク事務所

事務所には「市民講座かざぐるまグループ」、「ドキュメンタリー・フィルム・ライブラリー」など、いろんな団体がここに集まって来ました。畳の室で、コタツ机が三つあった。二十人も集まれば一杯だが、会議や印刷、デモの出陣基地でした。

自衛隊をカンボジアにPKOとして派遣した時に、鶴見俊輔さんたちが「自衛官人権ホットライン」を作って、「自衛官一一〇番」を開設したが電話を置くところがないし、個人宅では右翼からやられるかも知れないと悩んでおられた。そこで、「うちの一室に置いたら」と提案し、電話番が替わりばんこに来ていました。しばらくした頃、鶴見さんが、「ぼくはね、石田君の言うことを何でも聞かんとだめなんだよね」と言われたので、「鶴見さん、何を寝ぼけたことを言うてるんですか」と言ったら、「だってそうだろ、君は大家でぼくは店子《たなこ》だから。店子は大家の言うことを聞かないとだめなんだよ」と。「先生、それものすごくええ言葉やから、絶対に一生忘れんといて下さい」と言って笑ったのを覚えています。

君が代の強制に反対する団体も、「市民のネットワーク」の一つに入っていたのです。その団体の北上田毅さんという人は、今は沖縄に移住して、辺野古で頑張っています。彼がやった「君が代訴訟」の時、訴訟団の代表を、最初は日高六郎さんに頼んだんです。ぼくは、農学部の前のいつも行く飯屋で日高さんに会って、「頼めませんか」とお願いしたが、海外に出かけるので無理だと分かり、それなら、と、飯沼二郎さんに頼みました。飯沼さんには、それまでもいろいろ頼んでやってもらっていたから、どうしょうかと躊躇していたが、飯沼さんは引き受けてくださった。その後、飯沼さんの家の前に右翼の街宣車が押し掛け、大音量でがなり立てて大変でした。

飯沼さんは、いわゆる名誉代表じゃなく、行動する代表でした。周囲から言われないでデモにも行かれるし、金大中が捕まった事件が発生すると四条河原町で座り込みを始められた。これはだめだ、御大が座り込んだと聞いて現場に行ったら、一人で座っておられたので、しょうがないから、ぼくも座った。

飯沼さんが亡くなられて、この頃そういうことがなくなったかと思ったら、槌田劭さんが同じような行動をされた。フクシマの三・一一の後、関電前でハンガーストライキをすることになったようで、「明日から関電前でハンストするし、付き合ってくれるよね」、「何日やるの」、「十五日間」。それで、ぼくも座った。槌田さんの前には「ハンスト中」と書いた板が置いてあり、ぼくの前には「座り込み中」と書いた板を作ってもらい、いっしょに座っていた。ぼくがハンスト中なんて言ったら、見た人が「嘘言え、あんなやつにできるわけがない」と言うにきまっているので。

ネットワークの事務所では、京大の精神科のお医者さんが相談コーナを水曜日に開設されていた。相談日でない日に、精神病の患者さんが一人でネットワークに来ることも時々あり、ぼくらで対応できてうまいこと行くこともあるが、できない患者さんもいました。そんな時には、京大病院に走って、精神科の医者に「なんとかしてくれ。ぼくらじゃなんともならん」と言ったら、仲間の医者が走って来て、話してくれて、「またおいでや」とか言って患者さんとやり取りする様を見ており、それは普通ではできない体験をさせてもらった。

それと「なべの会」というのもあった。自衛官の一一〇番の日と、「なべの会」の電話相談日が同じ日だと言って、鶴見さんが「なべの会」の人とずっとしゃべっていたりもしました。「なべの会」は、鍋をつついて何か話をして、同じ釜の飯の仲間、ということかな。不登校の人達なんかも来ていましたね。

阪神大震災は一九九五年です。学生が「京大学生救援センター」を作ります。そして、農学部の石田部屋に救援本部を置いてもいいかと言うから、「いいよ」と言ったら、人は来るし、集めた救援物資が持ち込まれだした。水を運ぶタンクの支援要請がきたので、京大病院から腎臓透析溶液のタンクが出るよと教えました。このタンクは絶対に二度使いしないので、透析液を別の容器に移したら、それで廃棄物になる、それを以前に見つけて、天ぷら廃油の回収をやっているときに、もらう約束をしていたので、阪神大震災の時はタンクの水を汲むのにちょうどよい容器だと学生に教えた。学生が、それを集めて、石田部屋に積み始めた。「こんなもの置かれたら、いる場所がなくなる」状態になり、しょうがないから、「二軒長家の一軒を貸すから、電話も引いてやるから、そこへ行ってくれ」と頼んで、京大学生救援本部が長屋にでき、ボランティアに二百五十人ぐらいが登録して、順番に神戸支援に行っていた。場所をもっていると強いですね、いろんな場面に対応できるので。こうやって活動している人たちが繋がって、世の中全体を変えていくかも知れない。このようなうねりをつくっていくことをしないと、社会はなかなか変わらないように思って、「ネットワーク」を作った。

課題の解決を求めて

そうやって、市民講座をやったり、デモをやったり、自分たちの持っている課題を共有し、仲間を増やす運動を、ぼくは課題の「社会化」という言い方をしたのです。それだけではまだまだやりたいことに近づけない。どう経済化し、政治化するかということもある。社会化、経済化、政治化、この三つをぐるぐる回しながらやらないといけないと考え始めたのです。

課題の社会化

市民運動では、それぞれが課題を持ってやっているけれど、社会化というのは、たくさんの人々に広くそのことを知ってもらって、社会の中で話題になるようにしていくことだろう。

仲田芳樹という百姓が、一生のうちの半分くらいの人生をかけて省農薬ミカン園を作ってくれた。ミカン園で害虫駆除に天敵を利用したら、それがうまいことといった、そこへぼくを導いてくれた百姓です。たった一人の百姓が、そういうことを考えて、実地にやった。そういう百姓がいることを、話していきたい。天敵を利用するという技術ができたというのは、それはそれで重要だけれども、そういうことを考える人が世の中にいると言うことを伝え、大衆に知らせていくのが大事だと思う。そういう人にスポットライトを当てて、「そうか、そんな生き方があるのか」と言うことを世の中に伝えて、そして、自分も変って行く、市民運動はそこが面白い。ぼくは、その人のことを話していきたい。水の問題やら、合成洗剤のことやら、魚の奇形があるとか、農薬がたまっているとか、それと闘っている人たちを、どのように世の中に出させてもらえるか、その面白さを知ったので、ぼくはあまり消耗しないで、ネットワークに集まってくる現代社会の困難な問題・課題を担う市民運動体を支え合い、それぞれの課題を現代社会、京都の街で広めて、深めて行こうと思った。社会化というのは、そういうことです。

課題の経済化を

次に考えなければならないのは、やはり言葉や信念を形にして、物として見えるものにして、社会の中で動かさないといけない。たとえば、合成洗剤追放運動だったら、実際やって来たように石けん工場を滋賀県に作ることに協力したり、ミカン山で安全なものを生産し、消費する過程を自分たちで創ることです。その行き着く先に物流の場面が必要です。すでに「使い捨て時代を考える会」が持っている「安全農産供給センター」というのがありますが、それとは少し違った方針、例えば、「使い捨て」が無農薬に象徴されるならば、こちらは省農薬というような、そういう生協をつくるということを思い立ったのです。要するに、「物に情報を乗せ、情報に物を乗せる」活動を、すなわち「経済化」しないとだめということです。そんなふうに思い始めて、生活協同組合を作ろうかと、八七、八年ころに思い始めました。そして、生活協同組合エルコープ設立に参加した。

課題の政治化

もう一つは政治化しないといけない。社会化だけでもだめだし、経済化だけでも、政治化だけでもだめだ。社会化、経済化、政治化というのを運動として連続させ、継続していくと、相互につながって螺旋状にグルグル回りながら、上へ上へと段階を登って行き、各運動の質を高めながら、世の中を変えていく弾みになり、新たな政策を生み出すに違いないと思い始めたのです。

何度か選挙戦に関係してきた。これは、人がわいわい集まってくるし、お祭りみたいなところもあるのです。当選も大切だけれど、だれもあまりそのことにはこだわっていなかったのと違うかな。選挙の前や最中にいろんなことが派生して、終わって見たら、後に残るものがいつも大きかった。

一九九一年の京都市議選には、高橋幸子さんを伏見区の候補者にして、一五〇票差で負けた。新人で出て、三〇〇〇票取って、一五〇票差で負けた。痛恨です。こたえました。ぼくの責任だと思っています。あの人にだけは頭が上がらんというか。彼女の知人の森毅先生や灰谷健次郎さんも応援に来てくれました。本人の周囲は、議会みたいなあんなあくどい、ひどいところに行ったら、寿命を縮めると言って、大反対やったそうやけど、彼女が立候補を決めたら、そう言った人が皆応援に来てくれました。ご本人は、太っ腹で、選挙して何か楽しんだようなことを言ってくれますが。落選の責任は候補者ではなく選対本部にあると思っていましたから、政治化の動きは、一九九一年に高橋さんの選挙で敗れて二〇一五年まで封印しました。

ますます悪くなるフクシマ以降の社会をかえねばと政治化する突破口をなんとか開きたいと思っていた時に、二〇一五年に、廣海緑郎さんというのが左京区から出るから、なんとか代表をやってくれと言われて、それは引き受けた。どうしても、今、日本のこの閉塞状況を考えると、もう一回ちゃんと挑戦しないといけない、と思い始めていた。ぼくらの感覚で動くのではなくて、今までと違った動き方があるんじゃないかと。今までの参加態度ではない姿勢を模索しなければと思っていた。去年やった廣海選挙も、なんの基盤もない若者が立ち上がったので応援した。それで左京区で二千二百票を取った。三千票ないと当選はおぼつかないけれど、二千二百は大正解だったと思うのです。ぼくの年齢の人間は、何かの時に責任を取る人間が必要だったら、そのための代表は引き受けようという気分ですね。それは、飯沼さんも、もしかしたら、こんな風に考えておられたのではないかと今にして思いますね。

権力の弾圧で捕まっても年金はもらえるから。それで捕まったら、飯は向こうで食わせてくれる。そうしたら食費はいらない。年金は使わない。こんないいことはないから、いくらでもやれる。家でそんなこと言ったら、「孫が困るじゃないの」と言って怒られたので、家では言わないけれどね。年取ったらみんなやったらいい。変化無しの老後よりも、若い頃に出来なかった課題を引き継いで、活動する若者との共闘こそ老後の生活として良いのではと思う。

日本の研究者は、自分の言ったことを実践する、実現するためにやらなければならない。研究でちょこちょこやっているのでは、限界があるのは分かっているのだから、年金生活に入ったら、それこそ、自分が研究したり、考えたりしたことを、誰はばかることなしに、のびのびと精一杯やればいいと思うのに。出てこない。一歩踏み出そうとしない。

滋賀県の高島に、福島県の放射能汚染木材チップが二〇一三年に不法に棄てられた事件があり、四年間ぐらいぼくはずっと関係して来た。東京へ行って、参議院で院内集会をやったりもしました。そのチップが棄てられた河川敷のすぐ横の集落、一キロも離れていない集落に、日本の廃棄物学会の会長だった人が住んでいた。だのに何もやらない。その元会長は何もやってくれなかった。彼の生きて来た人生は一体何なんだと言いたい。

年金生活者よ、街に出よう

新しい人間関係もできて、自分も変わっていけると思う。だから、年金生活の人が、もうちょっと世の中に出て、ちゃんとものを言ってくれたらいいと思うんだけれど、それがない。集会をやったらものすごいいろんな人が出て来てくれるけれど、ぼくと同じ、元大学人は少ないね。いっぱい世の中でやれることがあるのに、皆、なんでやらないのか、気楽にやればいいと思うのですが。

京都にかぎらず、市民運動とか住民運動は今、様変わりしています。合成洗剤とか安全な食べ物とか、そういう運動をして来た消費者は子育て中の主婦が中心でした。今の中年までの主婦は、家庭の収入の担い手で、ほとんどが地域のことができない。若い層と主婦層がいなくなったあとの市民運動の担い手は年金生活の高齢者です。世の中の様も見て来ているし、仕事の知識もある。課長だの重役だのという肩書を地域社会に持ち込もうとするから、うるさがられるので、ずっと地域社会を支えてきたオバちゃんたちに教わりながら、自分の活動できる場所を見つけたらいいのです。市民運動は新しい形をつくらないといけないのかも知れない。戦争法反対のデモをやっても、最近、来るのは年寄りが多いものね。

ところが、投票率からいって、安倍内閣を支えているのは年寄りだろう。年寄りの投票率が高い。自民党の支持率は二十何%でしょう。だから年寄りが安倍を買っているのです。「アベ政治を許さない」と誰かが書いたポスターを拡大コピーしてガレージのシャッターに貼ったら、とたんに近所のぼくを見る目がというか、態度が変わった近所の年寄りがいる。「ああ、このおっさんはそういう人だったか」。それで付き合い方が分かって楽になった。

七十歳ぐらいで職がなくなりますね。その人らは家で毎日何をしているのかな。我が家で朝から晩までいたら、家族からもいやがられるでしょう。ぼくは、働くのをやめて、市民運動以外はなくなったから、何十年も続けて来た昼食と夕食の外食のうち昼飯は家で食べようと生活態度を変えました。夕食はどうしても運動関係の会議などがあるから外食になるが、生活に画期的、革命的な変化を起こしたのです。

今、日本はせっかく年金のある高齢者が四分の一になって来たのに、この四分の一が働いたり、いっぱいやることがある。なんでもやったらいいと思うんです。僕は最近、子どもの朝の通学路の、旗で車を止めるのをやっているよ（笑）。うちの横が交差点で、ものすごく車が混むんです。そこで一生懸命やっている人がいて、毎朝、犬の散歩から帰ってくるとしゃべっていて、「どないした」「俺、法事へ行かなあかんねん。この日、できへんねん」と言うから、「あかん時は言うて」と。朝、七時半から八時半の一時間。

その人も月に二日ぐらい用事があるんです、日はまちまちやけど。それで、僕が代わりをやっている。はじめは旗をわが家に持って来てくれていたんだけど、そのうちに僕専用の旗を持ってきた。PTAの何かでしょうか、それの大親分がいるんです、学校の。その人が着るものまで持ってきたから、それ着てやる気はないけれど。でも、あれは楽しいんです。うちの交差点を通る子は少ないんです、十五人ぐらい。「おっちゃん、おはよう」「あんなあ、まいちゃんが起きて来んねん」とか言って通る。それで来る順番もだいたい決まっていて、「あいつが来ない、風邪かも知れんな」と思ったり、赤ちゃんが二人いて、乳母車を押して来る人が八時十五分に来るので、乳母車が来たら終わりとかね。全部覚えるんです。それで楽しい。そういうことをやればいいのに、気楽に。それでそこから、いろいろなことがわかって来る。

車を止めるタイミングもわかって来る。旗を出しながら、こっちへ車を止めて、子どもが通り終わったら「おおきに」と言って。あれは下手だとかえって、いるために不都合、いない方がいいのもある。だから、そんなのも、やっているうちにだんだん上手になって来る。スーパーでアルバイトができるよ（笑）。子どもも、見ていたらわかるね、親が。ちゃんとあいさつできる子と、まったくできない子。

いろいろ子どものことがわかるし、親のこともわかる。親があいさつを言っていない家が多い、最近。いつもこっちから来る子が、友達ができたから、友達を誘って向こうを回って来る子がいる。「どうしたん」と聞いたら、「この子といっしょに来た」とかね。

勤務先の人間関係は、仕事でのつながりと金でのつながりが主でしょうから、それだけが社会とのつながりになっている人は、それがなくなると社会とはもうつながっていない。働きながら、趣味の世界でもいい、地域活動でもいい、人とのつながりを持っている人は、定年後も社会とつながって行ける。それがないなら積極的に出て行けばいい。だけど、頭が固くなって、勤務先の世界しか知らない人は、そういう時、どうしていいかわからない。地域活動に参加しても、過去の肩書を引きずって、自分の奥さんや部下に対する意識で女の人に接するから、嫌われて、つながりの中に入れてもらえない。そんな否定的なことばかりを考えても仕方ないから、ぜひ市民運動の中に加わり、今の社会を孫世代に渡せるものへと変えましょうと訴えたいのです。もちろん老人だけでなく若い人にも期待をしているのですが、なかなかむずかしい状態です。テレビなんか見ると、つい期待してしまうけれど、京大生で「ＳＥＡＬＤｓ」に入っているのは十人もいないでしょうね。若い人たちに、これからの社会の在り様を問題提起し続け、今でなくても何時か考えてくれるように、伝えて行くのが運動の使命だと思っています。

14　新しい生協を創る

今の社会の中でそれぞれが重要と考えている課題を解決するためにと活動しているが、ほとんどの課題はそんなに簡単に解決できるものではありませんし、いろんな仕掛けをしながら仲間を増やし、実現して行く方策を考えて運動を展開しなければ、と皆さん思っておられる。その課題の重要性を人々に理解してもらうための運動を社会化と呼びました。しかし、そのような言葉だけのやり取りでよいのだろうかと思い悩んだ末に、残りの経済化、政治化しながら、それをグルグルと回しながらいろんな形で世の中に広げていきたい、そういう取り組みをしたいという思いというか悩みがありました。例えば、先に言いました省農薬ミカン栽培への挑戦では、省農薬農業という経済活動としてミカンの販売はしましたが、もっともっといろんな物を動かさないとあかんという心境になり、前に話したように、安全な生産環境で、安全なものを、安定的に供給するのが農業だろうし、それを支える消費者の活動とはなんだろうと考えた結果、生協運動を考えました。安全な農業を研究者として考え続けたいと思って歩き始め、実践としてそれを実現してみたいと思うようになりました。社会化、経済化、政治化という観念的な思いを現実化してみたいと簡単に思う、おちょこちょいの性格が幸いしたのか、その生協作りを仲間と始めました。安全な環境で、安全なものを、安定的に供給するために、自分は学問をやりだしたという、大き過ぎた前提があったので、引っ込みがつかなくなって、皆から、こんなに間口が広いのをやって、どう収拾する気と言われるけど、しょうがないですね。

京都に第二の生協を立ち上げる

黒岩卓美さんとか何人かでしゃべって、「生協をつくろうか」と。生協というのは、一つの物を経済化する組織としてはおもしろいと思って、それで生協をつくった。黒岩さんはぼくより五つ、六つ若いかな。ぼくが理事長で彼が専務で始めた。だからそういう相棒がいたというのは大きいですね。何かしようとした時、そこに人がいてくれる。いろんなテーマでそれぞれに、いっしょにやってくれる人がいる。ありがたい。

京都には共産党系と言われている京都生協という組合員四十万の巨大生協があります。京都府の人口二百六十万人として、組合員には家族がいますから、組合員四十万ということは、京都生協に生活物資を依存している人は多い。

無農薬の有機農産物は、省農薬もそうですけれど、生産量がかぎられている。いわゆる市場規格にあう農産物を、大量生産できるものではない。だから、大きな生協で扱うことはできません。

槌田劭さんが始められた「使い捨て時代を考える会」は、無農薬、無化学肥料、つまり有機農産物が主体です。作物は自然の中で育てるから、豊作もあれば不作もある。槌田さんは「顔の見える関係」を大切にされ、付き合いのある農家の作ったものは、消費者はどんな場合でも全部いただきましょう、という主義でやっておられる。生産者が作ったものは全部買って、全部食べる主義だから、季節野菜以外は来ないし、ほしいものを要るだけ注文するのでなくて、配送日に何がどれだけ来るかは配送センター任せです。これは、消費者にとってはきびしい原則ですから、参加を決めたらある意味の覚悟が要ります。だから、「使い捨て時代」の会員というのは、筋が通っているというか、腰が座っている。時代を切り開いて行ける団体だと思います。

京都生協と「使い捨て時代」との中間ぐらいの意識を持っていて、どっちからも満たされない点のある人に対応できるような生協が必要ではないかと考えた。金森昂作さんの発案で生協名はエル・コープ（L―COOP）となりました、槌田さんのところが「無農薬的」なら、ぼくはもう少しゆるやかだけど、やっぱりそれなりに暮らしたい人のための、「省農薬的」な生協を作ろうと思ったのです。

エルコープを立ち上げた時に、批判がありましたね。エルコープを作るのは、「使い捨て時代」の足を引っぱることになるという批判があった。その時、ぼくが言ったのは二つあって、「使い捨て時代」は過激派としてガーッと時代に突っ込んでほしいと。そこへは付いて行けない人を吸収するのがエルコープである。京都生協は、石けん運動もあまりやらなかったから、ここに入っている人は吸い上げたらいいけれど、「使い捨て時代」の人をこっちへ引っ張ったらいけない。それでぼくは、黒岩さんにたった一つ理事長として言ったのは、「使い捨て時代」の会員の人を絶対に勧誘しないでおこうと。向こうから入りたいと言って来られたら、入ってもらえば良いのではと。

「使い捨て時代」の人に入ってもらったら、当面人数は増えるかも知れないけれども、それではエルコープをつくる意味がないと思い、この原則をぼくらは守りました。だから京都の運動、農薬問題にしても、石けん運動や水の問題にしても、運動としては「使い捨て時代」とうちとは決して対立するものではないのだから、商売の時も対立せず、軋轢のないようにと。

準備会を五年間ぐらい、皆がんばってやってくれて、一九九三年にエルコープを設立して、配送センターは貸倉庫で始めました。ぼくは言い出しっぺやから、理事長を十年間やって、給料は一銭ももらっていません。店舗を持たないで、配送だけの営業で行くと最初から決めていました。既存の生協の多くは配送と店舗の両方で営業しており、店舗展開をするとスーパーストアとの競争に入らざるをえません。スーパーと競合しようと思うと、悪かろう安かろうの商品も売らないことにはしょうがなくなり、商売・商品の質の低下を招きます。だから、店舗なしを今でも堅持しており、それは正解だったと思います。ただ、最初に決めた個人配送はしないで、グループ配送だけという方針を立てたのですが、これは潰れました。共働き、共稼ぎ、主婦も働きに行くようになってくると、グループを作って荷受けしている時間がなく、当番になるのも、配送された品物を受け取りに行くのも大変だから、個別配送の方が求められます。だから今では、個人配送、個別配送が、半分以上になって来ているようです。ぼくの頃は、従業員は十五人くらい、パートの人も多かった。そして、二〇〇一年に、JR桂駅の近くに自前の配送センターを建てました。ゼロから出発して、その頃は、組合員が三千五百人ぐらいで、年商は八億円まで伸びました。設立して十年も経ったし、それなりの成果もできたので、自分のすることは終わったと思って、二〇〇三年に理事長を辞しました。今では組合員数は五千人く

図63　新しい生協、エル・コープ

らいになっているようです。組合員五千人、年商十億円ほどの生協では何が駄目かというと、新商品の開発がなかなかできないことです。単独の生協では力がないから、大阪や兵庫の生協と事業連合を組んでやっていたのですが、それでも開発が難しい。そんな事情もあり、現在は、東京や神奈川で始まった生活クラブ生協連合に入っています。エルコープの古い会員から「がんばってエルコープを作ってきたのに、なんでこんな塩辛い関東の味ばかり」と苦情が来たとか。味はやはり関東と関西では全然ちがいますから、順次手直しをしているようです。

　エルコープは生協だから、はじめは自分たちが何か作る、開発するというより、生産者とつながることから始まります。石けん運動で廃油石けん工場とか、そういうつながりはあっても、京都の農家を育てるのはなかなかむずかしい。有機農業をやっている人たちは、農業に対して、自分の主義主張がある。生協になると注文を取るから、一週間に五十箱出して、という発注をしないわけにいかない。そうしたら、当然「わしはそんなものはできへんのや。わしの作り方では二十箱しかできないのや」と言われる。有機農業の場合、「そんなら仲間に声かけて三十箱作ってくれ」というような融通が利かない。

だから、ある程度のスケールを持っている生産者、それから、ゆるやかな繋がりを持っている生産者、これを見つけて、こちらとしても、それを育てて行くことになります。

そうやっていろんなものを動かして、その中から選ぶことが出来るようになって来た。今は四代目の理事長になっているかな。ぼくは一組合員としてしか参加していません。勉強会に声がかかったらしゃべりに行くことはあります。ただ、なかなか大きくならない。でも、そういう物を動かすという経済化をしたのは、ぼくにとっては大きな意味がありました。そしてぼくとしては、自分が抱えている問題の経済化という言葉を、現実の存在としてエルコープができたというのは、ぼくにとっては一つの結論だった。

課題の経済化としてのエル・コープ設立

環境問題というのは、公害問題から環境問題へと言葉が変わったときに、いろんな人が参入してきます。そして、少しやって、ほとんどの研究者はそのうちに現場から逃げるのです。研究費を取って、五年間ほど机上でやって、論文を書いて、それで終わりにする人が多い。ぼくとしては、逃げないということだけはちゃんとしておかないと、ぼくみたいにいいかげんな男は、すぐ堕落しますからね。

だから逃げられないものを一つでも持っていようという気があって、ミカン山に関わったのも、生協をつくったのも、それなのです。百姓と付き合うのだったら、お前のところのものをがんばって売ると。そのために生協というのを作って、逃げられない関係で、倒産したら、当然、負債は自分で負わなければならないし、そこまでのものを何かつくっておきたい。環境学とか、環境何とか学、何とか学というのが出て来てから、何か口ではものすごくいいことを言うけれども、いつでも逃げられる関係でいるのを見聞きすると、イライラすることが多かった。

研究者なら学会に入り、学会で喋り、学会活動をするのが普通ですが、一九七〇年代の前半で学会をやめました。学会では、発表するでしょう。そうしたら、そのテーマを本当に理解している人というのは四、五人で、その人らの手の叩き合いが、学会だと思うようになった。あとの人は聞いていても、そんな研究もあるかぐらいにしか思わない。そんなだったら、手の叩き合いだったら、五人が議論した方がもっと深まると思うと、学会とはデモンストレーションの場で、要するに自分を売り出すための場としか思えず、そんな学会に金を出して、現をぬかす気はない。それから、社会問題に対して、たとえば農薬問題にしても、言わなければならないときに誰も言わない。植物病理学会というのは農薬会社のヒモつきか、宣伝協会のようなものです。おおまかに言えば、その下であるから、そういうことを言わない。農薬中毒に関して、たとえば日本中で農民の中毒はいっぱいあるのに、日本では農民の農薬中毒大調査はやられたことがない。農水省もやらないし、植物保護に関係するどの学会もやらない。汚染の問題に議論すらしない。そんなところに、自分の時間を費やすことはないと思ったので、学会をやめました。

学会には行かないで、卒論指導もしないで、よく大学で生きてこられたと思いますね。だから名言を吐いてくれた人がいるのです。それが、鶴見俊輔さん。飯沼先生が亡くなられて、追悼集会に出席しました。鶴見さんももちろん来ておられて、二人でしゃべっていたら、鶴見さんが突然、「石田さん、ぼくはね、京都大学を見直したよ」と言われたので、「先生、何をしょうもないことを言い出すのですか。なんであんな大学を見直すのですか」と言ったら、「だってそうだろ、君みたいな人を最後に教授にしたんだよ。たいした大学じゃないか」。ウーム、それはそのとおりです。それが、鶴見さんとの最後の会話だった。

鶴見さんとの会話を紹介したついでに、助手でいた僕が教授になった経緯を話しましょうか。

15 教授になった話

ぼくがこんなことを言っても、だれにも信用してもらえないと思うけれど、大学教授になる気は全然なかったんです。助手になったときは、同級生で助手になっていた人が他大学に転出して、そのポストが空いて、上級生は全部就職していたのでぼくに声がかかって就職しました。その直後の大学闘争の事態を経たので、ずっと助手でいようと思っていました。今は任期制の助手というのが出て来ましたけど、ぼくのころは任期制というのはなかったから。京大の最長不倒距離の助手になろうと思っていたんです。四十何年、助手でいたら、たいしたもんやな。

助手は講義はできません。単位認定権がないんです。「教育公務員特例法」の何条だったか忘れたけれど、たった一行、「助手は教授、助教授、講師を助ける」この一文だけです。言ってくれたらいくらでも助けるしと言っているのに、助けてくれと言うて来はらへんから助けられん。だから怒鳴っていても、俺はお前らを助けているんだと言っていました（笑）。助教授がぼくの後輩なんです。お前らのまちがった道を正すのが俺の役割だから、怒鳴っていても助けてやるからと。

実験助手はやりました。学生の指導はしていたし、三回生の学生実習も年に何回かやるんですけれど、忘れます。毎日あったら憶えているけれど、年に三回ぐらいしか当たってこない実験の指導を忘れて、よく穴をあけました。

助手は働かなくてすむ、それで文部省は困ったんです。今、教授、准教授、助教になっているでしょう。「教」を付けて、単位認定権があるようにして、安い給料で働かせることができる。だから、研究室で、講義やら実験やらやらされて、かわいそうです。

身分職階制はいかんですよ。だから年齢にかかわらず全員を教授か教員という名前にして、三十、四十代は学生といっしょに研究をがんばってやりなさい、四十から五十ぐらいは教育をがんばってやりなさい。六十ぐらいになったら、もうあんまり頭が働かへんのやから、管理職になって、皆のために働きなさいぐらいの職能分けにしたらよいと思う。

だから助教がものすごく年取って来たんです。三十とか四十歳とか、学生との乖離がものすごいのです、年齢が。大学院にいって二十いくつでしょう。大学院だけ取ってみても、やはり二十代、三十代の助手がいて、学生と立居振舞も近いし、時間も自由な助教が研究指導者としては必要です。それを今は助教にして、全部仕事をやらせて、定員削減したから、どこも行けないから、本当にかわいそう。

ぼくはこんなことを言うと、皆からウソやろうと言われるけれど、一回も就職活動をしていないんです。助教授になった時も、嫌々なったんです。ぼくは嫌々なったというのは、何を言ってるのかな、恰好つけてと怒られるかも知れないけれど、助手になって十年目ぐらいの時に、ベビーブームの世代の子が大学にやって来るから、学生定員が増えたんです。京大の農学部でも三百人から三百五十人に増やしました。その対策として、教授が二、助教授が二のポストが増えた。うちの教授連中がじゃんけんして、助教授ポストをひとつ獲得します。

それで、さあ助教授をどうするかと、教員の集まりで諮られたときに、ぼくが助手会の代表をやっていて、助手の一番年を取った人がものすごくがんばっているから、その人になってもらったらいいじゃないかと。そうしたら、そこの教授が、「石田君、そう言うけれど、あの人はほとんど論文を書いてないし、文書を書くのがむずかしいからあかん」と言うんです。だったら、「あんたらで考えて、たとえば外国から任期つきのポストで七年間、外国人の助教授を雇ったらいい。そういうのもあるだろうから、それで助手会としてはかまわない」と言って、ほったらかしにしたんです。そうしたら、それも見つからないと言ってきたので、ポストを学部に返上したらという意見もでました。それで教授から「お前、なんとかなれ」と言われたんです。そのころぼくは選挙をしていたんです、京都の社会党候補者の選挙に関係していたので極めて忙しかった。「忙しい。そんな書類を書いてるヒマはない」と言ったら、「いや、履歴書から業績書から、全部書いて出しておくからいいか」と言うから、ぼくも忙しかったから、「書きたかったら書いたら」と。そうしたら本当に書いて出したんです。それで決まってしまって、それで助教授になったんです。

研究室でも困りますね、年取った者が助手でいると。だからぼくは、迷惑はかけへんと言ってたんです（笑）、嘘と思われたかもしれないけど。助手のままでいようと思っていたから、気が楽だったですね。助手にはとくにノルマはない。講義もない。給料は助教授や教授と相当ちがうけれど。公害問題に関係している仲間で助手のままで停年になった人もいます。助手の集まりの会議で、もう四十いくつになった人が、「四十になって、お父さんは助手ですと、そんな恥ずかしいことを子どもに言わせられますか」と言った人がいて、「助手で恥ずかしいと思うんやったら、辞めて、どっかへ行け」と怒ったんやけど、そういう気も皆あるんです。家族にたいしてとか、隣近所でまだあの人は助手みたいだとか。あの人、助手で気楽にやってるのねと言われたらいいのにね。

それで助教授になったものだから、このあたりの連中が、石田は嫌々させられてしまって、かわいそうに、というので、残念慰安会を開いてくれました。だれもおめでとう、とは言ってくれない。七年経ったらまた助手に戻れるんやから、辛抱しろ、とか言って。

七年経っても、戻れるどころじゃなかった。ぼくの教え子が次の教授になることに決まっていて、ぼくが下にいたらやりにくくてかわいそうだなと言っていたら、「アジア・アフリカ地域研究研究科」と言う大学院が京大内にできるから、中央アジアのことをやっているから、そこへ行かないかと言われたんです。そんなのができたことは、ぼくは知らなかった。農学部と文学部がいっしょになって、作ったんです。ぼくは中央アジアのカザフと出会っていたことだし、これはちょうどいいわ、ということで、それで、教授になって、最後の五年間というか四年と三百五十五日間、そこへ移るんです、この日数は大事なところです。

ぼくはアラル海をやりたくて中央アジアへ行っているのだから、東南アジアをやる気は毛頭なかった。そうしたら研究科長に「ここへ来たら、東南アジア専攻所属だから東南アジアのことをやってくれないと困る」と言われました。ぼくは、あんなに雨がよう降って、蒸し暑いところなんか、そんなのは俺の田舎で全部経験しているから、そんなところの研究をやる気はない。やらなければならないんだったら、農学部へ帰ると言って帰ったんです。そうしたら、同僚が追いかけて来て、もう決まっているんだから来い、中央アジアの仕事をやったらいい、と言ってくれたから、しゃあないな、それなら行こうか、というので行ったんです。

そうしたらその時、小泉純一郎が首相で、新規の研究科でしたから、予算が決まらないと発足できないんです。ふつうは三月三十一日までに予算は決まります。それで四月一日に発足です。小泉が失敗して、四月九日ぐらいにしか予算は通らなかったんです。それで、四月十日に新しい研究科は発足になった。そうしたら、ぼくが京大を定年で辞めた時、教授になっていた期間は四年と三百五十五日だった。京大の名誉教授は五年間、教授をしていることが条件なんです。ぼくは十日足りなくて、名誉教授になってないんです。それで、ある新聞記者が、「石田さん、名誉教授にならなくてよかったね」という記事を書いてくれました。

小泉のおかげで名誉教授になれなかったというのは、これはギャグとして使えましたね。京大を辞めた教授は、全員が名誉教授だとみんな思っているから。講演会に行ったら、垂れ幕に京大名誉教授石田と書いてあるんです。これは私が言ったのとちがいます、ここに「不」を入れて、「不名誉教授」にしておいて下さいと、ギャグとして、大いに使わせてもらうことにしていました（笑）。

Ⅵ　アラル海の環境改変に学ぶ

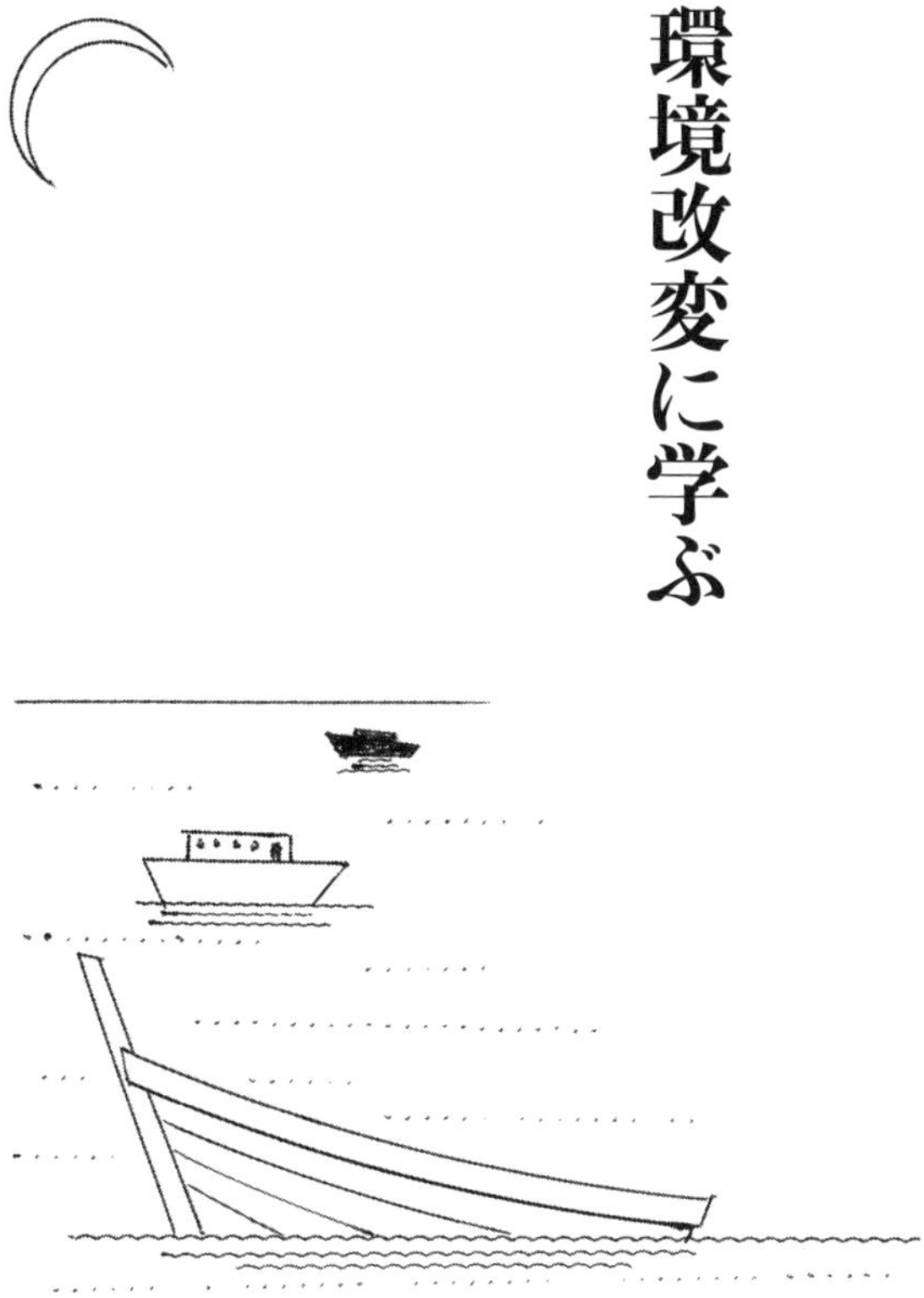

16　バイカル湖から始まるカザフへの道

思いもしない電話から始まった

一九八六年の秋に、アジア・アフリカ作家会議の会長をしている作家の野間宏さんの関係者から電話があって、「野間さんが招待したソ連の作家同盟のラスプーチンさんが、日本へ来ていると。それで、彼が奈良へ行くと言うのだけれど、奈良へなど行かないで、バイカル湖の保護運動をやっているのだから、琵琶湖の保護運動のことを勉強した方がいい」と、東京の連中が言ったらしい。それはそうだということになって、野間さんの仲間の慶応大学の先生から電話があって、ラスプーチンが行くから会ってやってくれと頼まれた。

外国語は苦手だし、ロシア人の作家で、ラスプーチンなんてうっとうしい名前の人と会うのは嫌だと言って断ったら、なんでもいいからまず会って、しゃべってやってくれと言われる。和歌山のミカ

図 64　ラスプーチンさんと野間宏さん

ン山へ行く日だったので、夜の八時に京都を出発するから、その前の二時間ぐらいだったら会ってもいいと言った。通訳には日本語が上手な女性の通訳が付いて、言葉はなんの不便もなくて、二時間しゃべった。琵琶湖について、やって来たこととか、現状とか、市民運動とか、いろんなことを貴船の床で、おいしい料理が出ているのに、それも食べずに喋りました。いまだにあれは恨みに思っています（笑）。さよならと言ってごちそうに恨みの眼差しを流しながら、学生を乗せた車を運転して、和歌山へ行った。

　それ切りのものだと思っていたら、次の年になって、野間さんを通じて、バイカル湖で環境と文学に関するフォーラムをやると言って来たと知らされ、集まるのは作家や芸術家だけれど、お前は自然科学の人間だが来ないかと、ラスプーチンが言ってきたので行かないかという声がかかったんです。野間先生とは、その前に琵琶湖のことで時々電話をもらっていました。それでバイカル湖は、湖のことをやっている人間として、一回は見ておきたいと思っていたから、「行きます。野間先生のカバン持ちで行きますから連れて行ってください」と言って、一九八七年の九月中ごろに行きました。当時のソビエトの有名な作家というのは、ほとんどが政治家だとかで、ラスプーチンもそうでした。ぼくが琵琶湖の話をしたのを気に入ってくれて、お前も来いということになったようでした。

八七年に第一回目の「環境と文学に関するフォーラム」があって、八八年にアルメニアのセバン湖で第二回があって、セバン湖も見たいと思って付いて行ったのです。その二回とも、今は亡くなった立松和平さんがまだ若い時だったし、ふたりで野間先生のカバン持ちになろうと言って、仲よく行った。カバンも少しは持ったかも知れないけれど、野間先生はやさしい人で、ぼくがカバンを持つより、向こうが気遣ってくれることが多かった。というのは、参加者は芸術家でしょう。ぼくだけちがうから、独りでポツンといると思って、何かにつけて声をかけて下さって、楽しい旅行だった。

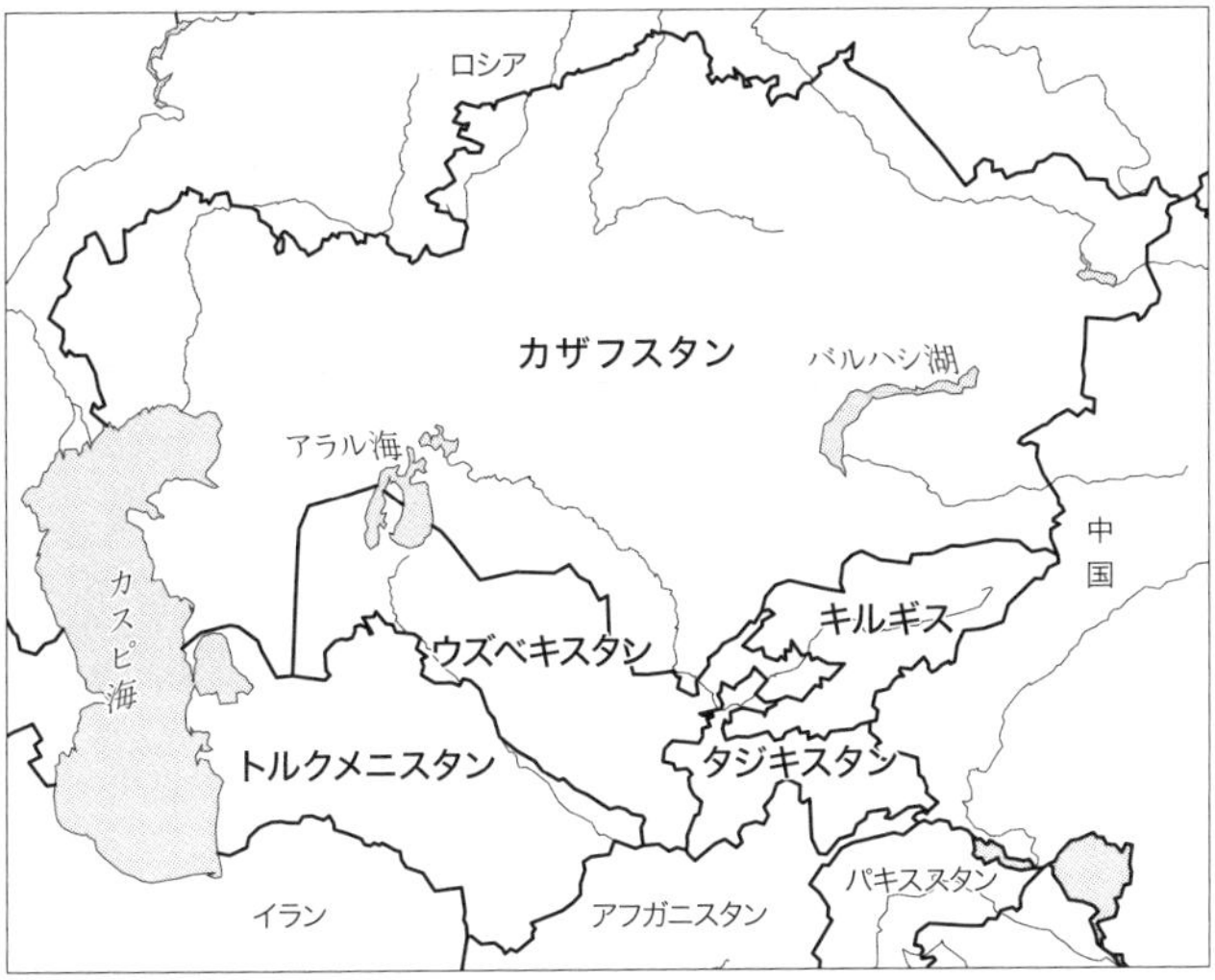

図65　中央アジア５ヶ国と湖

その時にウズベキスタンから来ていた作家が、アラル海の問題を話してくれました。ヘエー、そんなことがあるのかと。ぼくは典型的に語学ができない人間で、アメリカなどの研究者が京大へ来て、会いたいと言ってくるけれど、通訳を連れて来るなら会うけれど、通訳なしでは絶対に会わな

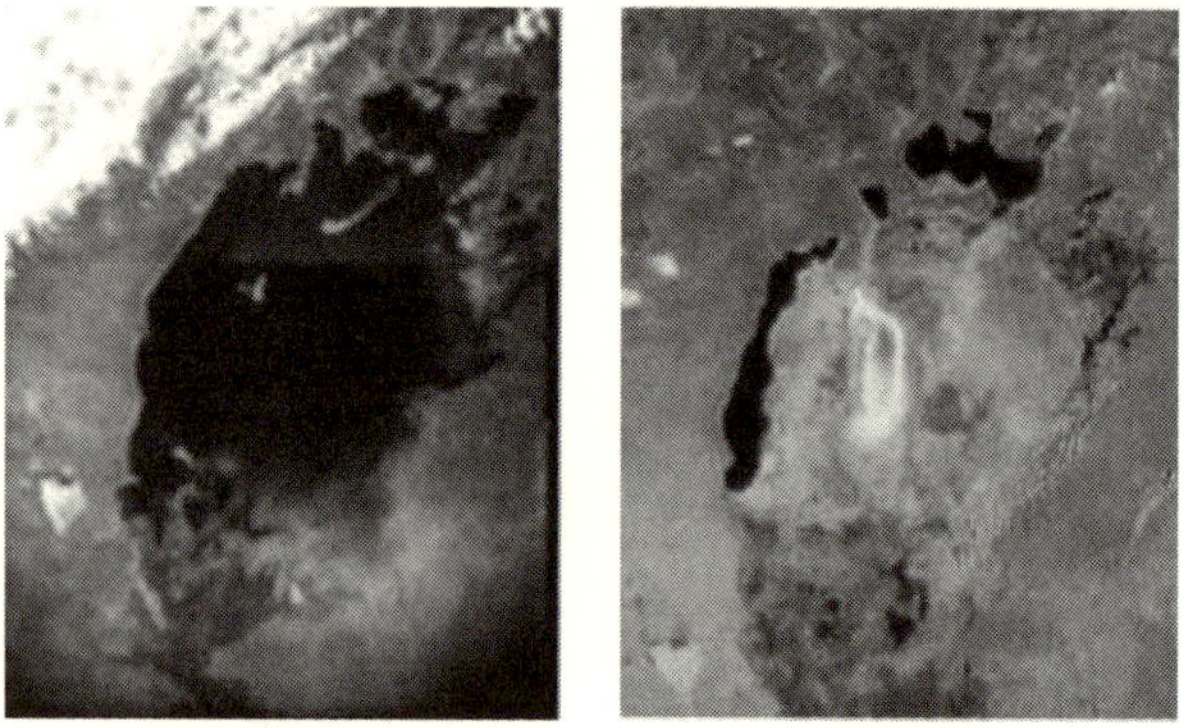

図66　干上がったアラル海（NASA）

いと言うぐらいに嫌いです。それで八九年に第三回目を琵琶湖でやるというので、バイカル湖とセバン湖と二回も遊ばせてもらったから、手伝わないわけにいかなくなり、現地事務局長をやって、金集めから会場取りから、設定しました。

その時に、カラカルパックの作家が、「昨日まで俺の家の前にはアラル海の水があった。次の日に起きたら、二〇〇メートル向こうまで行っていた。それでも子どもたちは泳ぎに行った。三日目になったら、六〇〇メートル向こうまで行っていて、ついに誰も行かなくなった」と演説したのを鮮明に憶えています。これは、中国の「白髪三千丈」というのと同じに、嘘に決まっていると思って、カザフスタン作家会議議長のアリムジャーノフにそう言ったんです。そうしたら彼が、「石田、嘘だと思うなら招待するから来い」と言う。そうまで言われて、行かないわけにいかないから、それなら行こうという返事をしたのが、カザフスタン、アラル海へ行くきっかけだった。ぼくのいいかげんな話から始まったのです。

アラル海を見てしまった

一九八九年に初めてカザフに行き、一日で一五〇メートルぐらいは干上がり、地平線まで続くアラル海旧湖底沙漠を呆然と眺めた瞬間を昨日のことのように思い出します。アラル海の東岸は遠浅で、東岸では一五〇メートル以上も汀が引いたのです。嘘ときめつけたけど、本当だった。

図 67 干上がったアラル海の旧湖底沙漠に放置されている船

西岸は断崖絶壁です。だから水面が一センチ下がっても、

この旅はぼくと三人の仲間でカザフスタンのアルマ・アタ市までまず行きました。その当時、カザフはまだソ連邦の一つの共和国でした。まず京都から新潟へ行き、アエロフロートでハバロフスクへと日本海を飛び越え、ハバロフスクで一泊して、アルマ・アタ行きの飛行機に乗り換える行程です。そして、カザフスタン共和国の首都アルマ・アタ空港に到着し、ソ連に来たんだなと緊張しながら窓から眺めていると、黒いバスが寄って来た。乗務員に「石田ら日本人は降りろ」と言われて、先にタラップで降りて行ったら、さっきのマイクロバスに乗れと言われ、荷物の受け

取りは?、入国審査は?と思い巡らしているうちに、車は空港の裏口から出てしまった。カバンは?と言っても、パスポートは?と言っても、それはあとでなんとかするというばかり。招待主のアリムジャーノフさんは偉い人だから、我々は国賓待遇だったのです(笑)。

車を降りるとそれは立派なホテルの玄関口で、ここはアルマ・アタの一番いいホテルで、ドスティックホテルという共産党の幹部が泊まる所だったのです。そんなホテルを拠点にしてアラル海へも行きました。それもチャーター機で行き、小型飛行機で干上がったアラル海の湖底を初めて見た。宿泊地はアラル海沿岸の最大の都市アラリスク市(当時の人口九・五万人)で、いわゆる大名旅行というやつですね。日本から行く旅費だけは払いましたけれども、あとは全部招待でした。アラリスク市でのパーティは地区の共産党第一書記の主催でした。こっちはとまどってしまってね、もちろん、日本人が来たということもあったでしょうが、アリムジャーノフという大物が来たからの大サービスだった。彼は作家会議の議長であり、カザフスタン平和委員会の委員長という超大物でした。

専門が土壌学の西村和雄さんがメンバーだったから、干上がったところへまずは案内してもらった。土壌屋さんというのは、穴を掘ったら幸せで、飯がなくても何でもいいから、穴さえ掘らせたらいい。だから彼は移植ゴテで穴を掘って、土を取って、宿舎に持って帰って、それからパーティがあった。そこで、共産党第一書記が「今まで各国から研究者や政治家がアラル海を見に来たけれど、来るなり穴を掘って土を取ったのはお前らが初めてだ」と言ってくれました。土壌屋さんのパフォーマンスもいいなと思った。一日に二〇〇mも水が引くなんてほんまか、と言ったばかりにやって来たアラル海の信じられない風景を見たかぎり、アラル海環境問題とは何なのかを自分なりに追い求めないとしょうがない、逃げるわけにいかないと思った。ぼくの性格をよくあらわした入り口だった。おっちょこちょいというのもいいものだなと後から思いました（笑）。ここまで期待されたらしょうがないなと思って帰国した。

17　雨が降らない地域の生活？

もうひとつカザフに行きたいと思ったわけがあります。雨が降らない国、中央アジアのカザフは、年間の降水量の平均が四〇〇ミリもないのです。国土の二分の一が沙漠で、そこでは一〇〇ミリぐらいしか降水量がない。日本は一五〇〇ミリ以上も降ります。大量の雨が降るこの日本で水を汚染し、環境破壊が進行し、元へ戻す術も見つかっていない国の者として、雨の降らないところで人は水とどのように付き合い、どう生きているんだろうと。水と人と農業というのが、ぼくの関心事でしたから。

そのきっかけはちょっと前にありました。八〇年代の初めに、仲良くしてもらっている栽培植物起源論の先生とメキシコへ二ケ月行きました。メキシコはトウモロコシ、ピーマン、それからサツマイモなどの原種があるので、それを取りに行かれる計画を知った。ぼくも海外には行ってみたいと思っていたので、まだ八〇年代には探検という言葉がありまして、先生の最後の探検の時は、ぼくを連れて行ってよ、役に立たないけれど、運転だけはできると言っていた。それなら行こうと言われて、十一月から一月までの二ケ月間、行きました。その時、メキシコは乾季で雨が一滴も降らない。雨が降らない世界は、面白いなと思ってね。その探検隊の金がなくなり、運転手を雇えなくなったので、ぼくが一ケ月間は運転手になった。そこで見た雨が降らないところで人はどう生きているのかということに興味があり、カザフへ行ったのも、このメキシコ経験があったからです。

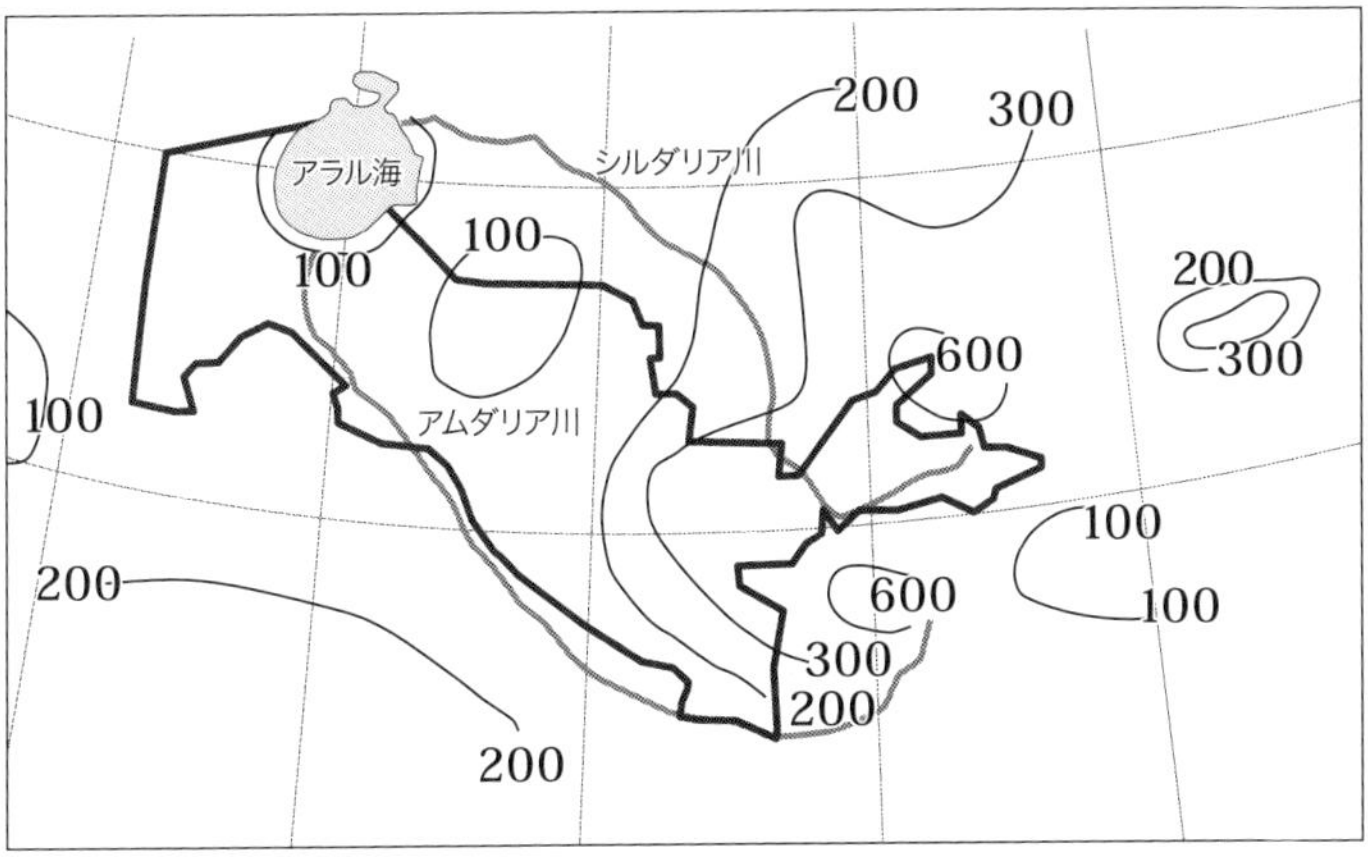

図68　カザフスタンの年間降水量分布

日本カザフ研究会を立ち上げる

アラルへ行って、しょうがない、これは面白いからやろうと思って、それでいろんなことが始まった。ぼくはあまり勉強しないものだから、文献学というのは大嫌いで、まあいいや、行ったらわかると思って、「日本カザフ研究会（JRAK）」というのを立ち上げた。「日本カザフ研究会」というのは、たいした組織ではなくて、ぼくが呼びかけて、知り合いを集めて、一九九〇年から始まった。研究会に参加しないかと誘われた農学部の教員の中には、あの石田とやるのか、大丈夫かと注意されたと後から教えてくれた仲間もいました。ぼくは評判の悪い助手でしたから。農学部長の研究室にいた助手をメンバーに加えたいと思って学部長を訪ね、意図と計画を説明して、その助手が参加するのを認めてくれるように要請して退室しようとしたら、その学部長が「石田さん、聞いていた評判とは全然違いました」と。どんな評判が立っていたかは聞きそびれました。そして、多いときは二十人ほど、助手や院生が集まってくれて、気象学をやっている者、土をやっている者、植物、農業、灌漑、水産業、水質、経済など多分野の仲間ができました。そして、『中央アジア乾燥地における大規模灌漑農業が生態環境と社会経済に与える影響』という報告書を研究会として年一回、一三号まで刊行しました。

文部省からの助成金とか研究費は取れません。ぼくは学会に入っていないし、助手でしたから、組織で金を集めることもできない。二、三十人を抱えても、科研費なんか申請したってなかなか当たらない。当時、公的に所属したのは、農学部植物病理学講座で、本来は農薬による環境汚染はこの分野では重要な課題ですが誰もやらない。卒業生が農薬会社に就職するから、農薬の負の面まで研究し言及する研究者など皆無で、ぼくのように農薬会社相手の裁判に加担することなどもってのほかでしたから。とは言っても金がいるから、しょうがないと、走り回りました。カザフのことをやり出し、二十人ほどの研究者をかかえて、組織なしでやっていたから、調査研究を進めるために研究者をカザフに派遣する費用捻出のため東京へ行き始めました。また、カザフが独立したので、日本の大使館を創りたい、カザフと日本の交流を推し進めたいと、議員会館、外務省、財団などなどを訪問し始めました。サファリで行ったら、押し売りみたいに思われて、相手にされないから、初めて背広というものを買いました。ネクタイを締めだしたのもその時から。「ニュースステーション」で初めて特番を組んだ時は、まだブレザーを持ってなかったので、沙漠を歩いているときのサファリ姿そのまま出たら、

「テレビに出るときぐらいは、背広を着ろよ」と皆から言われたものです。

新幹線の始発に乗って東京へ行き、帰りは終電でした。いまだったら、とても身体が持ちませんが、あの頃、元気だったから、東京にいる十時間ほどの間に、だいたい五ヶ所から七ヶ所ほど回りました。外務省、文部省、それから国会議員や、民間の財団を歩き廻りました。前述の報告書をなんで出版したかと言うと、つまり金を取るためです。報告書がよくて金をくれるのと違って、助成してくれそうな組織に挨拶に行く時に、これを持って行きます。こんなものを出版したから読んでくれと言って持って行くのです。手ぶらでは、なんだ、押し売りなのにパンツの紐も持ってないのかみたいな顔をされますからね。それで、これを作って持ち歩いていました。

この報告書にはいろんな研究者が現地調査の成果を書いてくれてますが、ぼくが書いているのは日記だけです。こんな報告書のむずかしい内容の科学論文を、政治家に持って行っても、だれも読んでくれません。当時はカザフの情報はほとんどなかったので、「報告書は読んだよ、日記が面白かった、カザフではこんなものを食っているのか」みたいなことを言われて、外務省や国会議員も喜んでくれました。単純で読みやすいし、カザフの物価や交通事情などが分かるからと言ってくれました。だからそのために日記を必ず掲載しました。例えば、ずっ

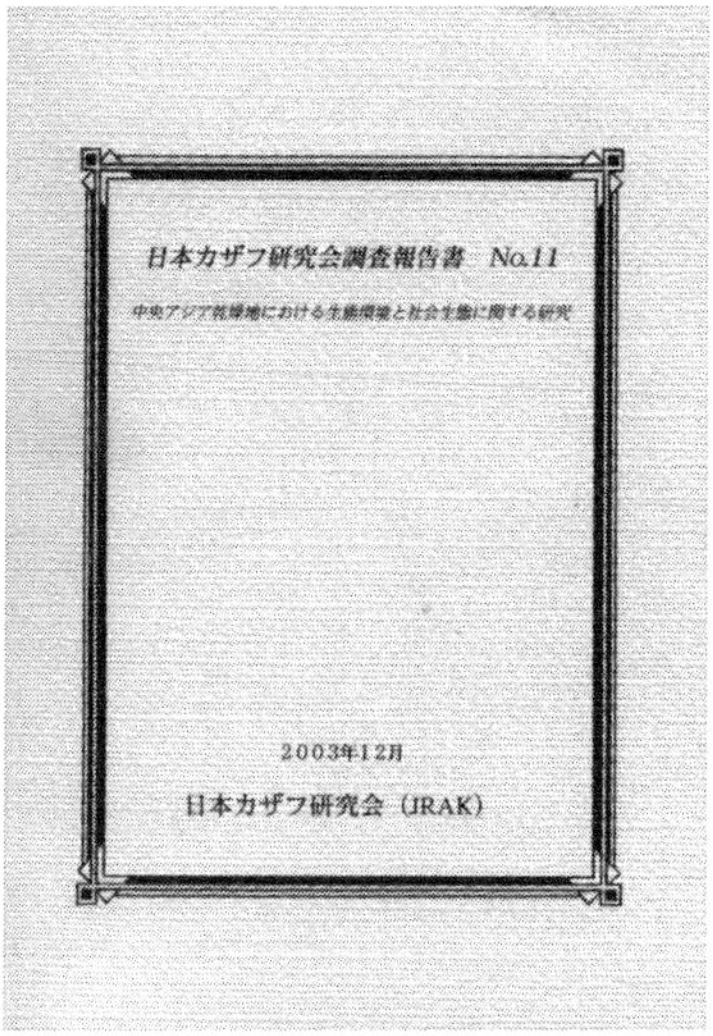

図 69　日本カザフ研究会（JRAK）の報告書（1 ～ 13 号）

と後だったと思いますけど、アラルの星空のことを書いたのです。一九九六年の夏です。その頃は、まだ動く船があったので、その船でアラル海へ最後の航海、十日間の大航海をやりました。手を伸ばしたらとどきそうな満天の星。錆び付いた古い船で、万一、エンジンが故障したら、砂漠の真ん中の、湖の真ん中でしょう。助けを呼ぶのに何日かかるか。周りは塩湖ですから飲む水がない。鉄の甲板の上で太陽に炙られて死ぬしかない。そのような湖面に浮かんだ船で見る、夜空一面の星は圧倒的で、息を呑むほど美しい。そんなカザフの自然と人々をすこしは日本に紹介できたかなと。

図 70　アラル海大航海

いろんな人がいろんな専門分野での調査研究をやってくれて、報告書も内容豊富に作れたけれど、お金のことは本当に苦労しました。そうすると救いの神が現れます。そんな私たちを拾ってくれたのが、トヨタ財団です。トヨタの助成金がなかったら調査継続は無理だったでしょう。

トヨタ財団はなかなか面白いといってくれて、五、六年ぐらい助成金をくれました。一年五百万円ぐらい。これだと何とか十人ほどがアラルに行けました。でも、毎年五百万円だったのではなく、三百万円ぐらいの時もあったから、若い連中を送り出して、さて、今度は自分が行こうと思った時は、金がなかったとかね（笑）。でも、トヨタ財団が拾ってくれ、中島平和財団も救ってくれました。だから、東京へ行ったら、時間があれば財団巡りをしていました。

その後、科学研究費が取れるようになって来た頃、トヨタ財団から「石田さん、一番ぎょうさん金をあげたから、次はあげる方に変わってくれ」と言われて、お返しに助成金の審査員を六年か七年やらしてもらったが、しんどくなってきて、「人に金をあげるより、もらう方が似合っていると思うし、もう止めてもいいですか」と言ったら、「もう長いことだし、変わりますか」と言って、もらう方に変わって、もう一回だけもらったかな。やっぱり金をもらう方が似合っていると思いました。その時にシンポジウムがあって、審査委員を一緒にしていた東大の姜尚中さんや他大学の学長さんがおられ、皆さん難しいことを言われるが、ぼくはむずかしいことはよう言えないので困惑していました。姜さんが実に明確に問題整理をしてくれ、もう問題整理は終わったから、今日のシンポジウムはこれでいいと思いましたので、ぼくがカザフでの仕事をはじめたときに、たった一つ決めた原則を話しました。難しいことではなく、「カザフに行く人はいい人である」と。ここを疑ったら誰も来てくれないし、という話をしました。会場は笑いに包まれましたが、質疑応答の時間にモンゴル調査をやっている人から、私もそのように決めて仲間を増やしましたとサポートしてくれました。このシンポを取り仕切っていた人が楽しんでしまって、報告書にも「カザフへ行く人はいい人である」というタイトルでまとめられていました。ぼくのタイトルだけがそれで、外の人のものはもっと学術的用語が並んだむずかしいタイトルが付いていましたね。「なんで俺だけそんな話し言葉になるの」と文句を言ったものでした。

それまで、ぼくがやらなかったことで、カザフに行き出してから始めたことが、もう一つあります。学会とは無縁になっていたが、沙漠学会に入会したことです。国連大学の学長をやった小堀巌さんという学者と、ウズベキスタンの首都であるタシケントのホテルで出会って、意気投合して仲よくなりました。沙漠学会というのは小さい学会で、二〇〇人ぐらいの会場で、文系から理系からいろんな人が集まっている。気象学の話しがあったと思ったら、植物学が登場し、次に沙漠の国のサウジアラビアの政治を発表する。それが面白かった。だれかの発表が終わると質問する人がいる。どの発表でも一番最初に「はーい」と言って手をあげて質問するのが小堀さんで、すごく面白かったから学会に参加しました。

カザフを知るための調査地の選定

そんな経過でアラル海の総合的な調査を計画したが、カザフについては何の情報もない時代でした。それではどうしょうもないから、アルマ・アタという首都から一日で行けるところで、水稲栽培のソホーズを紹介してくれとカザフ農業科学アカデミーの副総裁に頼みました。そうしたら、ベレケ・ソホーズに行けと言ってくれた。水稲のことだったら日本の農学者は経験もあるし、だいたい分かるだろうと、そこをフィールド調査の拠点と決めた。三年間、全員でトレーニングと自然環境と社会環境の基礎的情報を収集しました。要するに、カザフの人がどんな顔をしているか、何を食っているのか、コメを作っているといってもどんな作り方をしているか、気象の模様など、まずは基礎知識を得ることです。これは我ながら賢いと思いましたね。普通だったらアラル海へ直行したいでしょう。でも、行っても役に立たないと思ったのです。そして、アラルへの転進を模索し、実際にアラル海調査に行けたのは一九九四年でした。その間、日本とカザフの交流に走り廻っておりました。これを民間外交というのでしょうか。

図 71　ベレケ・ソホーズの村風景

モスクワでソ連邦クーデターに遭遇

ソ連邦の時代ですから、難しいハードルがいろいろありました。まだ向こうにはコピー機もなかったから、作家同盟からコピー機を持って来てくれと言われて、ぼくらもそれがないと、向こうの文献が手に入らないのでなんとか持ち込みたいと思っていました。黙ってコピー機を持って行ったら、これはスパイ容疑になるので、モスクワの政府の許可を得ないといけない。その辺りのことは作家同盟のラスプーチンらに何とかしてくれと頼みました。ビザも取れたけれども、大変でしたが、作家同盟の力は相当なものでした。ゴルバチョフのペレストロイカ、グラスノスチ政策で古い統制がけっこう崩れかかっていました。たとえば、ヘリコプターでカザフ国内を飛んで行くときに、軍事基地の上を飛ぶので、写真を撮ったら捕まるかも知れないと、緊張してカメラを隠したら、「何言ってるのか、撮ったらいいんだよ」と言う。それで基地の上空から撮影しました。ソ連が開発したミグ戦闘機の最新鋭機の上を飛んだところを、「本当に撮ってもいいのか」と言ったら、「いいよ」と言ったので、パシャッと撮った。やはり統制はずいぶんゆるくなっていました。アラル海の環境破壊のことは基本的には極秘事項だったのですが、それを連れて行ってくれるのですから、これは相当に変わってきて、ソ連邦中央政府の力が届かなくなって来ていましたね。

図72　航空基地の上空を飛ぶ

それで、一九九一年八月十九日にクーデターが起こります。その頃、ハバロフスク回りの経路は航空券確保がたいへんだったので、九一年には飛行便数の多いモスクワ回りに変えて、年三回とか四回行っていました。

モスクワ回りで、当時カザフとの交流に関心を持っていた塚谷恒雄さん（京大経済学部）と一緒に行っていて、八月十七日の晩は、ぼくたちはカザフのアルマ・アタにいて、十八日の夜中に飛行機でモスクワに飛び、クレムリンの前にあるインツーリストホテルに泊まっていた。その晩にモスクワ川で花火がありました。十九日の朝、モスクワの日本商社支店の知り合いと会う約束をしていて彼が昼前に来てくれて、「おい、クーデターが起こったよ」と言われて初めて知りました。ホテルの中に居たから分からなかった。「何、クーデター？」と言って、窓の外を見たら、戦車が走っていました。さてどうするかと言っていても、飯を食べないわけにいかないだろう。ここインツーリストホテルはあまり料理がよくないから、交差点の向うにあるレストランに連れて行ってもらって飯を食べた。食事をしながら外を見ていると何台も戦車が走っている。食事を済ませて、横断歩道を渡って、ホテルに戻ろうとすると、群衆が出て来て、トロリーバスを移動して、交差点を封鎖するように並べていました。

カメラを持っていたけれど、ここに集まっている人たちが、クーデター派なのか、反対派なのか、分からないから、下手に写真を撮って殴られたらかなわないと思いながら、適当にパシャパシャと隠し撮って、ホテルに帰り、交差点辺りの全体を見たくって十五階まで上がり、撮った写真があります。

夏休みでしたから、日本の学生が何人かが同じホテルに泊まっていて、ぼくらが日本人でソ連のことをよく知っていると思って、「どうしたらいいですか、こんな事態になって」と相談してきたから、こっちもあまり把握してないが、「帰国するのだったらタクシーをつかまえて空港へすぐ行きなさい」と言って、三、四人送り出した。そして、「おい、ぼくらも帰らんとあかんな」と言って、フロントでタクシーを呼んでくれと言ったけれど、群集が集まって、封鎖も起こったので、もうタクシーが来られないと言われ、自分たちが途方に暮れた。「どうしよう、えらいこっちゃ」と、「学生たちを送り出す前に自分らが早く逃げ出さないとあかんのに、アホやな」とか言っていたら、アメリカ人が呼んだタクシーの運転手が来て、アメリカ人がいないと騒いでいたので、その車をもらうと言ったら、いいよと言ってくれた。大通りの下にクレムリンの裏へ行く地下道があって、そこを出た所にタクシーを止めてあると案内されて、そのタクシーに乗ってモスクワ空港へ行きました。

空港に行く途中で、戦車部隊や輸送部隊を見ました。タクシーの運転手がなかなかの人物で、裏通りを走ってくれたので、なんとか空港まで行けた。その時、このクーデターは失敗するなと思ったのです。なぜかというと、地面に降りている兵隊がいなかった。皆、戦車の中にいるだけで、こんなんじゃあかんでと。それで空港へ行ったらグリーンベレーの兵隊が一人二人しかいなくて、おかしいな、クーデターを起こしたら、ふつうはまず放送局と空港を押さえるものでしょう。それがない（笑）。そして、「日本へ行く飛行機は飛ぶよ」と言われて、二機続けて飛ぶモスクワ–成田直行便で成田に帰着した。

図73　クーデターが発生した直後のクレムリン交差点

クーデターの国から帰って来た一番機だから、絶対にマスコミが張っているぞ、まずいな、インタビューされるかも知れないなと思って降りて行った。案の定、その前の年にセミパラチンスクの核実験場の取材で一緒に行ったテレビ朝日の「ニュースステーション」担当のディレクターのクルーが、帰国した人々にインタビューしようと待っていた。それで、「おー、久しぶり」と言ってニコニコしてしゃべって、それをカメラマンは映していました。それで「もういいか」と言ったら、「だめですよ」と。「なんで」「だってクーデターの国から帰って来た人がニコニコ笑って居てはニュースに出せません。もう一回、今度は真剣な顔で」と（笑）。「そんなこと言われても、別にそんな怖いこともなかったし」と言ったら、「もうちょっとまじめな顔をしてしゃべってください」と。

ソ連クーデター失敗
ゴ大統領、復帰確
首謀の8人が
共和国指導部 全員逮捕

図 74　1991 年 9 月『朝日新聞』

それで、成田から東京へ行って、新幹線で京都へ帰って、あくる日に大学へ出たら、皆から皮肉られました。「石田だから、絶対にクーデターの現場で石を投げているに決まっていると思っていたのに、もう帰って来たのか」と言われて、「アホか、あんなところにいたら大変や、帰って来れないじゃないか」と。

そして、四、五日後にゴルバチョフがクリミア半島から戻ってきて、クーデター騒ぎは失敗して実行者は拘束された。私たちを受け入れてくれたカザフのアリムジャーノフが、なぜかソ連の最高会議議長になり、アルマ・アタからモスクワに移ります。最高会議議長と大統領とはクレムリンのトップですね。そして彼は「石田、お前、モスクワを通ることがあったら、いつでもクレムリンに来たらいいよ」と言われて、「そのうちに行くわ」と返事していましたが、八月にクーデターがあって、ゴルバチョフが帰ってきて、十二月に崩壊しました。その間に何回か、ぼくはモスクワを通っているんです。ところが、そんなにすぐにソ連邦がつぶれると思っていないから、そのうちに行こうと思っていたら、クレムリンの奥の院まで入る機会を逃がしたのです。あの時に行っていたら奥の院まで入れたのに、世界を読む、世の中を読む力がないことの証明で、いまだに残念でしかたがない。ソ連は十二月二十六日に崩壊したので、カザフとのやりとりも変わっていきます。

18　カザフスタン共和国独立と日本との関係

日本とカザフをつなげるために大統領特使を招待した

ソ連邦が崩壊し、カザフが一九九一年十二月十六日に独立しました。アリムジャーノフは、ソ連が崩壊して最高会議議長ではなくなり、九二年には、アルマ・アタに帰っていました。独立国となったカザフと日本とがどういう関係になるのだろう、カザフ政府がどういう政策をとるのかを知らなければなりません。アリムジャーノフも、暇になっていましたから日本へ来ないかと誘ってみたのです。ずいぶんと世話になったし、一回ぐらい何とか金を工面してでもと思って云ってみました。即答で来日が決まったので、「せっかく日本に来るんだったら、大統領親書ぐらい取って来ないと、日本政府は相手にしてくれないから、ナザルバエフ大統領から宮沢総理大臣宛の大統領親書をもらえないか」と云ってみた。しばらくしたら、「親書をもらったよ」とテレックスが入った。ちょっと待てよ、大統領親書を持った人は大統領特使だから、一人で来るのではなく、御付きも何人か同行して来るだろう。経費も嵩むし、日本政府との事前折衝もしなければと、また走り回りました。

そうしたら、林学科の四手井綱英先生が我が家の近くに住んでおられて、時々、車に乗せて京大に出勤していましたから、何か知恵がないかとお願いに行きました。そうすると、四手井さんが、「ちょっと電話しろ。桜内に電話しろ」と言われて、「桜内、あの衆議院議長をやっている桜内義男議員ですか」と聞いたら、「そうや」と言うので、「ぼくが電話するのも……、先生してください」「いやいや、お前がしろ」と言われるので、電話した。四手井先生は日本の山岳界のパイオニアで、桜内さんと橋本龍太郎さんをヒマラヤへ連れて行っているのです。そんな仲だから、電話してみろと言われたわけです。「じつは大統領特使が日本へ来るので、いろいろ相談させていただけませんか」と言うと、「わかった、わかった、四手井先生の言うことだったら聞かないわけにはいかない。今から電話番号を言うから、リュウに電話しろ」と言われて、「リュウって誰ですか」と聞いたら、「何言ってるんだ、橋本龍太郎だ」と。そんな人、ぼくは知らん（笑）。でも、しょうがないから橋本龍太郎さんに電話しました。そうしたら、「京都のご隠居が言うことだったら聞かないとしょうがないから、東京へ出て来て打ち合わせをしょう」と言われて、それで橋本さんのところへ行って、いろんな段取りをつけたのです。それで、滋賀県選出の議員で、後の政党さきがけ党首になった、武村正義さんにも頼んで根回しもしてもらいました。そうしたら外務省から文句が来まして、「大統領特使を民間人が個人的に招待するというのはどういうことか」と言われて、そんなこと言われても来るものはしょうがない、親書を持ってくると話した。なにか組織を作らなければということになり、急遽、仲間といっしょに「日本カザフ文化経済交流協会」という組織を立ち上げ（笑）、会則も作り、代表に松村種学さんがなってくれた。外務省も「うん」と言ってくれましたが、やっぱり難しい段階がいくつかありました。結果として、外務大臣の渡辺美智雄さんまでは『日本カザフ文化経済交流協会』の招待した人間でけっこうです」、「宮澤総理に会うときは、私たちは一切関係しませんから、外務省がおやりになってください」と。それで外務省の顔も立って、宮澤総理も会ってくれました。だから、官邸の入口まではぼくらが彼を連れて行くけれど、そこから先はいっさい関与しないことにした。だから大統領特使としてはそれなりの成果をあげて、それで橋本さんらが主催してくれた歓迎パーティも、国会の横にある憲政会館で開いてもらった。

図75　カザフの大統領特使として来日したアリムジャーノフ（左から２人目）一行

それから一週間は東京、一週間京都にいてカザフに帰って行かれた。外務省が招待したら公費が使えるのでしょうが、ぼくらではまったく補助もない。それにカザフスタンの国会副議長、平和委員会副委員長や通訳など御付きの人が五人いたので、合計六人の二週間の滞在費は相当かかりました。大統領特使を安宿に泊めるわけにいきませんから、六本木の全日空ホテルに泊めたので、特使は一泊六万円だった。それで御付きは一万円、通訳に来てくれた人はもうちょっと安い室で、ごめん、ごめん、と言いながら泊まっていただいた。

それで、久米宏の「ニュースステーション」に特別ゲストとして出演させてもらい、アリムジャーノフは久米さんと対談しました。出演料については、ディレクターに、「絶対に本人に金を渡さないでくれ。俺にくれよ」と（笑）。それで「ニュースステーション」は六本木、そこで現金をもらって、ぼくはそれを持って、同じ六本木ヒルにあるホテルへ、よかったよかったと言いながら走った（笑）。そのぼくたちが東京一週間の間、泊まったのは衆議院議員の議員宿舎で、一泊宿泊お礼はシーツのクリーニング代の百円だけでした。

アリムジャーノフは喜んでくれて、東京から京都に来て、大阪や宝塚を楽しんでもらい、最後は新潟へ行って、新潟からハバロフスクに帰ってもらった。大阪の海遊館見物は、海のないカザフの人たちにもっとも喜ばれた企画で、アリムジャーノフは帰国後、事あるごとに「海遊館、海遊館」を連発していたようで、カザフでは海遊館は有名な存在です。

新潟は、日本滞在の最後の晩ですからさよならパーティをしないといけない。しょぼくれて、飲み屋で酒を飲むわけにもいかないと悩んでいたら、社会党の友人が応援してくれて、知事と市長と商工会議所の会長やマスメディアの主立った人たちが集まったパーティを開いてくれました。こんなに新潟の主要な人物が集まったパーティは初めてと地元の記者が言うぐらいのパーティをやってくれました。

その時に、今でも一番憶えていて、感激したのは、パーティのあいさつで、三人の新潟の人が片言ですがロシア語で挨拶してくれました。そうか、日本海側はロシアと生きているんだということを、初めて知ったのです。新潟では市バスの行き先表示にロシア語標記がありました。アメリカに向いているのは太平洋側だと。九州に行ったら、中国、韓国に向かって生きている。それが日本なのだと。それでお土産を何にするかのかなと見ていたら、傘でした。折りたたみ式の傘というのは向こうにはなかったのです。雨があまり降らないから、傘を持っていないんです。それで、おみやげに折り畳み傘をたくさん買っていました。

助っ人はどこにでもいる——ロシア語しゃべれない訳

日本カザフ研究会（ＪＲＡＫ）の調査活動が活発に動き出し、自然環境、農業とかの研究者を順次カザフに送り、また、経済学部や農学部の院生を研究所に派遣し、向こうの若者たちと付き合って、カザフの事情を学んでもらい、我々のチームの力を増やした。ベレケ・ソホーズで三、四年ほどカザフ体験をやり、多くの研究成果と社会経験を得て、一九九四年からアラル海流域に活動地域を移しました。このような活動を展開できた背景には一人のカザフ国民（朝鮮人）との出会いがあった。

最初のカザフ訪問で通訳(ロシア語–日本語)として年配の朝鮮人が付いてくれた。それが金宗勲(キム・ゾンフン）さんだった。最初にカザフに行ったときに出会って、そうして兄弟みたいになって、二十四時間ずっとめんどうをみてくれた。だからぼくはロシア語が要らなかった。この人は北朝鮮で生まれで、朝鮮戦争の時に大学を卒業する年で、師団長の下士官としてで、戦争に参加した。それで朝鮮戦争が終わって朝鮮半島が三八度線で南北に分けられる。その時に、金日成が北朝鮮の全国から

図76　金 宗勲(キム・ゾンフン)さん

五十人の優秀な学生を集めて、モスクワに留学させるのですが、キムさんはそのうちの一人に選ばれた。それで、モスクワ大学芸術学部に仲間五人と行きます。その仲間のうちの一人のお父さんが、当時、東ドイツの大使で、金日成の個人崇拝政治の批判をやったために本国に強制送還され、処刑されたようです。そして、モスクワ大学にいた息子も北朝鮮政府から帰ってこいと言われた。どうして息子が帰らないといけないのか。帰ったら絶対にやられるとわかっているから、いっしょに留学した連中がこの子を守るようにして、モスクワの森の中へ逃げこみ、当時のフルシチョフ首相に亡命を申請したそうです。フルシチョフはものすごく困るんです。なぜかというと、ソ連と北朝鮮は社会主義国の兄弟国でしょう、そこには亡命というのはあり得ないが、帰したら殺される可能性があるから、とても帰せないと言うので、フルシチョフはしばらく経ってから、亡命は認めないが、永住権を認めて、受け入れてくれて、ソ連に残ることができた。

彼は芸術学部で映画を撮っていたので、ニュース映画のカメラマンとして連邦内を転々とするが、国民ではないから、相当に迫害はされたと言われていました。彼は十三歳まで日本が朝鮮を統治していた時だから日本語を強制されていたので、日本語が身に付いています。ぼくと会話していて通じないときは、ぼくが滋賀県の高島弁でしゃべったときか、カタカナの新しい言葉をしゃべったときだけです。だから日本語だけで大丈夫でした。アリムジャーノフとの交渉も全部彼がやってくれ、それで兄弟みたいになって、アリムジャーノフが日本に来た時も通訳として彼に来てもらいました。

アリクさんは通訳の金宗勲さんの下で働いていて、カザフ生まれの朝鮮人で、ぼくの専属運転手になってくれてずっと助けてくれました。彼はロシア語しかしゃべらないし、ぼくはロシア語をしゃべれない。もう十五年の付き合いで、言葉は通じないけれども、二人で出掛けると、一日五つぐらいの仕事をして帰るのです。ロシア語がしゃべれない石田と、日本語がしゃべれないアリクが、なんでそんなに仕事ができるのかと学生たちは不思議がり、運転手のアリクが賢いからだという結論になった。

十何年も付き合っていると言葉は要らないですね。こういうところに来たら、石田はこう考えるに違いないということを彼は分かってくれている。だから本当にありがたい存在です。

図 77　アリクさん（左）と初代ジープ（ワジク）

カザフの独立と国際関係に直面する

ソ連邦が崩壊した直後に、アメリカから副大統領のゴアがカザフに飛んで来ました。それからフランスはミッテラン、ドイツはコール、イギリスやイタリアからも首脳が来た。なぜかというと、カザフには一二六〇発の核弾頭を装備したロケットが配置されていたからでしょう。その当時、カザフに来ている日本人は誰もいないし、付き合っていた偉い政治家

図 78　武村正義訪問団とテレシェンコ首相との会談

（右から３人目が武村さん）

とか作家とかから、「石田、どういうことだ。アメリカはゴアが来たぞ。フランスはミッテランが来た。日本は誰も来ない。日本はカザフをどう考えているのか」と。「そんなこと、俺に言ってもどうしょうもないだろう」と思いながら、なんとか日本政府を動かす必要を痛切に感じていたが、そんな世界に住んだ事がない自分としては手の付け様がなかったが、それでもカザフと日本が相互に大使館を創らないと、日本との交渉が進まないと、ぼくらの調査もできないと思うようになり、仲間と大使館創設を模索し始めた。ところが、外務省は中央アジア五ケ国のうちで、ウズベキスタンのタシケントには作るがカザフは後だと言う。タシケントは中央アジアで一番大きな町で、二五〇万人の大都市だから造ると言うのももっともな方針だが、ぼくたちにとってカザフにも必要である。いろいろと理由を考え、日本国は世界で唯一の被爆国であると言いながら、核弾頭を一二六〇発も持っているカザフと国交を結ばなくて、大使を交換しなくて、何が被爆国の責任が果たせるのかと言って外務省や国会議員を訪ねた。あの核が世界に出たら大変なことになるから、各国が来ているんだと言ったけれど、なかなか国はうんと言わなかった。国会議員がだれも行ったことのない国に、大統領の特使が来たくらいで、大使館はなかなかできない、しかも特使は外務省が招待したのでないから。

ここは駆け込みしかないと思って、国会議員になっていた元滋賀県知事の武村正義さんのところへ行って、「武村さん、金は出せんけれど、旗持ちするからカザフへ行ってくれませんか。そしてナザルバエフと会談してほしい」と。なにせ、大使館を作りたかった。そうしたら、なんと「行ってやろう」と言ってくれて、武村正義団長で、河村建夫さん、井手正一さんと小澤潔さんの四人が行ってくれることになったのです。

図79　ナザルバエフ大統領と武村正義さんの会談

モスクワ回りで行きました。そして大統領と直の会談をしてもらったのです。それでそういう人が行くと、事情は変わります。あと、武村さんがどのようにがんばってくれたかは知りませんが。ウズベキスタンのタシケントと、カザフスタンのアルマ・アタに同時に、一九九三年に大使館ができました。もうこれで外交なんかすることはない。こんなことをするためにカザフに来ているのではないと思い、一九九四年からアラル海へ行けるようになりました。

一昨日、名前を知らない方から白い封書が来て、何かと見たら、「今月からカザフ大使になる井手でございます。今後共よろしくお願いします」と、大使になる人から直筆の手紙をもらったのは、たぶん、大使館を造りたいと走り回っていた頃に、どこかでお会いし、覚えていただいていたのだろう。初代の大使から大使が代わったら、ぼくは大使館に出かけて、二時間ぐらい押しかけ講義のように話しを聞いてもらっています。大使館ができた経過をいうのではなく、大使館の人が忙しくて見る機会がないカザフの地方の話しや、アラル海の寒村の生活などを話します。だから、カザフの田舎を歩き回った話をすると、歴代大使もよろこんでくれました。

19　カザフと日本の戦後は終わっていない

ケンタウに慰霊碑を建てる手助け

こんなこともありました。大使館ができる前に、ぼくの名前が新聞に出たりしたから、東京にある「陣・戦友会」の松尾寛さんという方が手紙を下さって、自分ら三百八十人はシベリアの抑留地から列車で送られて、シルダリア川に近いケンタウという町の鉱山で働かされていた。いっしょに働いた三十八人の同僚が現地で死んだ。その慰霊塔を建てたいんだと言われて、ぼくもアラルに行く時はシルダリア川沿いの道をいつも車で走っていましたから、そういう町が近くにあるというのは知っていた。そんな大きな仕事を言われても、まだわずかしかカザフに行っていないので役立つかどうか疑問ですがお手伝いしますと言って、アリムジャーノフに手助けしてくれと言ったら、分かったと言ってくれた。

図 80　慰霊碑を建立したケンタウ市

首都からそこまでは直線距離でも一五〇〇キロ以上離れている西の端の町です。そして、松尾会長から設計図をもらって、向こうへ持って行って、こんなものなんだとか、石はどこから手に入るかなどと言っているうちに何ヶ月も過ぎた。そうしたら、松尾さんから、「なんとか早くしてくれ」と言われて、「そんなこと言われても、そんなにすぐにはできません。なんでそんなに急ぐんですか」と、つい言ってしまったのです。そうしたら、「一年でも早くしないと、われわれはあんな沙漠の街までお参りにも行けないんです」と。よく考えたら、捕虜になった時に二十歳の人でももう七十を越えている。その時に三十歳の人だったら八十、九十でしょう。そのことに気がつかなかったのです。あかんなと思いました。そうか、そういうことかと思って走り回って、ケンタウの公園の中に、戦友会が交渉して市から了承された公園に慰霊碑が完成しました。

その過程で、厚生省から怒られました。そんなところに建てて、維持できなかったら国際問題になるから国としては反対だと言って、厚生省は全然助けてくれなかった。シベリアと南方戦線で手いっぱいで、中央アジアのことまでやってられないと言われた。でも、できてよかった。完成記念の集まりには戦友会の方が三十人ぐらい行かれたと聞きました。

中央アジアに何万人もの日本人抑留者がシベリアから送られたことを知らなかった。これはうかつだった。ウズベクのタシケントのオペラハウスは、抑留日本人が造ったので、有名です。カザフにもいっぱい日本人が居たのです。味方俊介さんが調べられて、「カザフスタンにおける日本人抑留者」という本を東洋書店から出版されています。抑留者やその関係者にかかわる話しはよく耳にしますが、実態を知らないままになっています。

図 81　ケンタウ市に建立された慰霊碑

歌手の加藤登紀子さんのお父さんの加藤幸四郎さんとはすごく仲よくしてもらいました。どうしてかと言うと、あの人はハバロフスク経由でイルクーツクへよく行かれるので、ハバロフスクの空港でよく出会ったんです。日本人があまりいないから、「何をしに行くんか、どこへ行くんや」みたいなあいさつから始まったと思います。それで親しくしてもらって、「石田くん、俺なんか見てみろ、ハバロフスクから帰る時は、こんなに若いきれいな女の子が、こんなにたくさん見送りに来るんだ」と自慢されま

した。歌手とかバレリーナとか音楽家などロシアの若き芸術家を育てておられたのです。そういう事務所をつくっていたから、その人たちが見送りに来るのです。「お前ら、だれも来ないじゃないか」と（笑）。あの人の子どもさんがやっておられる「キエフ」というレストランが京都祇園の南座前にあります。ぼくが京大を辞める時に、日本カザフ研究会の連中がお祝い会をやってくれて、それでやるならキエフでやろうと言って、パーティをやってくれたその時に、たまたま加藤登紀子さんが店に来たので、二人で撮ったツーショットの写真が残っていますよ（笑）。幸四郎さんは、いつも会うと登紀子さんのことを怒っていた。「あいつは男みたいなショートカットにして、恰好わるい」と言って、「よく似合ってますよ」、「いや、似合ってない。あんな不細工な恰好をして」と。父親の気持ちですね。

カザフに行き始めた頃、「キエフ」で、ロシアの夕べという食事会があって、ぼくも呼んでもらった。一人で座っていると、向こう側に年配の男性が二人いて、それで話をする機会があった。「俺らもカザフに捕虜でいたんだ」と言われた。バルハシ湖というのがあって、西北のところに銅の精錬工場のあるが、そこの銅山で鉱石を掘る仕事を捕虜としてやらされていたと言われた。ぼくはカザフのことが知りたいし、バルハシのことも知りたいから、湖のことや村のことをいっぱい訊ねたけれど、彼らはほとんど何も知らない。本当に行っていたのかと思いながら聞いていると、収容所から鉱山に行くまでは、目隠しされたように、幌のついたトラックに乗せられて連れて行かれて、働かされ、また幌のついた車で収容所へ帰るだけだから、風景を見ていないというわけです。なるほどと納得したものです。その二人が言われたのは、「俺らはシベリアにずっといたら、絶対に寒さと飢えで死んでいた。中央アジアへ行って、カザフへ行けたから生き延びられた」と。「あそこも寒いですね」と言ったら、「うん、寒いけれど、同じモンゴロイドだからと、収容所の塀の外からカザフ人がパンを投げ入れてくれた。それで冬をしのげた」と。

この抑留者の話と同じように、ハバロフスクの町を歩いていると、日本人だと思う方が寄って来て、「自分はもう日本に帰れないけれど、そうか、日本から来たのか」と言って、缶詰をいっぱいもらったこともありました。それで、極東の日本人の悲しい話しを少しは知っていたけれど、カザフにもこんな人たちがいるとは思っていなかった。アルマ・アタに百三十五人の日本人墓地があります。いつ

図 82　アルマティ市にある日本人墓地

図 83　日本人墓地を掃除してくれていた
カザフの退役軍人

行ってもきれいに整備してあるのは、七、八年前に亡くなられたカザフの退役軍人の方が日本人墓地を年中掃除しておられたのです。お会いして、なんでこんなに一生懸命やっていただけるのですかと尋ねたら、「生きている時は敵だった。死んだら敵味方はなく、いっしょの人間だ」と言われた。墓地は本当にきれいです。

若い、三十歳ぐらいかな、新聞記者の女性が会いたいと言っているから、石田、ちょっと会えよと言われて、その人は英語通訳をしてくれるので会った。「私のお父さんを探してくれ」というんです。お父さんを探してくれと言っても、お父さんは日本人だと言うけれど、日本人で何という人かわからないと。話を聞いたら、たぶん炭坑の町に日本人捕虜部隊が連れて来られて、そこを監督している副所長の家へ、一番若い捕虜の男の人が連れて行かれて、下男として働かされていた。その家の主人は長いこと出張だとかで、その若い男は奥さんといい仲になった。それで生まれた子どもが、ぼくに会いに来た女性で、モスクワの大学を出て、新聞記者になり、アルマ・アタへ派遣されて来たという。彼女のお母さんは、実のお父さんのことを絶対に言わず、名前も教えてくれなかったけれど、お父さんは日本へ帰って行ったという。部隊の名前も分からないし、なんともやりようがなかったのですが、そうやってわざわざ来てくれて、捜してくれと言われたのが、いまだに心に残っています。そういうエピソードにいっぱい出会いました。ぼくがずっとカザフへ行き続けているのはアラル海問題だけれど、こんなエピソードの中に人間って何んだろうと思う絶好の機会が与えられ、考えさせられます。

20 ベレケ・ソホーズでカザフの基礎勉強

アラル海問題を調査研究するためにカザフに赴いたが、カザフに関する基礎的情報が乏しい中で、どのように日本カザフ研究会を進めるのかを考えていました。その上に、ソ連邦崩壊過程が始まり、カザフスタンの行く先が見えない中での、すぐにカザフの西の果てのアラル海方面に行くよりも、カザフの自然と社会の基礎を学ぶべきだと思いました。そこで、当時の首都であり、最大の都市であるアルマ・アタに根城を構えて、コメを栽培している村を選定して、カザフの社会学と自然科学の入門篇をまず学習することにした。カザフスタン共和国の農業科学アカデミー副総裁が相談相手になってくれて、彼の紹介でイリ川沿いにあるベレケ・ソホーズが調査地に決まりました。アルマ・アタから北東に走ると中国から国境を越えて流れてくるイリ川があり、バルハシ湖へ流れ込む。イリ川沿いに水稲を栽培するコルホーズがいくつもある。ここまで片道三〇〇キロなので、京都から静岡みたいなものだから、がんばったらアルマ・アタから日帰りでも行けるんです。それなら何か事があってもアルマ・アタに簡単に戻れるし、助けも求められるから大丈夫だろうと。日本の農学研究者はコメのことだったらなんとか分かるが、綿の栽培が日本ではなくなった時代だから綿花のことは分からない。コメを作っている所へ行って、水、土壌、気象などをやってる連中は水田へ、魚のことはイリ川へ、日常生活や医療のことはベレケの村で三年間、カザフの基礎知識を勉強しようと決めた。

水稲栽培ソホーズでカザフのイロハを学ぶ

ベレケ・ソホーズの概観はこんなものです。カザフスタン共和国アルマ・アタ州バカナス地区は沙漠地帯であり、中国から国境を越えて流下してバルハシ湖に入るイリ川が流れている。このイリ川水系には五つのソホーズやコルホーズがあり、沙漠には開拓以前の自然が残っている。サクサウールという乾燥に強い木が林をなして広域に生えている。このような沙漠を開拓したのは一九六〇年代からです。ベレケ・ソホーズは正式名称は第二五地区第三ソホーズというが、ベレケ農場と略称する。ここには一九九一年当時で一六六九人（約三〇〇戸）が住んでおり、水稲、大麦、牧草を輪作する農作物の栽培部門と馬、牛や羊の畜産部門があった。ベレケ農場は住宅地区を取り巻くように農地が形成され、一区画二ヘクタールの農地が升目状に並んでいる。水稲が主作物で、開拓当初は朝鮮人が投入され栽培技術の指導をしていたが、生産が安定すると朝鮮人は次のコルホーズ開拓へと移動させられたようです。我々が調査を開始した頃はカザフ人ばかりだった。

こういうところがどんな組織になっているかいうと、ブリガード（Brigade）という組織があるんです。ブリガードというのは、日本語では「生産大隊」と訳されています、三百軒の農民は三つのブリガードに分かれて、それぞれが分担する農地で働いています。それらが一つの集団農場になって、そこに議長がいます。当時の議長はアマンゲルディさんで、ザ・ピーナッツの「恋のバカンス」が大好きな陽気な爺さんでした。このソホーズは、沙漠の中に一九七一年に新しく開拓されました。

ぼくらがここのベレケというコルホーズに入ったのは、一九九一年から九四年の間です。村の形、

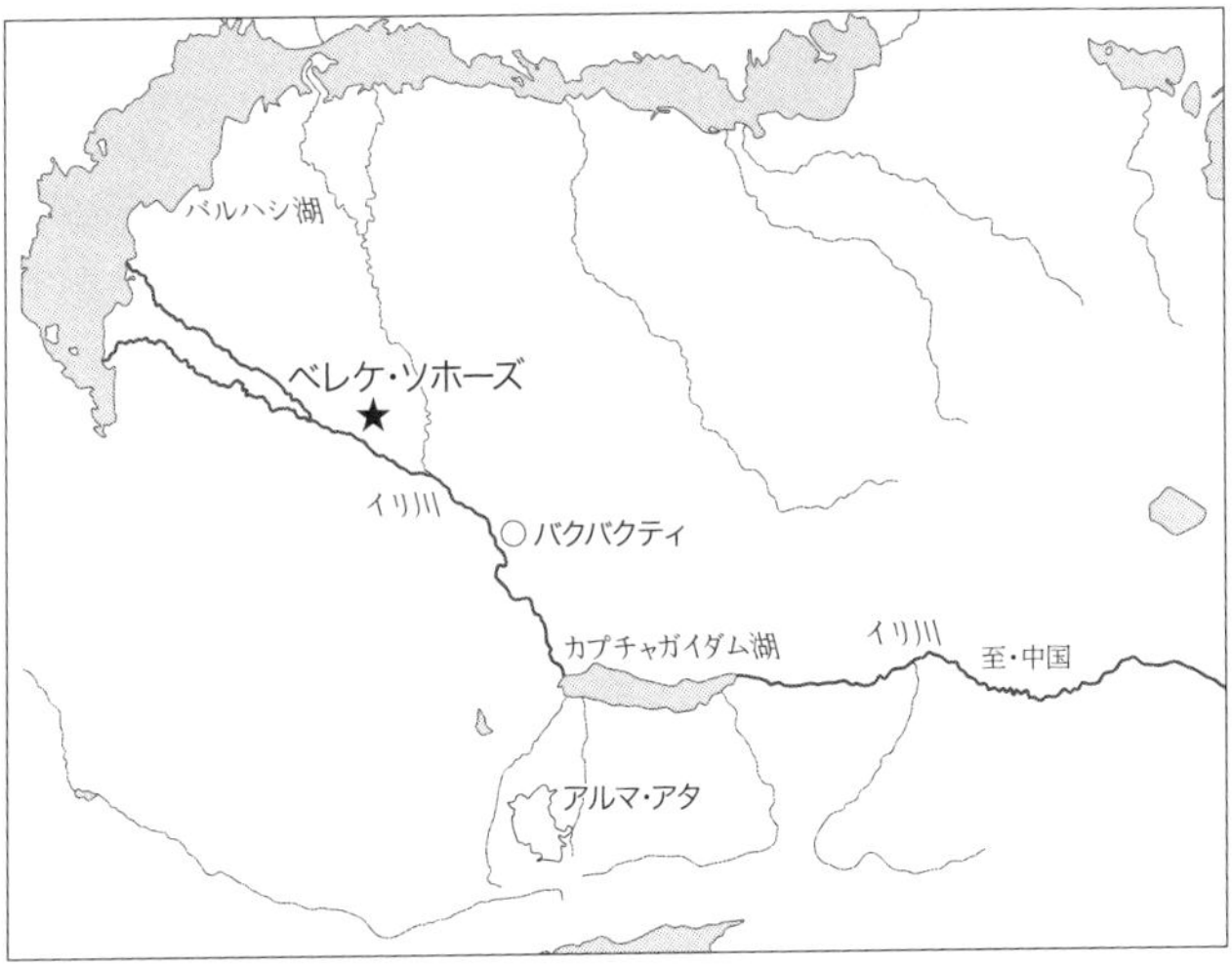

図 84　イリ川とベレケ・ソホーズ

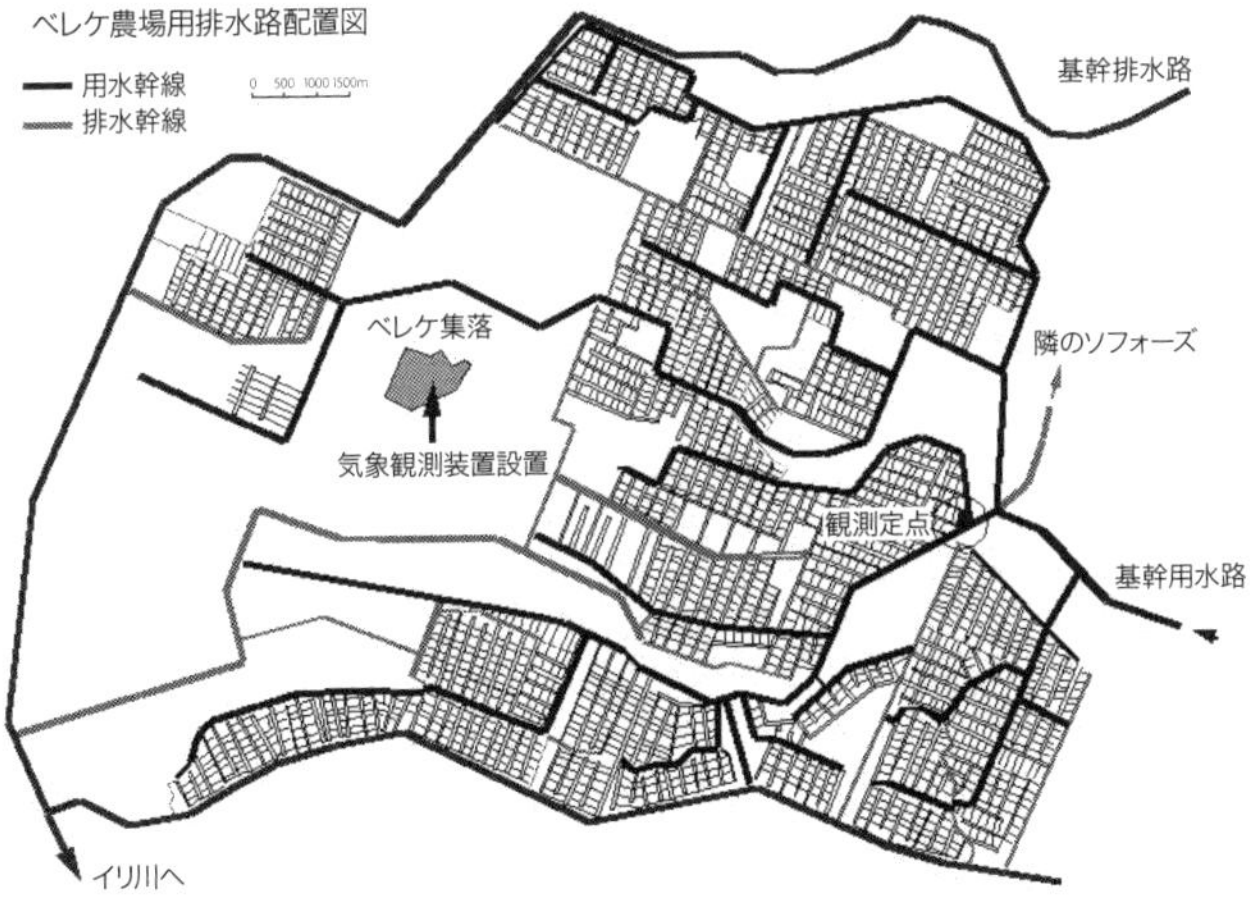

図 85　ベレケ・ソホーズの農地図

家の形、家族の形や食事から行儀作法まで、カザフのイロハを学んだ村でした。行政組織からみると、アルマ・アタ州のバカナス郡の中にこのベレケ・ソホーズがあるのです。郡には郡長が居て、警察組織としてＫＧＢ（ソ連国家保安委員会・諜報機関）もある。この村を紹介されたのはソ連邦時代で、実際に多くの研究者が村に入って多角的な調査活動をやり出したのはソ連邦が崩壊し、カザフスタン共和国が独立した直後で、社会激変のまっただ中でした。

図86　ベレケ・ソホーズの議長アマンゲルディさん（左）

ソ連邦崩壊とカザフ独立の騒動の中で

村に入って何回目かの滞在中に、議長が宿舎にやって来て、「石田、郡長とＫＧＢがお前を呼んでいる」と、「何か。悪いことはしてないのに」と言ったけど、「行ってくれ」と言う。これは行かないとしょうがない。みんなに「ひょっとしたら、二、三日帰ってこられないかも知れない」と言って、通訳を連れて一五〇キロ離れた村にある郡庁に行った。そうしたら、郡の呼び出し理由は「ソホーズは外国人が入ってはいけないところだ」と言うんです。郡長が座っていて、ぼくと通訳が入って行くと、「あそこは外国人が入ってはだめだ」と言うから、それほど深く考えていたわけではないが、「新生カザフスタンが、そんな旧ソ連のいいかげんな法律にしばられてやっているとは思えない。だから外国人が入ったらいけないなんて、そんな古いソ連の体制を今も引きずっているとはぼくは信じられないから、アルマ・アタの政府に問い合わせてくれ。それで、万が一、やっぱり外国人が入ってはいけないところという法律があるんだったら、もう一回来る。どっちだ」と聞いた。そうしたら、郡長が「俺もよくわからない。アルマ・アタの政府に聴いてみる」と郡長が言うので、「今日は帰っていいか」と言ったら、「もし法律が生きているならまた呼び出す」と言ったので、退室した。それほどのことではなかったが、まあ真剣勝負だった。

次にKGBへ行った。KGBの長官もむずかしい顔をして、こっちを睨んでいたが、入って行ったら、「なんだ、石田か」と言って、「石田だったらいいんだよ」と言うので、よく見たら、一九九一年の五月にセミパラチンスクへ「ニュースステーション」取材班と行った時に、平和委員会がガイドしてくれて、アルマ・アタの近くのユルタで、一晩ドンチャン騒ぎの宴会をやって、その時にこのKGBの長官もいた。「なんだ、石田か。石田だったらいいんだ」、「それなら呼ぶなよ」と（笑）。それで泊められることもなく、ベレケへ戻れました。やっぱり酒を飲むって大事ですね。

思い出せば楽しい宴会で、宴の後は、そのユルタに泊まった。それで朝起きたら、車が何台も来ていて、平和委員会が頼んであったのか、村の人が朝飯を用意していた。四月の終わり頃だったから、雪がちらついて寒い寒いので、覚えている唯一のロシア語を使って「ホーラドナ（寒い）」と叫んだ。「寒いか？　こっちへ来い」と言う。ジープが止まっていて、「なんだ」と言って入って行ったら、「寒い時はウォッカだよ」と。ドアをバンと閉められて、「石田、三杯飲んだら出してやる」と言うから、「くそったれ」と思って覚悟した。シングルグラスに注がれて、しょうがない、三杯も飲んだのです。「も

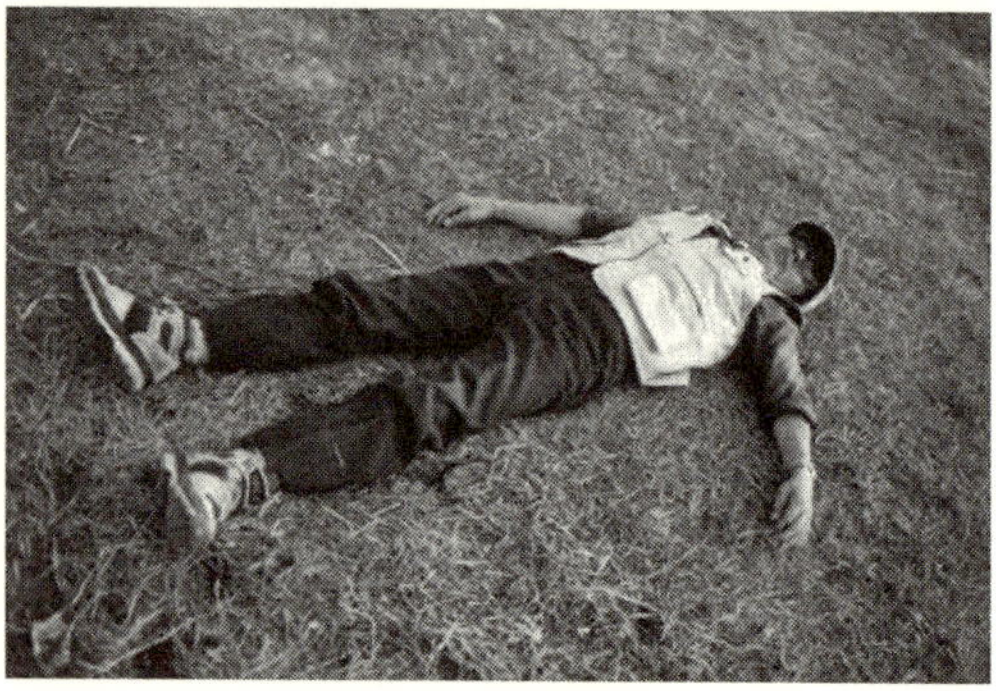

図 87　石田爆睡

ういいか」と言ったら、「いいよ、三杯飲んだから」と出してくれた。やれやれと思って車を出したら、隣の車から人が出て来て、「うちでも飲めよ」と言われて、また行って（笑）。それでまた三杯飲まされた。朝、六杯分のウォッカを飲んで、それで、地面にバタンと寝てしまった。そのまま寝ていて、日本に帰って来て、フィルムを現像したら、ぼくが酔っ払って寝ている姿が何枚も撮ってた（笑）。日本で言えば冬は雪で閉ざされる北国のように、酒で仲よくなる寒い国の共通点があるのですね。北はやっぱりものすごくみんな飲む。みんなで飲んでは鍋をついてというような文化がある。寒いときは酒だね。

だから、カザフを歩いているうちに、すごく賢くなった。カザフでは、絶対、乾杯しないといけないのです、まさに杯を空けないと。五月から秋ぐらいまでは、乾燥しているから、そんなに寒くないので外でパーティをすることがある。そんな時は、グーッと飲む恰好をして、ピャッと地面に捨てることを覚えた。パーティをすると全員のスピーチがあり、一人のスピーチが終わると「乾杯」で飲む。二十人のパーティだってあるから、二十杯飲むことになる。保つわけがない。それで、こんなことをしたら死ぬから、飲んだ格好して、外にいるときは地面に、家の中のときはお皿やらに捨てる技術を取得しました。

ある時、戸外のパーティが終わって、宿屋へ帰る車の運転手が迎えに来てくれて、「お前、全部捨てていたな」と笑いながら捨てるまねをした。ずっと後ろから見ていたようだ。

一九九四年頃までは、独立したけれどもソ連の時代の組織がまだ残っていたのです。だから、組織の金でみんな飲むから、日本といっしょです、会社やら官庁の金で毎日、高い酒を飲んでいるじゃないですか。あれといっしょです。一九九五年ぐらいから組織がなくなり、金もなくなって、乾杯がなくなって、こちらも助かった。

ウズベキスタンのフェルガナ盆地の辺の、敬虔なイスラム教徒の家に招待されるとウォッカが出ますが、招いてくれた主人が、「みなさんどんどん飲んでください。自分はイスラム教徒だから飲まないけれども、遠慮せずに飲んでください」と言うんです。ところがカザフはいいかげんなイスラムだから、「全員飲みましょう」と。

こういうことを言うと、カザフの人に怒られるかも知れないけれども、カザフの周りには、モンゴル、キルギス、タジキスタン、ウズベキスタン、トルクメニスタン、イランがある。アフガンはけっこうきびしいイスラムでしょう。トルクメニスタンもけっこうきびしい。ウズベクも一部、フェルガナのあたりはけっこうきびしいけれども、ちょっといいかげんなところもある。そして、カザフは、ぼく流に言えば、本当にいいかげんなイスラムです。

中央アジアに行くようになって、はじめて、地政学という言葉が理解できたようです。カザフを中心にしてみれば、北にロシアが、南に中国、東にモンゴルがあって、その向うに朝鮮があり、西にはイスラム圏があります。こんな国々が影響しあい、反発しあいしながら毎日を生きているんだと。カザフはいいかげんなイスラムだというのはカザフの人には叱られるかもしれないが、アジア大陸の平和を保つ上できわめて重要な要素だと思うようになった。ここがもし、きびしいイスラムだったら、ロシア正教とドンパチ、中国とドンパチが発生するかもしれない。だから、逆にいいかげんになる理由があったのかと。それで地政学というのはこういうことを言うのかと勉強できて、カザフに入れこみ、柄にもなく国家間の交流を創らねばと思ったのも、その辺にあったかも知れない。ああそうか、日本の平和、アジア大陸の平和というのは、このいいかげんさをずっと持っていてくれないとあかんと思ったのが、カザフを好きになった一つの理由かも知れない。そして政治学とか地政学とか、何とか学というのは勉強したこともないけれども、歩いてみて、面白かった。

もちろんカザフでは、葬式もイスラムですし、お墓もイスラムです。ソ連もあの地域では、モスクを破壊しないで置いていたけれど、モスクの数は少ないです。ソ連から独立した後、九七年頃から、村に新しいモスクができ始め、つぶれかかっていたモスクをきれいにし始めたのは、九七、八年ぐらいから経済がよくなってきて、余裕も出てきたし、ソ連の支配の記憶も薄らいできた。コルホーズなどは六〇年代に開拓された村だから、モスクは作ってなかったのに、それを作るというのは、いいかげんだけれども、やはりイスラムの国だと思った。

ウォッカの乾杯から、こういうふうになっているというのが、見えてきて、これは面白かったです。そういう意味では、人間は賢いところがある。そう、いいかげんな国というのは大事なんです。ぼくみたいないいいかげんな人間も大事なんだと思ったりして。

21　沙漠の調査行

道すがら分かるカザフのこと

カザフの国土は日本の七倍の広さで、カスピ海が西端、東に少し行くとアラル海、真ん中にバルハシ湖があって、東端にザイサン湖と大きい湖がいくつもあります。ここは太古にはテティス海という海で、やがて海は沙漠となり、沙漠のところどころに名残りの水域が残っているのです。沙漠の真ん中に湖があり、そこに流れ込む川の源流はカザフスタンの南端で中国との境に東西に延びる天山山脈です。カザフ側の山系はアラタウ山脈と呼ばれています。天山山脈の南にはタクラマカン沙漠があって、シーアン（西安）を出発した三蔵法師はタクラマカン沙漠の北側を通って、カシュガル経て天竺（インド）へと下って行きます。タクラマカン沙漠の北側にある火焔山で三蔵法師は孫悟空に出会ったことになっている。

図88　道端市場でメロンを買いながらアラル海に向う

シルクロードは、タクラマカン沙漠の北側を通るルートと南側を通るルートがあって、天山山脈の北側を経るルートはカザフスタンのアルマ・アタからキルギスのビシュケクを通って、ウズベクのタシケント、サマルカンド、ブハラ、ヒワ、ウルゲンチと抜けて、ヨーロッパへ行くルートと、天山山脈の南側を通り、カイバル峠を通ってフェルガナ盆地からタシケントに繋がるものと、中東ルート、天竺ルートなどがあったようです。シルクロードは南側の道、天山南路のほうがメインだった。アラル海とカスピ海の間の荒野を、どうやって通り抜けるかが勝負だったのでしょう。人もいない、水も手に入らない、今でもアラルの西側には道路もありません。

アルマ・アタからアラル海へは車で行くことが多く、ほとんどは沙漠の中のキャンプでした。運転は現地のプロにやってもらいました。アルマ・アタからアラル海への道程は四泊五日でした。食糧はなんとか手に入ったが、飲料水の確保に一九九〇年代は苦労しました。今のように水は売っていなかったので、水を容れた大きなプラスチック容器や牛乳用容器を車に積んで移動しました。

シルダリア沿いにトルキスタンという町があります。トルキスタンは大きな町で、イスラム教の立派なモスクがあり、カザフの聖地です。そこの入口にある井戸の水は、水質がよいので、水を汲みに行き、タンクに汲んだ水で十日間ほどは生活します。ぼくが連れて行ったカザフのフィールド屋は、鳥や昆虫の研究者で、水質のよい井戸がどこにあるかよく知っていました。また、テントを張る安全地帯も見つけてくれて、沙漠では、道路から三百メートルぐらい離れ、夜、火を焚いても人の目につかない場所にテントを設営する。そうでないと、たき火の明かりを見つけて、ウォッカがないかと夜中にたかりに来る。そうすると、カザフ人というのは、来た人はお客だと思っているから、一緒に飲んで、ここで酒がなくなって（笑）、また買いに行く羽目に。

図 89　野営をしながらの調査行

遊牧民というのは、来たお客を帰したら絶対にだめなのでしょう。ぼくらも、本当に何もないところで夜中に行き暮れて、テントを張る時間もなくなったので、民家に泊めてもらおうと、知らない家に行った。そうしたら、どうぞどうぞと広間に通されて、机を出して、お菓子を並べて、お茶を出して、もう遅いからお茶を飲んで寝なさいと言われて、布団を貸してくれたんです。ぼくらは寝袋を持っていたけれど、久しぶりに布団で寝た。翌朝、朝飯を食わせてもらって、お礼はちょっとして出発します。遊牧民の移動家屋を、中国ではパオ、モンゴルではゲル、カザフではユルタと言います。それで草原では移動生活しているでしょう。そして、向こうから旅人が来れば、この旅人を追い返すことはないんです。警

図 90　荒野沙漠で小休止

戒はしたとしても、追い返すことはない。それが遊牧民なのでしょう。幅三十メートルぐらいの道の端に座って、集落の様子を眺めていると、道の向こうの側を歩いていた男性が道を横切ってやって来て、握手して、それでまた歩いて行く（笑）。

道路を車で走っていて、交通違反だと言って警官が棍棒を出してピュッと車を止める。それで運転手が降りて行ったら、まず握手をするのです（笑）。日本は絶対にしない。「お前、何だ、捕まえて、くそったれ」と思うだけですが。

握手をしながら「アッサラマリクム」、「こんにちは」と言ってるんです。運転手のアリクは、止められたらうっとうしいし、時間も取られるし、おそらくアッサラマリクムで、ワイロをねだっていると分かっている。だから百テンゲとか五百テンゲ、日本円で二、三百円を掌に持っていて、アッサラマリクムで握手しながら、向こうの手の中にお金を握らせるのです。この技術をぼく達は「アッサラマリクム」と言って、隠語として使ってました。

沙漠の移動ではトイレが大きな問題でした。男ばかりなら問題ではないが、女性メンバーが居る時は、道路の右側は男性のトイレ、左側は女性のトイレと決めていた。そうしたら、女の子が「えーっ？」と言うから、「アホか、お前、百キロ四方だれもいないトイレって、一生に一回しかできない」と言って、砂丘の向うか、ちょっとしたブッシュがあるから、そっちへ行けと。この左右分けは、ぼくらの旅の原則だった。たまに雨が降ると、そこに木が生える。そこへ砂が集まって、ちょっと小高くなって、そこでまた木が上へ伸びる。沙漠の中に、そういうところがけっこうある。砂丘の向こうだったら見えない。沙漠のようすを見て、停まりながら行きました。

シルダリアの水に依存した綿花栽培地帯を通り抜け、なにも栽培されていない荒野沙漠を過ぎると水田地帯が現れる。水稲を栽培している広大な農地が拡がり、この辺りは雪解け時にはシルダリアが氾濫する地帯である。再び荒野沙漠に入るといくつもの大型円形アンテナが見えて、大きな町が登場するのが、有名な宇宙基地のあるバイコヌールで、日本人最初の宇宙飛行士の秋山豊寛さんなど、何人もの宇宙飛行士が飛び立ったロケット基地です。宇宙から地球に帰還するのはもう少し東北方面の沙漠です。以前はソ連邦の基地でしたが、今はロシアがカザフから借りています。

カザフは日本の七倍の広さがあって、その三分の一が沙漠です。沙漠は、バルハシ湖のあたりからアフガン、イラン、イラクへつながって行く。そしてアフリカへ続くのです。北部は冬の寒さが厳しく、夏は温暖なシベリア気候の地域で、西方から続いているチェルノーゼム土壌地帯で小麦の農地が地平線まで拡がって、穀倉地帯です。天山山脈というのは、一番高いところで七七〇〇メートル以上で、五〇〇〇メートル級の山が連なって、氷河がある。アラル海に注いでいるシル・ダリヤは天山の氷河の雪解け水です。それから同じアラル海に注ぐ、もう一本のアム・ダリヤは、パミール高原の雪解け水です。山裾は緑豊かなきれいなところです。

山裾の辺りは年間四〇〇から五〇〇ミリぐらい雨が降ります。そして、一〇〇キロほど北に行くと二〇〇ミリぐらいで、アラル海に近づくと一〇〇ミリほどで、アラル海地域では五〇ミリ。四〜五〇〇ミリの地方には草があるから牛がいます。二〇〇ミリのこの辺りまで行くと牛と羊。さらに北に上がり降水量が少なくなると羊と山羊を見ることができ、さらに北上するとラクダだけか何も居なくなる。だから雨量計なしでも、動物を見たら、ここは五〇ミリだなとわかる。学生らによく言った。「よく風景を見ろよ、風景を見たら降水量がわかるから」と。だからぼくの地図には、「ラクダ」とか「羊、牛」とか書いて、そして「何もなし」と書いてある（笑）。

シルダリア、アムダリア流域の大規模開拓始まる

一九五八年にフルシチョフが首相になります。その時にアメリカはケネディ大統領の時代だった。ソ連側の共産主義圏は、みな寒い気候の土地柄だから、綿を栽培できない。綿というのは、服とか衣料だと思うけれど、たとえばタイヤの内側に綿布を貼って使っているように、たいへん重要な物資で、戦略的物資としても基本の基本なんです。綿がなかったら大変。それで西側が綿の輸出を禁止するから、ソ連はなんとしても綿を作らなければいけない。

農業には土地と水と太陽と温度が必要です。温度がけっこう高くないと綿栽培はだめなんです。水もコメ作りといっしょぐらい必要で、大ざっぱに言うと、コメでは一トン収穫するには、水が数百トン必要です。水と温度が適当で、広い土地がいる、どこがよいだろうと探したら、この地域があった。シル・ダリヤとアム・ダリヤの流域です。川は流れてアラル海に至っているだけであるから運河で水

を引いたらいい。土地は平たいところがいっぱいある。そして夏は気温が高く、五月に種子を蒔いたら、九月の末には綿が収穫できる。しかもフェルガナ盆地などで綿花栽培技術は確立しているから、

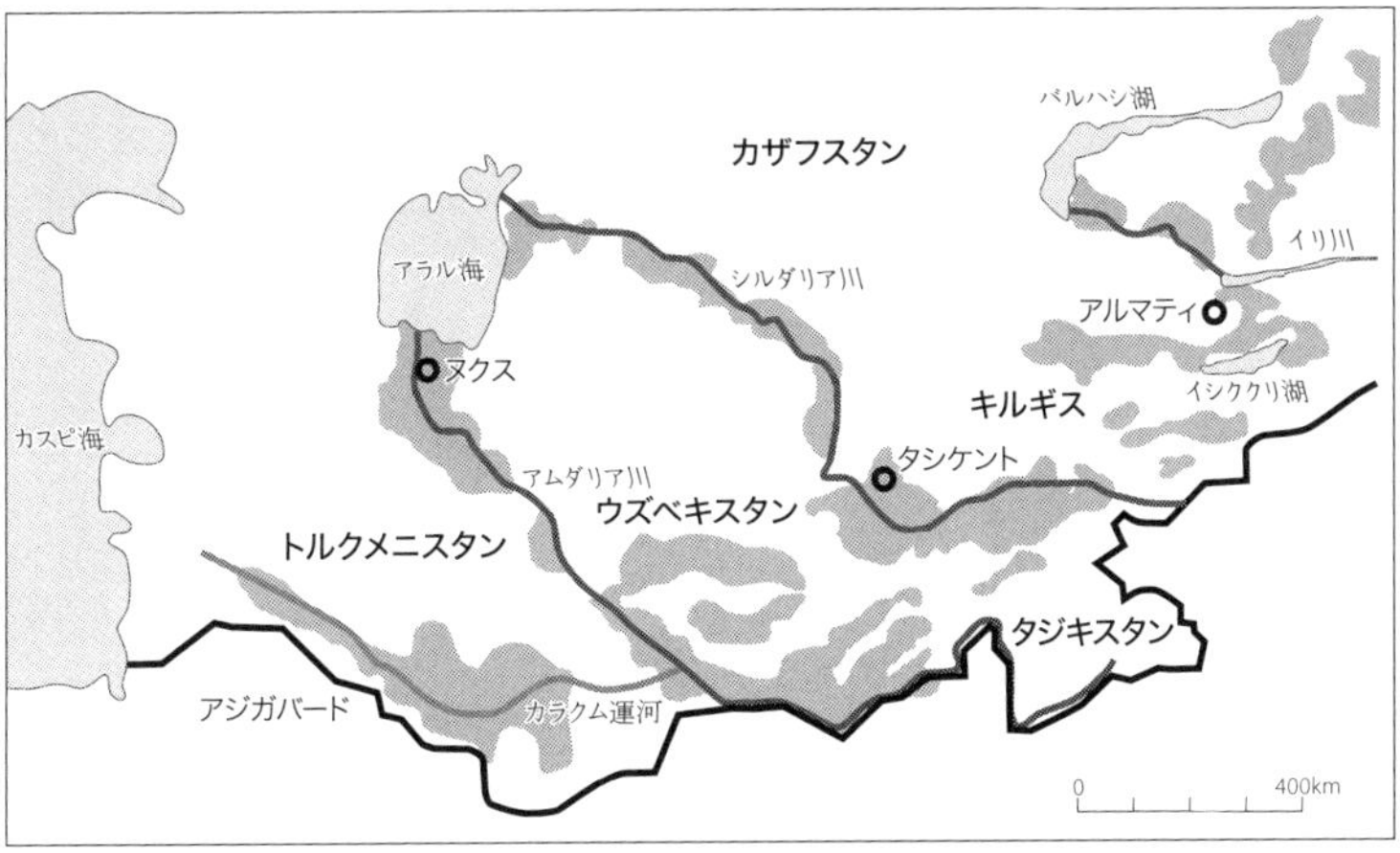

図 91　中央アジアの灌漑農地分布図

農業用水を導水し、畑を開拓すればよい。フルシチョフの時代に大規模開拓が実行され、綿花畑は一気に拡大した。

そして、シル・ダリアやアム・ダリアは水を取られて痩せ細り、アラル海に流れ込んでいた水は十分の一以下になって行く。アム・ダリヤはアラル海の手前で完全に流水がなくなり、もうアラル海には水を届けない。

一九六〇年代後半から始まったアラル海の縮小は、北に小アラル、南に大アラル海という二つに分かれる形状となり、その傾向は留まることはなく、二〇一六年の今は元の湖面積の十分の一となった。もはや一九六〇年代のアラル海を思い浮かべることすらできない。大アラル海側に残った部分は塩分濃度が上昇し、生物の生存はほぼ不可能となっている。小アラル海側には二十世紀末になってもシルダリアの河川水が流れ込ん

図 92　沙漠に広がる灌漑農地
（左半分は農地、右半分は沙漠）

でおり、カザフ政府は小アラルと大アラルとの境のコクアラル海峡にダムを建設し、シルダリアの水を小アラル海に溜め置く政策を実行した。一度目の建設は設計上の失敗で一九九六年九月に決壊し、失敗に終わったが、二〇〇六年に水量調節機能を備えた水門のあるダムが完成し、その後は順調に水位が上昇し、安定し始め、芦が生え、魚類の復活が見られ、漁業も小規模ながら復活した。

アラル海は天山山脈とパミール高原から流れてきた水が、シル・ダリヤとアム・ダリヤの二本の大河となって、アラル海で溜まっているだけなので、入る水量とアラルの海面から蒸発する水量が均衡していた。出口もないし、ほかに入口がない。だから入ってくる水が減って、アラル海は干上がり、旧湖底が沙漠となった。その面積は九州全体以上です。世界第四位の湖面積のアラル海は消えました。まさに人類が遭遇した最大の環境改変であり、最大の環境破壊です。その自然科学的、社会科学的実態を知りたいと思いカザフ通いを続けようと思ったのです。

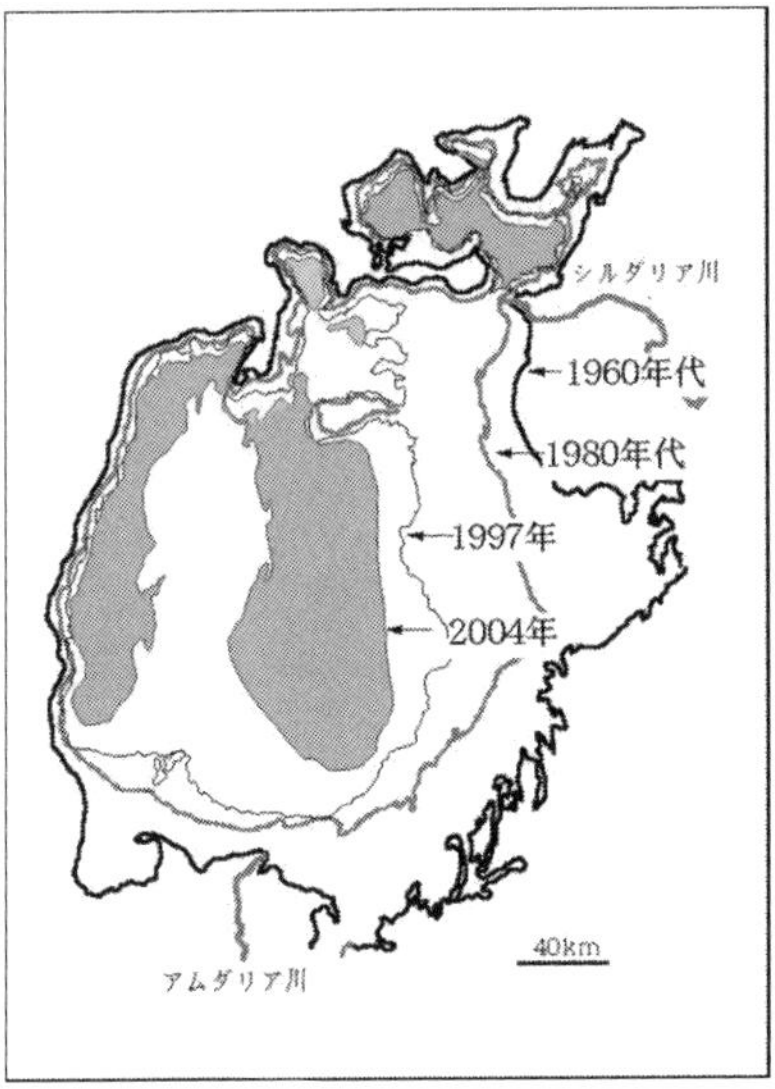

1960 ～ 2006 年

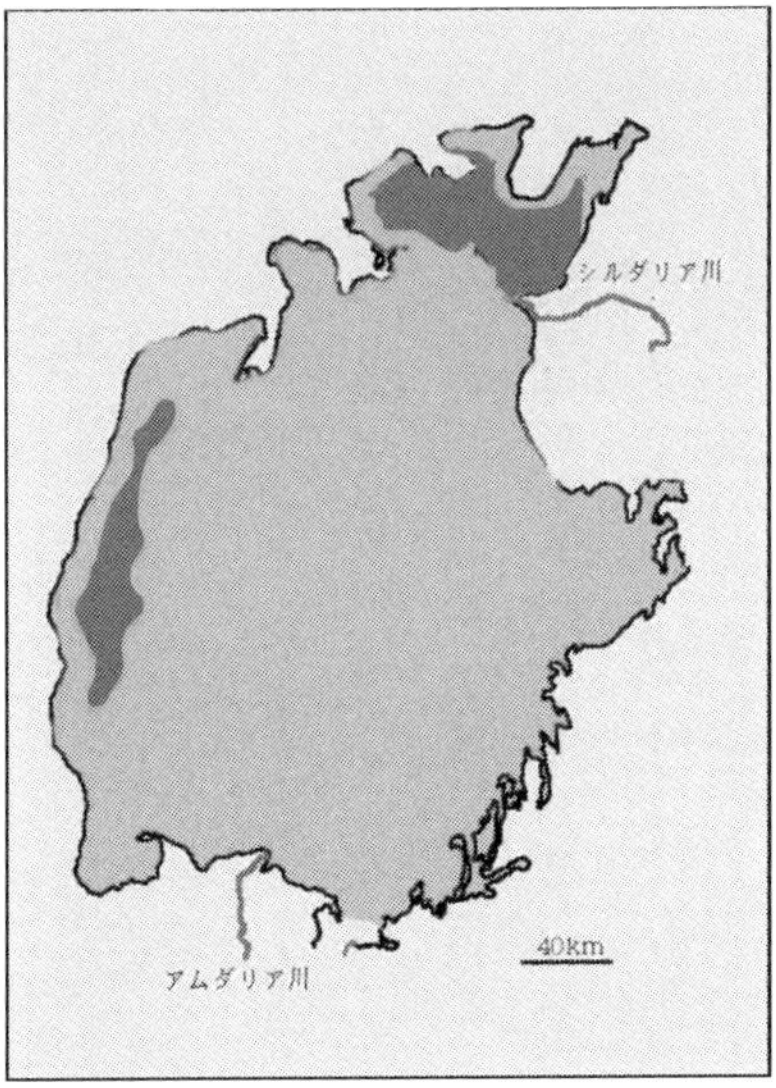

2017 年

図 93　アラル海縮小経過

北の小アラル海はダム建設でなんとか生き延びた、大アラル海側は西岸に僅かに水域が残る。しかし、塩分濃度は海水の２倍以上で、生き物はいない。

22　アラルは美しく死ぬべきだ？

沙漠を緑にする政策とは

たしかに数百万ヘクタールの農地ができ、大量の綿花が収穫できるようになったけれども、流入水が激減したアラル海は当然のこととして干上がり、漁業は壊滅し、漁民は生活を奪われ、島から姿を消し、地域社会は崩壊し、村から離れざるを得なくなった。沙漠の大規模開発時にモスクワの政府が放った有名な言葉があります。「アラルは、美しく死ぬべきである」。

シル・ダリヤは、上流へ行くと川幅二百メートルもある大河なのです。それが注ぐアラル海には漁業対象になる魚種が二十種類以上も居て、年間漁獲量が四万トンと豊かな海でした。キャビアの採れるチョウザメ、人よりも大きいナマズ、それにカンパラ（ヒラメ）などなど。

アラル海の水は流水量と湖面からの蒸発水量がバランスしており、あの大きさを保っていたから、シルダリアとアムダリアから水が入らなくなれば、アラルは消えるしかないことは分かっていました。ところが、それを承知してモスクワのソ連邦政府は灌漑農業の拡大を続けたのです。そして、アラル海の干上がりの中で人々の悲劇が続くのです。ここで水を使ったら、綿ができるじゃないか、コメもできるじゃないかという。でもアラルは干上がるかも知れない。それで、船で物を運べないようになる。魚も獲れないようになる。ロシア人が冬になると被っている帽子はマスクラットの毛皮です。そのマスクラットも死滅するかも知れない。気温が高くなって嵐も起こり、人々は困るかもしれない。それに比べて、灌漑農業を拡大すれば綿がいっぱい採れるし、コメもいっぱい採れる。そんな富をもたらすんだから、たとえこんな被害が起こっても、「アラルは美しく死ぬべきである」という。水をむだにしているよりも、蒸発してなくしているよりも、流れ下る途中でいっぱい使って、綿ができて、ソ連も東欧諸国も潤うし、アメリカとの戦争にも勝てるんだから、アラルが干上がるぐらい、どうってことはないだろうという。そのことを一語で云えば、「アラルは美しく死ぬべきである」ということになる。果たして、美しく静かに死んでくれるのだろうか。人々は豊かになるのだろうか。まさに、この一言の中に、ソ連だけではなく、アラルだけ

図 94　農地での塩類集積

ではなく、日本中でも、世界中でも、公害現場の悲劇があるのではなかろうか。それをじっくりと見たいと思うようになり、カザフとアラルに付き合いたいと思い続けるようになった。それがぼくのアラルです。

沙漠の中に九〇〇万ヘクタールの畑を作りました。九〇〇万ヘクタールというのは、日本の全水田面積の約三倍です。

アム・ダリヤの上流のフェルガナ盆地にはコーカンドとか、ナマンガンとか、古い町があります。このフェルガナ盆地の農業は綿作で、村を訪ねて、この綿花畑は何年前からあるのと聞いたら、これは四百年かなという。それぐらい続いている、ゆるやかな斜面地で、アラタウ山系からの水で栽培され、農業排水に溶けた塩分は水とともに流れ下って行くから、畑地には溜まらないのです。だから塩害もなく、フェルガナは美しく続きこそすれ死ぬことはない。

それに反して、沙漠を開拓して農地を造ったのは、三六〇度地平線が見える大沙漠で、平坦な地形で、降水量が一〇〇ミリ以下の沙漠気候だから、土の中の塩類が水に溶けて流れ去ることがなかった。そんな塩分が多い土壌に水を引き入れ、灌水し、綿を栽培するのだから、塩害の問題は避けようもない。塩害によってもはや耕作できなくなった放棄田が広域に出現し、播種する前に畑に水を入れて塩分を溶かし、排水して集積した塩類の除去作業を行っている。一回だけの洗塩作業で終わる農地もあるが、二回、三回とやらねばならない畑もあり、綿を栽培していない時期なのに川からの取水量が多くなっている地域もある。

飲料水問題――この深刻な状況を

農業用水と並んで、飲み水の問題があります。飲み水はシルダリア川からタンク車で村まで運んで来て、村の中に立っている貯水タンクの塔に容れて、住民がそれぞれ自宅に運んで行きます。アラル海が干上がり地下水の水脈が変わった対策としてソ連政府がアラル海沿岸地域に数多くの深井戸（スクワージナ）を掘りました。深さは一五〇m前後と言われており、自噴式の井戸で村には必ずあります。この井戸水の多くは塩分濃度が高く、住民は深井戸ではなく、シルダリアから水を運んで飲用していますが、中には仕方なく飲んでいる村も在り、健康上は心配です。川の水も塩分があって決して良質の水とは言えませんが、冬は一番いい水を飲む方法を住民は知っています。冬の川には氷が張り、氷は塩分を除いて凍るので、村人は川へ行って、氷を切りだして家に持ち帰り、コンクリート製の貯水槽に入れておく。融けてきた水は塩分が少なく、冬はいい水が飲めるのです。

図95　飲料水を運ぶ母子

アラル海の北方にサクサウルスキーという、良質の水が出る地帯があり、政府はこの地域の水を二五〇キロも水道管を引っ張ってアラル海沿岸のアラリスクやノボカザリンスク地区の村々に給水しています。ということは、静岡あたりに琵琶湖の水を送っているようなものです。二〇〇五年以降はいい水がこの辺りでも手に入るようになりました。やはり水は命ですね。

農耕地が増え、綿花や水稲を栽培するコルホーズ、ソホーズがいくつも開拓され、人口も増えた。アラル海が干上がるのは駄目というのなら、シル・ダリヤやアム・ダリヤからの取水を止めればもとへ戻るじゃないか。簡単なことだと日本の研究者からもよく言われた。今は、ここに数百万の人が綿とコメで生活している。その人たちの職と生計をどうするかを抜きにして、その議論はない。一九九五年からこのアラル海地域に通い出すまでは、ぼくの書いている文章にも、アラル「再生」という言葉がありますが、それを書くこと自体が現実からかけ離れていておかしいので今は言いません。「再生」はもはや無理です。

カザフのもう一つの苦難――セミパラチンスクという植民地

広大な草原を一〇〇から二〇〇頭ほどの羊を馬に乗った牧童が追いながら移動している様を遠望していると、今は見られなくなった遊牧を見ているようですが、怒りと悲しさをともなって目に染みます。ソ連邦政府は定住化政策を採り、遊牧を禁止し、定住する村から、夏は夏営地に行く移牧だけは認めたので、本来の遊牧はカザフでは見られなくなったのです。そんなカザフの東北部に、ソ連邦政府のやりっぱなしで責任を取らない政策の悲しい結末があります。それは原爆実験地にしたセミパラチンスクで、それをを見たらはっきりと分かります。モスクワ政府にとっては、モスクワ／ロシアが全てです。中央アジアは黄色人種の国であり、一カ所に居ては羊は飼えないから動かざるを得ない。建物がないのは、すなわち人が住んでいないと考えてはならないでしょう、生活形態がちがうのだから。ここは人が遊牧生活をして住んでいた居住地なんです。白人（ロシア人）はここでは住まないし、遊牧をしない。だから核実験場は白人のいない草原に造ったのです。そんな思想に世界は支配されている。アメリカがネバダ州に核実験場を造ったのは、あそこは最後まで残ったインディアンの国だからです。マーシャル群島で水爆実験をやったのも、あそこもミクロネシア、黄色人種です。広島、長崎に原爆を落としたのもそうです。

セミパラチンスクの核実験場では、四百六十五回の核実験をやっているんです。そのうちの数十回は地上実験だったから、現地の人は何十回と、キノコ雲を見ているのです。当然死者は出る。その後、放射線障害をいろんな形で受けたので、さすがに地上実験は減らして、地下実験に替えるけれども、二百六十回ぐらいやった。ソ連という国のロシア人という白人が、カザフ人というモンゴロイドの地域で原水爆実験をやった、まさしく差別そのものです。だから、セミパラチンスクの人が、ネバダのインディアンの

図 96　ネバダ・セミパラチンスク運動のシンボル

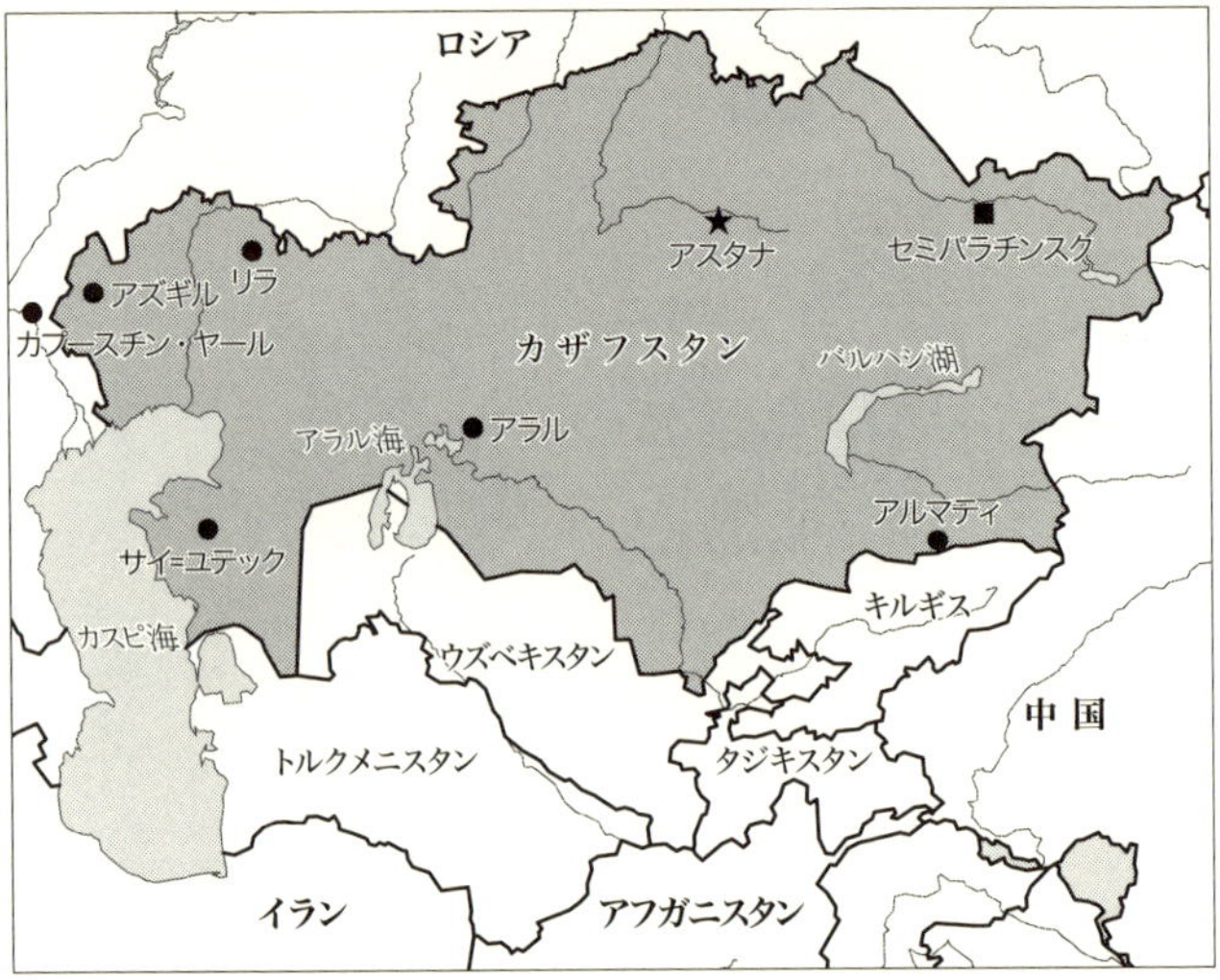

図97　カザフスタン国のセミパラチンスク地方

人たちと、「ネバダ・セミパラチンスク運動」という反核運動を続けている。そこのところを知り得ただけでも、カザフへ行ってよかった。

「ポリゴン」というソ連で作成された核実験のドキュメンタリー映画があります。テレビ朝日のセミパラチンスク取材時にアルマ・アタで上映してくれ、すごい映画だったから、これのビデオをくれと頼んだら、ビデオはないと言うんです。それでテレビ朝日のカメラマンが劇場で上映したこの映画を録画してくれて、持って帰ってきました。本当はこの映画の版権を買いたかったが、日本の会社がすでに版権をおさえていたのでできませんでした。

映画には原爆の爆風に曝された馬が真っ黒に焦げる様子とか、吹き飛ばされる戦車や羊が写っている。映像にはないがと言いながら、二十人の若者が核実験場へウォッカ一本やるからと言われ、連れて行かれ、爆風に曝された結果、十九人は即死したとのこと。ただ一人だけ生き残り、一九九一年にはまだ生きてた。カザフ作家同盟の委員長のアリムジャーノフさんが、「彼らの名前をやっと発表できた」と言って、『プラウダ』の紙面を見せてくれた。ソ連崩壊の直前のことでした。核というものの悲惨さと非人間性を象徴する事件です。

このことも知らせたいと思ったが、セミパラチンスクや放射能のことまでやるのは、ぼく自身とてもできないので、二、三回行って、テレビ番組を一本作っただけで終わらざるを得ませんでした。

結局、ロシアによる中央アジアの植民地支配です。アフガン戦争でもロシアが入っていき、そして撤退します。その後、アメリカが行って……。結局、植民地支配でしかないんです。白人の黄色人種に対する差別、そのものです。ロシア人のいるところではやらない、アメリカ人のいるところでもやらない。このことを、科学技術者、科学技術の問題、科学の問題として研究者がちゃんと向き合わなかったらいけない。原発問題もまさに同じです。東京電力は、原発を福島でやらずに東京でやればいいんですよ。差別はここでも同じことが起こっている。

図 98　折り鶴を折ってかざしてくれたカイナル村の生徒

その大きな一つの典型がアラル海だと思うし、アラル海というのは、環境問題の中でもロシアの植民地政策そのものであり、中央アジアを支配できると思っているんです。しかし、水というのは支配できないんです。水がそこにあることは、非常にリーズナブルにあるのであって、水がそこにあること、在り様を受け入れて、その環境の中でぼくらはどう生きていくかを考えなければならない。なのに、勝手に水を動かして、支配してやったらいいんだと振る舞ってきた。これが悲劇を引き起こしたと思います。

こんなことは、日本でもいっぱいあります。昔、東京都知事が、信濃川は新潟県の日本海にむだに流れていると。だったら、東京都は水が足りないのだから、あそこにダムを造って、トンネルを通して、持って来たいと要求するのです。そうしたら、さすがに新潟人が怒った。県知事が、信濃川が流れ込んでいるから、海岸沿いに汽水域ができて、魚が孵って、豊かな漁場ができるのに、何を言っているのか東京はと言って、蹴っ飛ばした。立派なものだと思います。

琵琶湖総合開発も同じです。水を支配できると。要するに、儲かったらいい、経済だったらいいので、それによって何が起こってもたいしたことはない。これが、戦後、世界も日本も支配している考え方です。そういう点では、アラル海問題が投げかけていることを私たちは真剣に考えなければならないと思ってカザフに通ってきました。

水なしでは生きられないのに、水が消えてゆく

いずれにしても、カザフにとって、雨、水がどうなるかということが、すべてを決定している。国土の大部分は降水量の少ない沙漠で、水はない。ここに関心を持ったのは、こんなところで、どうやって人が生きているか、ということです。日本だって水争いがあった。日本には水はいっぱいある。水がいっぱいある琵琶湖みたいなところで、水の配分に失敗している。水が少ないところ、一〇〇ミリ

しか降らないところでどうやって生きていけるのか、それを見たかった。ぼくはカザフをやって、やっと水がないところで、いろいろ知恵を絞って人間が生きてきたということを勉強できた。一九九〇年から始めて二〇〇三年までそれなりの成果を「日本カザフ研究会報告」として世に出せた。

一年間の降水量を見ると、四月の終わりから五月にかけて、雨がさっと降る。それで、その水を使って、沙漠に草が生え、花が咲くんです。六月になるとあまり降らなくなり、七、八月はほとんど降らない。九月になると秋雨が、十月はあまり降らなくて、十一月、十二月と一月は雪になります。雪もそんなには積もらない。それで、三月四月ごろに雪解けになって、何千メートルという高山の氷河から水が流れて来て、山裾、山麓は豊かになる。

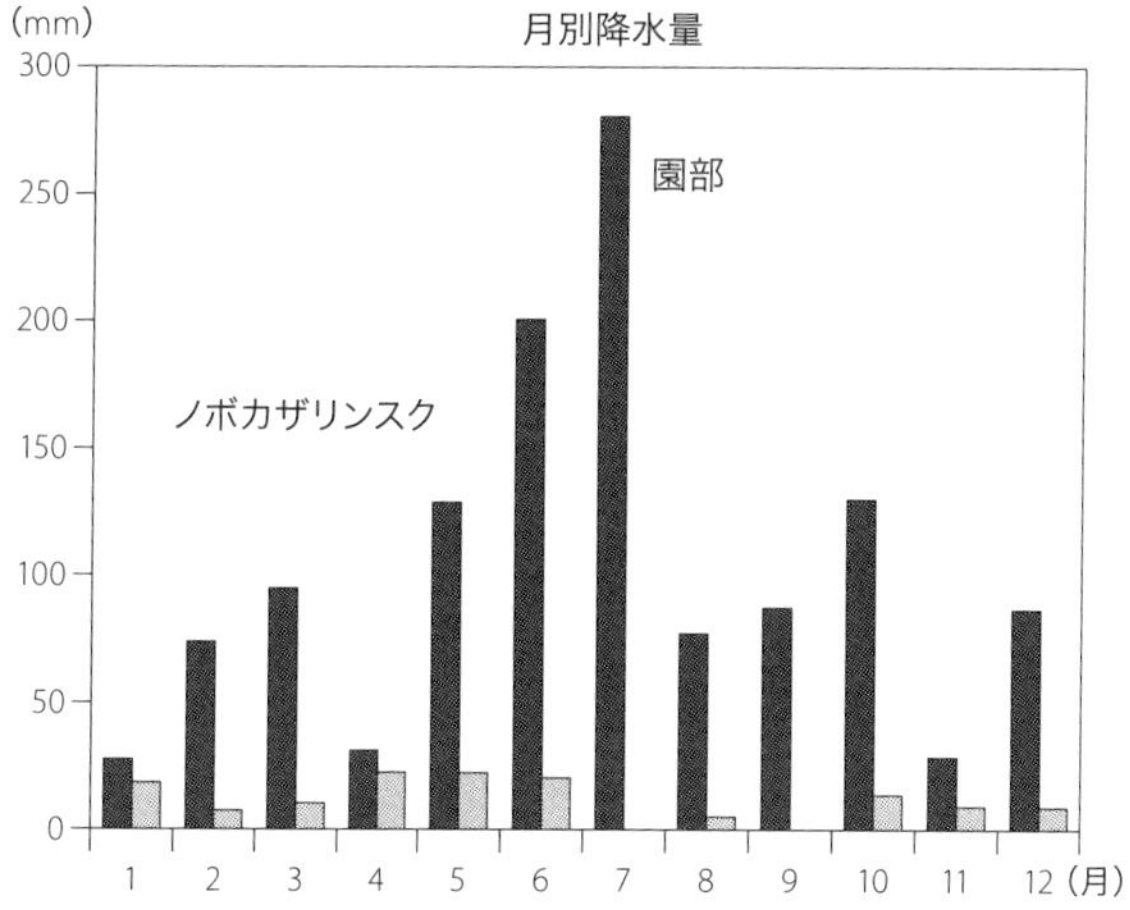

図 99　月別降水量比較（園部とノボカザリンスク）

そういうので、一ケ月に降る雨の量は、沙漠の真ん中あたりだったら一番多い月で二〇ミリですね。日本の夕立一回分ほどです。年間通して見ると、国土の大部分は四〇〇ミリ以下です。因みに日本は一五〇〇ミリくらいです。

当然、生活は全然ちがいます。たとえば、アラルに行くときは、井戸のあるところで水を汲んで行くと言いましたね。そんな水で調査生活をしているのですから、現地では朝、使わせてもらえる水はコップ一杯しかない。歯を磨いて、顔を洗って、シャンプーする、できますか。毎朝、ぼくはコーヒーがないとかなわない。コーヒーを入れさせていただくために、「すみませんね、コーヒーを」と言って、頭を下げないと怒られる、大事な水を使って、贅沢なと。朝のコーヒーは許してもらえるけど、昼ごろまた飲みたくなるでしょう。だから水をねだると、「朝も飲んだでしょう」と学生に言われて（笑）、「すみませんね」。

乾燥しているから、日本のようにシャツが汗でべたべたすることはないので、一週間、同じシャツを着ていてもいっこうになんともない。水がもったいないし。洗濯したらTシャツだったら、洗って手で絞って、紐にかけておくと、三十分で乾く。Gパンは三時間で乾く。

村に行くと、民家はスレート葺きの平屋です。平屋が並ぶ集落の中に、背の高い鉄塔が建っています。これが村のシンボルのように、遠くから見ても、村があるとわかる。貯水タンクです。川から水を取ってきて、ここへ溜めておく。それぞれの家からここへ水を取りに来る。日本でも牛乳運び用のアルミの缶がありますね、ミルクタンクというのかな。このタンク缶をコロに載せてガラガラと引きながら水を汲んで家に運んで、生活用水にする。近くに川があると、そこへロバ（イシャク）に荷車を引かせて水を汲みに行く。

アラル海が干上がった前には、深さ一〇メートルくらいの浅井戸があって、いい水が出たが、アラル海が干上がり出すとそれが全然出なくなって、住民が水に困った。それでソ連政府は住民対策として深井戸を二〇〇〇ケ所ぐらい掘るんです。深さが一五〇～一七〇メートルぐらいのものを。ところが、そこから汲める水の塩分が高くて、ひどいところでは、日本の味噌汁のほうが塩分が低いかと思うぐらい。とても飲めない。ある村に行ったら、「この井戸から出てくる水をなんとか止めてくれないか」と言われて、「どうして?」と聞いたら、地下から塩分を運んできて、そのへんが塩田みたいに塩だらけになるからと言う。

日本を出る時に、もう十年ほど二人でカザフをいっしょに歩いている学生に、会計を任せます。使える金は五十万円としますね。五十万をその子に渡して、日本に帰って来るまでの三週間ぐらい、いっさい金のことは言ってくれるなと。考えなければならないことがいっぱいあったから、しょうもない金のことで頭を使うのは止めさせてくれと。ただし、一割以上の金がなくなったという時は言ってくれと。というのは、そんな事態になれば、明日から食うものをちょっと考えないといけないかも知れないから。五%の使途不明金は、いっさい言うてくれるなと。そんな約束してみたが、使途不明金はほとんどなかったです。そして、日本に帰って来たら、清算して残った金は返してもらう。旅行中は、ぼくは現地の通貨を持っていなかったから、彼が全権を握っている。「アイスクリームを買うお金をちょうだい」と言うと、「昨日も食べたでしょう」(笑)、「そんなこと言うなよ」と。カザフ製のアイスクリームは安いんだけれど、ドイツ製のおいしいアイスクリームも売っているから欲しくなる。「そんな高いもの、食べるんですか。カザフ製でいいでしょう」と言われる。

ペットボトルの水が売られるようになったのは、九七年か八年ぐらいですね。アルマ・アタ市は山の裾で、標高九〇〇メートルの街です。ここの水はアラタウ山脈の水ですごくうまい。琵琶湖の水を飲んでいる人間にとっては、これはまったくうまいのに、カザフの人間はこれはまずいと言って、ペットボトル水を買い出す。

一九九五、六年ごろはペットボトルの水もなかったが、ガソリンもなかったから、ワンボックスカーの床にガソリンタンクと水を入れたペットボトルを並べて置いて、この上に板を敷き、その上に布団を敷いて、学生を寝かせて移動していた。ドーンといったらどうしよう。大丈夫、大丈夫、横に水を積んであるからって（笑）。ガソリンも一時なかった時期があり、ガソリンスタンドにはないけれど、ガソリンを運ぶタンク車が道端に止まっていて、そこへ行ってガソリンを買っていた。たまに、ガソリンを売っているタンク車の胴体に「ワダ」とロシア語で書いてあった。ワダとは水のことで、給水車を給油車に流用していた。一九九七年ころまではカザフの経済はどん底状態だったから。

23 地域研究の面白さ――人々との出会いを楽しむ

ベレケ・ソホーズに三年ほど通いました。水田はどうやって耕すのか、コメの収量はどうか、肥料はどんなものをやるのか、田植えはないが種蒔きの方法は、草取りもあまりやらないが雑草はどうか、肥料は、用水は、農薬散布は、などなど農業にまつわること、そして農業を支える自然環境の諸要因を手分けして収集し、いろいろ勉強しました。でも、まだ九二年頃はトラブルがいっぱいありました。一緒に行った中に、写真家と保健師も団員にいました。子どもの健康とか、おばあちゃんたちがどうしているか、何を食べているか、そういう健康のことを調べるために彼女らも参加してくれて、それから通訳の子も来ていました。

そうしたらある時、「石田、えらいこっちゃ、議長が呼んでる」と通訳が言ってきて、「なんだ」と思って役所へ行ったら、議長をはじめ村の役員がずらっと並んでいて、「お前のところの調査団は子どもにお菓子をやって、それに群がるところを写真に撮って、わが民族を侮辱した」と言うのです。そんなことをするわけがない。子どもとおばあちゃんと仲よくなるためにお菓子をあげたのは確かで、そして、いろんな風景や人々の写真を撮ったこともあるけれど、それも喜んでもらおうと思って撮影していただけである。その頃は、まだソ連邦を思い、ガチガチの共産主義者もいたから、そういう人がこんなでっち上げを言ってきたようである。それでどうしようかなと。「そんなことはない。写真を撮ったのは侮辱ではなくて、みんなが仲よく遊んでいるところを撮りたかっただけだ」。「石田、なんとかならんか」と議長が言う。「ちょっと待て」と言って、通訳に「帰ろう」と言って宿舎に戻った。「やるか」というと、通訳も「ええ、それをやろう」と言う。フィルムを持って行って、「これは学術的な記録がいっぱい入っている大事なフィルムだけれど、あなたたちがわれわれを信用してくれないなら仕方がないから、これをダメにする」と言って、目の前でフィルムを引っぱり出して、パッとほかした。「これでいいか」と言うと、議長も「いい」と言ってくれ、他の連中もわかったと言って帰った。もちろんほかしたのは新品のフィルムだった。

そうしたら、議長が、次の日に、結婚式があるから出席したらと言う。大きいテントの下で村の半分の人が集まってるかと思うほどの結婚式があり、深夜まで延々と続くのです。これはいいチャンスだと思って、京都で買ってきた色糸を模様に巻いた手鞠を二組の新婚夫婦にプレゼントした。その翌日からわれわれの人気がグッと上がりました。

沙漠で日本人に会う

ベレケでの生活と調査研究に慣れて来た一九九二年の夏のことでした。副議長が、家に飯を食いに来いというので、行くと、「石田、お前が初めてこの村へ来てくれた日本人だけれど、俺は日本人に会ったことがあるよ」と言うから、「こんなところに日本人がいるわけがないだろう」と言ったら、「雪の日に自分の車が故障して困っていたら、吹雪の中から日本人が現れて、車を引っ張って、この村まで、連れ帰ってくれた」。そんな日本人がいるはずがない、何か見間違えたんだろうと思って、あまり信用していなかった。二、三日したら、議長が「おい、今から行くぞ」と言うから、「どこへ行くのか」と聞いたら、「文句言わずに乗れ」と言われて、ジープに乗せられて、二〇〇キロぐらい走った。「どこへ行くんだ」と聞いたら、「日本人に会いに行くんだ」と言う。隣の村に、動物ソホーズがあって、襟巻きにする動物を飼っているという。そこに三浦という日本人がいた。

ほとんど日本語は忘れておられてたが、「自分は十歳ぐらいの時にここへ来た。カザフ人に育てられて、それで大学へ行かせてもらって、大学を出てから、自然保護官をやっていた。ところが、動物捕獲禁止区域へ共産党の幹部らが鉄砲を持って行ったりするから、そういうことをしたらあかんと注意したら、左遷されて、罷免されて、コルホーズで動物を飼って生きている」と言われた。名前は三浦正雄さん。樺太のサハリンにお父さんとお母さんと住んでいたが、敗戦の直前

図 100　三浦正雄さんに会う

にソ連が参戦するということがわかったから、北海道の人だったので、子どもだけを船で札幌へ帰した。それで、正雄さんは日本に戻ったけれど、お父さんお母さんが恋しくなって、一人でサハリンに渡ります。その時には、もうソ連がサハリンに入ってくる直前だったので、お父さんお母さんは船で北海道に帰ってしまっていた。入れ違いになった正雄さんは不法侵入で収容所に入れられた。収容所には子どももいっぱい入れられていたそうです。そして、ある日、捕虜になっていた日本兵と一緒に貨車に乗せられて、どこかへ連れて行かれた。シベリア鉄道で到着したのは、カザフのアルマ・アタの一つ手前の駅で、書類を持たされて貨車から放り出されて、こういう人のところへ行けと言われ、その家で子どもとして育てられた。大事に育てられて、大学まで出してもらったそうです。三浦さんはそこに住みついて、ドイツ人女性と結婚し、子どももできて、日本に帰りたいと思っているけれども、子どももいるし孫もいるから帰国できないという。ドラマよりドラマです。この経緯を聴いて驚き、涙した。

正雄さんは日本・札幌に一回、カザフ青年代表団のメンバーとして行ったけれど、その時は監視がきびしくて、親戚や昔過ごした所へは行けなかった。それでも親戚の名前だけはわかったと言って、名前を教えてもらった。その人は兄さんの娘さんだった。お父さん、お母さん、兄さんは亡くなっていた。

その名前と手紙を書いてもらって、それを翻訳して持って帰った。けれども、名前しかわからないから持って行きようがない。それで、北海道新聞に勤めている知人に何としても捜してくれと頼んだ。やっぱり新聞記者ってすごいね、ちゃんと捜してくれた。それで、その手紙を届けられたのです。兄さんの娘だから姪ですね。その姪御さんから手紙をもらって、自分は結婚して他家に嫁いでいるから、おじさんを呼び戻したりする力はないけれども、重要なことを書いた手紙を持って行ってくれと言われて、次にカザフに出かけたときに持って行ったが、三浦さんはちょうどその時、仕事で別のコルホーズに行っていて会えなくて、家族に渡して帰ってきた。一九九三年までベレケ・ソホーズで調査活動をしていたが、一九九四年からはアラル海方面へ行きだしたから、なかなかベレケには行けなくなった。その後、カザフ経済がおかしくなった時に、生活が苦しくなったから、息子らも日本に帰ってもいいよと言ったというので、一家で日本へ帰って来られて、埼玉で日本語研修を受けられ、札幌に戻られて、暮らしておられたようです。

それからしばらくしてから、北海道の友人から三浦さんのような境遇の人たちを呼んで、シンポジウムをやるから来いと言われて、聞きに行きました。そこで三浦さんに再会できました。こんな苦難を背負った人がカザフにいっぱいいる。ああ、戦後というのは、ここまで処理しなければならないことが、いっぱいあるんだと気がつきました。

本当にいろんな人がいます。ウズベクに行った時に、クリヤカワ・ヨシノブさんという名前だけで、日本語が全くわからない男性に出会ったが、次に訪ねた時には、見つからなくて、タシケントの日本大使館に情報を全部渡して、なんとかしてくれと言って帰って来た。

だから、カザフへ行く意味付けがだいぶというか、いっぱい増えて来た。初めに行った時は、こんな雨の降らない、こんなところでどうやって農業をやり、少ない水とどのように付き合って生きているのだろうか、それだけの興味で行ったけれど、実はそれだけじゃなかった。問題はいっぱいあって、だからいろんな人がたくさん行ってくれることが大事と思いました。

大使館が一九九三年にできてから、それから後はアラル海地域に入って、二十年ほど沙漠の中で調査を続けて、京大を定年退職し、二〇〇七年までは日本カザフ研究会を維持し、報告書を第一号（一九九三年）から第十三号（二〇〇七年）まで出版し、多くの研究者がこのプロジェクトを契機に、卒論、修論、博論を完成させ、ある人は中央アジア研究の新地平を開いて、中央アジア通いを続けている。どのような成果を成し遂げたのかを詳細に述べることはできないが二十世紀最大の環境改変と言われたアラル海問題の概要くらいは明らかにできたと思ってます。

カザフの若手研究者との出会い

ソ連邦の崩壊と中央アジア各国の独立（一九九一年）は我々の調査活動開始時であり、カザフの研究者の協力がぜひとも必要な段階でありました。しかし、国家体制もさることながら、研究機関の体制も変化を始めており、カザフスタン科学アカデミーに所属している各研究機関の存在そのものが揺らいでいる時期でした。独立後のしばらくは研究者の給料は支払われていたようですが、遅配から欠配へとなり、研究者がどのような収入によって生活しているのかが我々には不明な年月がずいぶんありました。ずいぶん多くの研究者が国外に出て行きました。科学アカデミー傘下の地理学研究所、土壌学研究所、植物学研究所や宇宙学研究所、農業アカデミー傘下の農業研究所の研究者が窓口となり、日本カザフ研究会の調査研究活動を助けてくれました。そのような人脈の中から、数人を順番に日本に招待し、三ヶ月前後の滞在期間でしたが、日本の研究者と交流をしてもらった。ただし、招待できる人材は英語が話せるというのが条件にならざるをえませんでした。そして、必要な経費は外務省に創設された新独立国家室や文科省の予算に依存していました。二十年以上も経過した今も、その当時に来日してくれた研究者が我々の活動のよきパートナーになっています。

一九九六年だったと思いますが、アラル海流域の調査を終了し、三日かけてアルマ・アタに戻る旅で、野営テントで夜遅くまでたき火をしながら、若手の昆虫研究者のローマンさんや土壌研究者のパチーキンさんとよもやま話しをしていました。その内に、我々の調査研究成果を報告するセミナーをカザフで開催しようということになり、主催は彼ら若手研究者が研究団体を結成してやってくれれば、資金は日本から持ってくると言ってしまった。たいへんな発言をしていながら、日本に帰り、カザフの研究者がテティスという集団を結成し、準備を始めると言われるまで、それほど切羽詰った事態とは認識していませんでした。これは大変なことになった。万が一、資金援助がどこからも得られないとなったら、一人で何百万円かの借金をするしか手はないと心に決めて、東京を走り回りました。カザフではアラル海研究の第一人者であるロシアのアラジンさんも参加してくれ、イギリスやドイツ、もちろん中央アジアの国々からも来てくれるという。アラル海環境問題の国際シンポの様相を呈して来た。たき火をしながらの会話では、ソ連邦時代のこの種のシンポは、政府やアカデミー主導で開催されるもので、こんな研究者の団体が開催することはなかったから、新生カザフとしては新しい研究時代の幕開けをやろうということになったのでした。そして、それまでの研究支援をしてもらっていたトヨタ財団が、研究成果をカザフや中央アジアの人々に伝えるシンポであるからと支援を約束して

図 101　アラル海シンポで。中央が科学アカデミー総裁のスルタンガジンさん

くれ、開催の目処が立ちました。当時の橋本龍太郎内閣総理大臣のメッセージを日本大使が披露してくれるなど、多くの方々の支援で開催にこぎ着けました。シンポのテーマは、「中央アジアの自然資源の持続的利用――アラル海流域の環境問題」（一九九七年）でありました。報告内容は割愛しますが、最後のパーティで、カザフ科学アカデミーの総裁であったスルタンガジンさんが、「これはカザフの歴史に残るシンポでした。若手研究者が企画し、立ち上げ、成功させた最初のシンポです」とわざわざ言ってくれました。すべての苦労が一瞬で消え去り、翌日から野営キャンプをしながら、アラル海調査に出かけました。

　このシンポを主催してくれた若手研究者集団の団体名のテティスとはなんのことだろうかと思っていた。アラルへは沙漠にテントを張りながらの野営の旅ですね。そんな野営地のひとつに、小さな石ころが敷き詰められた沙漠がありました。どの石もみんな、潮で洗われて丸く、ツルツルだった。これは何だ、面白いなと言ったら、ここはテティス海の海底だった地帯だと言う。こんな小石を敷き詰めた平原は、そこでしか見られなくて、沙漠の中で、そこにはほかには何もなかったけれど何か気持ちよかった。テントを張り、ちょっと盛り上がった沙漠のど真ん中で、「月は東に、日は西に」を見ながら、楽しみながらのコーヒーの美味かったこと（笑）。

我々のグループとは別に、順天堂大学の千葉百子さんが主導する医学関係の調査団がアラル海地域の疾病と環境問題の調査団を結成されて、調査活動を開始された。ぼくのチームの弱点は医学関係者がいない事であり、疫学調査が欠落していた。京大の医学部関係者に協力を要請したが、関心を持つ事さえなかった。公害時代もそうであったが、京大医学部はこのような環境問題に取り組む医学者をまったく育てる能力がないと思って、接触すら諦めていたので、千葉グループの登場はありがたかったし、現在もカザフ関連で交流がある。

その後は、ぼくは私立大学で勤務したが、科学的調査機材や実験室も十分でない環境になったのを契機に、それまでのアラル海研究を中止しました。そして、カザフの植物学研究者やアラリスク地区の自然保護委員会のメンバー達と「アラルの森プロジェクト」を立ち上げた。

24 旧湖底沙漠に木を植える

アラルの森プロジェクトを立ち上げる

二十年間もカザフに通い、アラル海の消滅過程とその影響の解析もそれなりにでき、カザフの研究者支援やカザフと日本の交流推進にもすこしは貢献できたのだから、現役の研究者を引退するのを契機にカザフ関連活動を停止するのも選択肢としてはありました。しかし、それは少々さみしいし、カザフの友人達との付き合いを細々でも続けたいと思い、砂嵐の中で生きている人達を忘れることもできないから、村の周辺へ押し寄せる砂を押しとどめる活動もしてみたいと思ったのです。そして、「アラルの森プロジェクト」を立ち上げて見ました。日本カザフ研究会を立ち上げた時も一人で、今回もまずは一人でいいよと思っての出発です。この十年ほどはほぼ一人でやってきました。関心を持ってくれる若い子もいますが、仕事の負担をかける気はありません。現地での作業はカザフ側がすべて取り仕切り、実行してくれますので、日本側は資金を獲得することが最大の仕事で、それほど人手は要りません。この十年は、毎年百万円ほどの植林助成金を幸運にも獲得してきました。しかし、このような助成金は日本側の渡航経費が含まれていず、継続はきびしいものですが、カザフの友人に会いに行くのだと思えばよいので、その上に広大な旧湖底沙漠に少しの緑を添えられるのも楽しいものです。

九州に相当する広大な面積の旧湖底沙漠に植林の目的は何かと言いますと、ひとつは降水量が極端に少なく、塩分が多く含まれている土壌での植林方法の開発、二つ目はぼくらのような弱小組織の活動の様子をこっそりと見てくれている大組織を引っ張り出し、大規模な対策に取り組んでくれることだと思っています。もちろん、アラル海旧沿岸部の住民の生活と健康を守ることが第一義ですが。

図 102　植林サイトはシルダリア最下流の村。カラテレンと旧湖底沙漠で

植えている植物は現地に自生するサクサウールという耐乾性、耐塩性のある灌木で、この木の幹は燃料として最高で、シャシリク（串刺し焼き肉）用燃料にしています。ということは成長が極めてゆっくりであるということです。そんな木を植えているのですから、失敗がほとんどで、活着率は数%と言ったところでしょうか。

しかし、現地のメンバーがオアシス出現と歓喜してくれるほどに成功した区画もあります。木が生えれば木と木の間に雑草も生育してくれ、砂の移動を押さえてくれます。そして、植林した木が種子を周辺へと飛ばしてくれ、一本でも多くの緑を沙漠に出現させてくれるでしょう。それが、ぼくらのカザフ貢献のひとつであり、カザフとの交流が途切れることなく今後も続いている証になればと思っています。

図 103　成功した植林サイト
——地元住民はオアシスだという

忘れ去られる死をどう防ぐか

二十世紀最大、最悪の環境改変と言われるアラル海問題で多くの勉強をさせてもらった。大小を問わず、公害問題にはいつも四つの死があると思う。アラル海についてみれば、一番目はアラル海に水が来なくなり、水量が減少して、ついには湖という存在としての死です。二番目は、その経過の中で湖の生物が順々に死に絶え、湖の生き物としての死です。その結果、それらの生き物に依存していた地域産業である漁業が継続できなくなり、地域社会存続は危機に瀕しました。漁を止めざるを得なくなった漁民は村を去り、三番目の死・地域社会の死が始まりました。そして、今は最後の死を迎えています。それは、カザフ国内だけではなく、世界からもアラル海問題そのものが忘れ去られるという死です。我が国の公害問題でも同じ過程を辿っています。忘れ去られる死以上の死はないでしょう。「アラルの森プロジェクト」は、忘れ去られようとしているアラル海問題をなんとか生き延びさせたいとの願いからも継続しているものです。ぼく

図 104　干上がった旧湖底沙漠の廃船（1992 年）

自身の意地だと思ってください。

ぼくがカザフ・アラル海に行くきっかけを作ってくれたアリムジャーノフさんも亡くなり、ぼくも現役でなくなり、これから最後の締めくくりのまとめ作業に入ればよいかと思い、少しのんびりと過ごそうと思っていた矢先に三・一一が起こり、カザフやミカン山や琵琶湖を振り返る余裕すらもない日々が始まり、ぼくの日常は変わりました。フクシマにも今言った四つの死を招くとしたら、それは日本社会そのものの死になるだろうと思い、それまでの琵琶湖や農業・農薬やアラル海への力の投入を削減に削減して、フクシマを考える月日になりました。

Ⅶ　今、市民環境研究所で

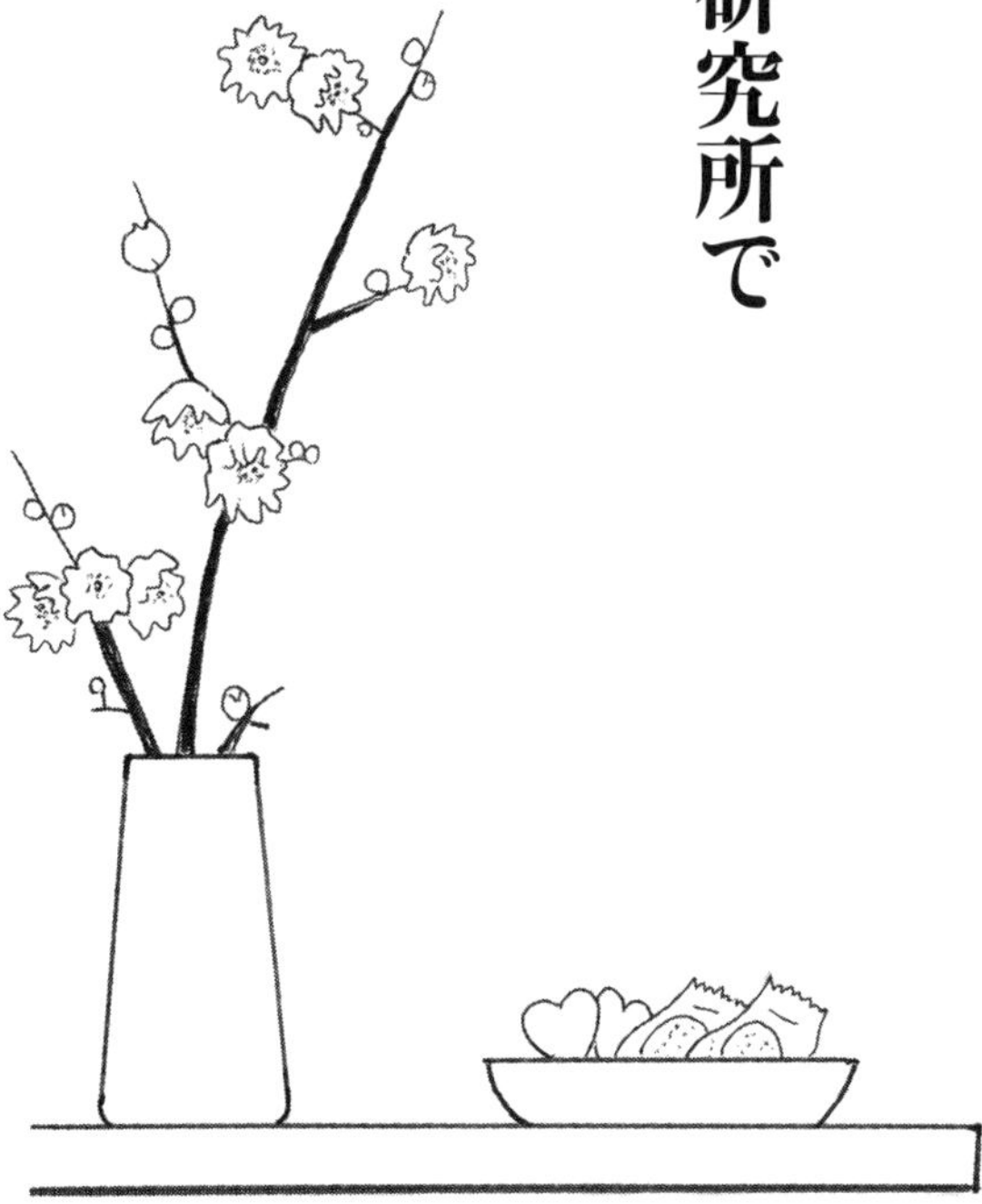

25　フクシマと研究者

琵琶湖でフクシマを知る

二〇一一年三月十一日、あの日、翌日から第三次琵琶湖調査団による冬季の琵琶湖水質調査に参加するため、夕方には琵琶湖の現地（尾上漁港）に集合することになっており、名神高速を米原に向かって走っていたので、地震には気付かなかった。漁港に着いたら、何か地震があって、大変なことになっているらしいよと聞いた。次の日は、朝五時から調査船を出すので、前日はその準備がある。準備が終わって夕方暗くなってから、総勢二十人ぐらいで、風呂に入りに車で銭湯や食堂のあるところに出かけた。食堂に入り、壁にかかっているテレビを見た。津波に襲われる村々の様を「何だこれは」と絶句状態で見て、夕食を食べたかどうかの記憶すらないような状態で、だれもしゃべらないまま、翌朝が早いから宿に帰って寝た。四時に起きて、五時に船を出して琵琶湖の調査をいつも通りにやった

図 105　北湖の山に雪が降った 3.12 の朝。フクシマを思い、沈黙の中を調査に出航した。忘れられない朝。

が、あんなにだれもしゃべらなかった調査は初めてです。そのまま昼頃に港に帰り、調査機材を片付けて、それぞれの方向へ帰って行った。家に帰って、テレビをずっと見ていた。

三月十七日からカザフスタンに十日間ほど滞在して、帰国したのが三月末だった。カザフの友人達は危ないから帰国するなと言うのです。「津波が来ただろう、石田、そして放射能が来てるだろう。そんなところに帰らなくていい。カザフに住んでいろよ」と言う。よくよく聞いているうちに分かったのです。カザフスタンは日本の七倍の面積がある国で、日本は細い国だと思って、太平洋から津波が来て、日本海に抜けたと思っているんです（笑）。日本で水を被っていない家はないと思っている。毎日毎日、あの津波の映像がカザフスタンでもテレビで流れていて、津波が来て越えて行ったと。そうか、ここの人はそう思って、がんばって支援してくれてるのかと。

帰国してすぐに槌田劭さんに電話して、「だれか研究者が政府に対して声明書ぐらい出したやろか？」と尋ねたら、「いや、だれも出してないみたいだ」と云う。「そんなことはないのでは。東京の研究者が呼びかけているだろう」と言ったら、「いや、東京も全然動いていない」と言うので、「そんなことなら、今からやろう」と言って、ぼくは人を集める、槌田さんは文章を書く、こうして動き出した。槌田劭、熊取六人衆、松久寛、原田正純、中地重晴、川合仁、荻野晃也、柴田俊忍、高月紘（敬称略す）など友人、十数名に、順番に電話して、「声明文を出そう。出さなかったら、何のために今までやって来たか分からへんやないか」と言うと、「そうや、出そう」と言ってくれました。連名で要望書を作って、京都選出の官房副長官だった福山哲郎さんを経由して菅直人内閣総理大臣宛てに出しました。これが、研究者が出した最初の声明文だったようです。その要望項目だけ以下に転記します。

◎現在、公表されている大気中の放射線量や甲状腺の内部被曝量は恐るべき高水準にある。三〇km圏外飯館村や川俣町、いわき市などでも、その現状は危惧ですますことのできない高レベルの汚染である。まず緊急対策として幼児・妊婦の疎開に政府は責任をとり、そのために経済的支援を用意すべきである。

◎学校敷地、通学路、公園など子供の生活空間・敷地については、早急なる除染の作業を行い、被害軽減の対策を進めることが必要である。

環境なんとか学、なんとか環境学がいっぱいあるのに、彼らは何もやってくれなかった。京大で聞いても、何もやってなかった。現場を歩いて、現場を見て、現場のしんどさというのを、ちょっとでも結び付けてわかる人間なら、あの悲惨な映像を見て、何かしようと思うだろう。

図 106　フクシマ原発の爆発。これから何十年、何百年間、人々を傷つけるのか。

悪いけれど、東京の連中には「？？？」という気分でしたね。何をやってるのかと思った。今度は東電がある関東がやってくれると思った。関東の研究者はあんなにいるから、彼らが大同団結して政府と交渉してくれると思っていたのです。それが、四月になっても何もやってなかった。ショックでした。

関ヶ原から西はぼくらがやるからと、「瀬戸内海汚染総合調査団」は、関西の十数大学の研究者が集まった。「琵琶湖汚染総合調査団」もいっしょにやったし、熊本の有明海の農薬汚染、除草剤CNP調査は九州大の連中といっしょにやった。西日本は、連携してがんばった。東は東でやってくれると思っていたのが、こんな非常事態でもそうならなかった。だれも動かなかった。

関西の研究者も、動いていなかった。熊取の今中さんや小出さんは、現場に行ったり、忙しくて飛び回っていたからできなかった。ひまなぼくだからできたのかも知れない。

当然、なすべきことが、なぜできないのか。今、福島の人には本当に申しわけないけれども、日本の反公害運動、反公害科学者運動、研究者運動というのは、いったい何だったのかと。それでも、三・一一以降は、たくさんの日本人がフクシマを忘れないで、フクシマのことを少しでもしている人は多い。

ぼくはこの歳で福島の現場へ行っても邪魔になるだろうし、やはり実験室がないとできませんから。後方支援みたいなことをやっています。これはまた変わった人がいて、「あんたやったらちゃんと使ってくれると思うし、置いていくわ」と言って、四百万円ぐらいする放射能分析装置一式を活動拠点である市民環境研究所に置いて行きました。風呂場を改造して分析装置を組み立て、放射能測定にかけては一流の河野益近さんの指導で信頼性の高い測定を請け負っています。避難者の人が将来、もし発

究極の公害「何をしてきた」
原爆を超える放射性物質
核とともに
'11平和考・京都
>3<

図 107　「究極の公害」この言葉しか出なかった
（『毎日新聞』2011 年 8 月 7 日）

症して裁判する時に、うちの子どもはこんな放射能の値のところで生活していたという自前のデータをひとつでも持って闘ってほしいと思って測定しています。

被害者を苦しめる科学者との闘い

反公害闘争は企業とやりあう、国とやりあうんだけど、これからの環境闘争のターゲットの一つは研究者だと思う。研究者をもっともっと批判しないと、全部隠すような論文ばかり出て来てひどいものです。政府の研究費の分配の問題を前述しましたが、研究費を獲得するために政府文科省の言いなりになっていく研究者のいかに多いことか。さらにひどくなったのが防衛省の軍学協同研究への大量の競争的資金の導入です。今年からは百億円を超す研究費を準備し、研究者個人に強烈に接触しているという。

なにもしない研究機関だけではなく、積極的に原発擁護とフクシマ・問題無視論を展開する研究者のなんと多いことか。京都府が助成している消費者向けの講演会を聴きに行ったが、それはそれは酷いものでしたね。

京都府綾部市にある医療科学技術大学の大野和子教授が講演して、「東日本と西日本を比べると、西日本は花崗岩が多いでしょう。花崗岩の方が自然の放射能をたくさん出すのです」と言う。そして、福島の話に移り、「皆さん、聴いてくださいよ。福島の方は関西に来たら、被曝量が増えるのですよ」と言う。花崗岩が多いから自然放射能が高いのは確かです。でも、福島が汚染されている核種も違えば放射線量もまったく違うのに、上積み部分ばかりを強調している。これが大学教授ですから、教育されているその大学の学生はかわいそうです。京都府の消費者支援の部署と京都生協中心の生協連合が合同で開催した学習会での話しです。そこの医療科学技術大学の遠藤啓吾学長というのが、京都市での瓦礫焼却処分の問題が出たときに、京都の委員会の副座長でした。彼が言ったのは、「八〇〇〇ベクレルの土の上で生活しても、なんの被害もないという論文があるから、それを審議会の資料にしてくれ」と言いました。そんな論文があるのかと調べたら違うんです。八〇〇〇ベクレルの汚染された土を埋めて、その上を一メートルの土で被覆して、そこから二〇〇メートル離れたところで住んでも被曝量はそれほど高くないという報告のことでした。それで手紙を出したのです。「この発言の根拠の論文は何か、あなたの考えはまちがっている」と。そうしたら返事が来た。「日本には日本学術会議と言って、科学者が集まった会議がありますので、そこの声明書を呼んでいただいたら、よくわかると思います」と来たから、ぼくも長いこと、研究者をやっているから、学術会議のあることぐらいよく知っていると出したら、二度と返事は来なかった。こんな人物が京都の審議会の委員で、それから彼の下にいるのが、大野和子で、国の放射能関係の審議会委員です。

それで門川市長に、「なんでこんな者を審議会の委員にするのか」と言ったら、「慎重に審議していただくように致しますので、ご了解下さい」とメールが来ました。あまりアホらしくて、それ以上はケンカする気もしなかったが、京都市が瓦礫の搬入は断ったので来なかった。研究者をちゃんと批判する市民運動をやらなければ、こんな輩が役職にかじり付いている今の学会はますます腐りきるでしょう。

フクシマを語らない講義ばかり

それでは、教育現場はどうかということですけれど、京大の先生で、それぞれの講義の中で、一回でもいいからフクシマのことを、自分はこう思う、自分の専門分野から考えてこう思うとしゃべった先生がいるかと何人かの学生に聞いた。数学の先生がフクシマを語ってくれてもいいし、文学の人でもいいし、農学の人でもいい、と思って聞いてみたが、ひとつもない、誰もいないという結果でした。

ぼくは、大学の人間がやっている科学を、やっていることをあかんと言うのではないけれど、フクシマを起こしてしまった、あるいはフクシマの人をこういう状態においていることに対して、科学者としてどう考え、自分の専門としてどう考えるかということを一言でもいいから、言うべきだと思うのです。ところが一科目で十五回の講義があるのに、だれも言ってない。学生からは「そんなこと聞いたことがありません」との返事ばかりです。これが今の大学なのでしょう。自分のやっていることに金が来て、自分の研究が続けられればそれでいいと言う。

そんな大学が存在している現在の日本社会で、その社会を根底からくつがえすようなことが起こっていることに対して、自分はどう思うかということを言わないというのは、それは教育機関として、科学者として、怠慢であり、間違っているのと違うか。脱原発でも、反原発でも、原発推進でも、どっちでもいいと思うんです。それに対して責任あることをいうのが、科学者、教育者でしょう。私が引き受けている京大での三日間の集中講義のうちの半日は、福島からの避難者の人に、二十人ぐらいの学生相手に講義してもらったのです。それで聞いてくれて、彼らが考えてくれたらよいのです。

学生によくこんな質問をします。高等学校までは「授業」と言っただろう。大学に入ったら、「講義」と言うだろう。何故か、と聞いてもだれも答えない。「高校までは、業を授ける。業、知識を授ける。だから授業なんだ。大学は『義』を講じる。義というのは、少なくとも教壇に立っている先生と言われる人間が、自分が今はこれが義だと思う事を話す時間であると思っている。義というのは、いろいろあるだろう。正義、定義、義理、義務、義理でもなんでもいいと思うが、自分が義と思っていることをしゃべるんだ。義の中には知識も入るから、授業の部分もある。義を講ずる、それに対して、君らがどう反応するかが大学だと。単なる授業じゃないのだ。

図 108　原発、フクシマの立て看がない京大周辺。
市民研が立てたこの看板だけだった。

そのことを、今の大学の先生が誰も考えていないでしょう。授業ですよ。授業の部分はもちろんあります。九割は授業です。でも、一%でもいいから、義を講じてほしい。この義は五年もしたら嘘になるかも知れない。「五年たったら、今、言っていることは全部嘘かも知れない。でも、今はこれが正しいと思って、義だと思っているからしゃべりたい。だから聞いてくれ」という言い方をします。

だから、学生が私語をしていたら、何回か注意して、私語が終わらないと、「うるさい。お前らみたいなやつらに教える気はないわ。自分が義を講じているということは、はじめに言うたように、どうしても言いたいことを言うために来ているんだ。これをちゃんと聞いてくれないんだったら、しゃべる気がしない」と言って、バタンとパソコンを閉じ、「全員欠席」と言って帰る。年に二回ぐらいこれをやるから、ぼくの講義は静か（笑）。

でも、フクシマについて、先生方は、そういう意味で自分の義を講じてくれないのか。今や講義というのを、そういうふうにとらえている先生はいない。時々、よその大学の先生に、その話を言うと、「へえー、石田さん、そんなこと考えてるの」と言われる。やっぱり知識伝達だけなんです。知識を授けないとあかんけれども、それ以上に、示さんとあかんこととか、伝えないとならないことがあるのと違うか、そう思って来たのですが。

大学教育が知識を増やせばよいという方向で進んでいる。ものを考え、嘆き、喜び、責任を取るのまで教えるのが教育とは考えていないのだろう。その正反対にグローバルという単語を連発し、意味不明のグローバル教育科目こそこれからの教育だと言い続けている。大学教育の終末を見る気がする。

一九七八年から始めた京大教養部のゼミを紹介するので、参考にしていただきたい。前述の「自然科学1　公害」という講義科目に付随して開講できた自然科学1ゼミと呼ばれた科目である。農薬ゼミのような自主ゼミではなく、単位が認定されるゼミです。ぼくは農学部の助手でしたが、学生に頼まれてこのゼミの講師になり、一九七七年から引き受け、二十五年ほど担当していました。このゼミの運営方針は次の三原則です。毎年六十人ほどいた受講生に、

①やりたいテーマを各自に出させて、グループを組ませる。各グループの運営は参加者で決めさ

せる。

②ゼミ時間の出欠は取らない。ゼミ室に来てもよいし、どこかに出かけてもよい。

③各自の成績は自己申告制にする。先生は申告された成績を転記するだけである。

こんな原則でゼミを開き、相談には応じるが、「あれをしなさい。これをしなさい」とは一切言いませんでした。ちなみに、出席率は常に九〇％以上あったようです。成績を記入する段になって、公害現場に出かけた学生ほど高い点数を記入できずに悩みます。水俣に出かけ、水俣病の患者さんと一週間暮らして来た学生などは、合格点を書く事すら躊躇します。そんな時は「よく頑張ったのだから八十点くらいは厚かましくないだろう」と言ってあげました。

出席回数を厳密に取り、試験をし、点数を点けるのが教育と思われ、文科省に強要されている現在の大学教育こそ堕落の極みだと思う。大学内からの反乱も期待できない今日この頃――と諦めるしかないのかと思っている。

26　大学を考える

〈大学〉が滅びて行く

京大も含めて、今、大学はぼくらが在籍した頃とは大きく変わりました。ぼく個人について言えば、これほど自分の思うような研究活動をやりながら、排斥や除籍されることもなく、定年まで京大に居られたのは何故だろうと本人が不思議に思うところです。本人の人格よりも、鶴見さんの言のように、京大が「大した大学」だったのかもしれません。どなたかが検証してくださるとありがたいのですが。それにしても、多くの友人知人を大学内と市民社会に持てたことはぼくとしてはもっともありがたいことでした。

東大の宇井さんの自主講座に通っていた早稲田の学生が、ぼくのところへ実験を教えてくれと言って来た。実験中に、蒸留水が足りなくなって、「蒸留水がありません」というから、「ないのなら、隣の部屋へ行ってもらって来い」と言ったら、「隣の部屋でものをもらうのですか」と言う。「当たり前だろ、なくて困った時はもらいに行ったらいいし、向こうがない時はあげたらいいじゃないか」と。「東京ではそんなことは絶対にありません」という。そして「今夜は何時まで実験してもいいですか」と言うから、「したかったら、明日の朝までやればいい。ぼくは夜中に帰るけれど」と言ったら、「夜中にここにいて実験してもいいんですか」、「当たり前だろ」、「いや、東京だったら絶対に追い出されます」と。京大の中でも農学部が自由だったのかもしれないが、東京の大学の状況はびっくりするほど管理だけが進行していたようである。一九八〇年代はじめの話です。

東京は学内での犯罪が、やはり早い時期から起こっていたのですかね。京大で起こるのはもうちょっと後です。農学部の校内でシンナーを吸ったりする学外者が現れ、トラブルを起こしてから建物の入り口に鍵をかけるようになるんです。鍵をかけはじめたら、部外者は絶対に入れません。社会全体に犯罪が増えて来ていたが、シンナーの問題が大きかった。農学部の場合は、朝早く出勤したら、シンナーを吸っていた子が、ふらふらと帰っていく姿をよく見かけるようになった。それで鍵をかけるようになったから、これは反対できなかったです。そんな子が段ボールに火をつけたこともあった。時間外に、今はもう部外者は館内に絶対に入れません、京大のいいところは、だんだんになくなりました。それと、大学はやはり開放して、いろんな人を受け入れる余裕があった時代から、もう今はないようです。それは何かといったら、金です。金でしばって、競争させて、先生も全然余裕がない。学生のめんどうをみる余裕もなくなって来ている。講義の時間だけ学生と接しているだけ。業績主義で、論文を書かないと金がつかない。

ぼくが助手になったのは、一九六八年でした。その頃、何もしなくても毎年来る校費というのが結構あって、教授、助教授、助手で相談して研究室で自由に使えた。研究室自治が認められ、実践できたが、今は自治を認められるような金は付かず、金が付かないから教員も自治などを議論するよりも、それは棚上げにして金取りに走っている。

それで、業界の紐付き学会や文部省が、世の中に気に入られる研究をテーマにしたら科研費をやるといって、皆その競争的資金を取って来て、何とか回している。競争的資金を取るためには、学会や文部省の言うことをきかないとだめ。すなわち、研究現場の自由裁量できる資金は極力減らして、政府、文科省、経済界の言うことを聞くような研究テーマを出せば当たる競争的資金を大学や研究機関への資金にしてきた。社会や市民や公害の被害者が望むような研究テーマを掲げて文部省などに嫌われるよりも、気に入られるようなテーマを出すようになる。今の研究者を同情的に見れば、しんどい環境にいるな、ぼくらのころはましだったな、と思う面もあるが、果たして研究者や大学に同情するだけで良いのだろうか。

なんの批判も、行動もせずに人陰で文句を言っているだけの大学人の多いことか。本当にひどい状況です。公害・環境問題の現場に入り、被害者側に立って調査研究する研究者の少ないことか。そんな研究者に文句を言うと、科学は中立であり、どちらかの立場に立って調査するのは中立を損なうものだと、はずかしげもなく真顔で言う。公害・環境問題の被害者は二十四時間汚染現場におり、加害者は短時間だけ汚染発生源の風上にいるだけである。被害の実態を正確に把握するには被害者側に立って事態を見なければならないことくらいは、過去の歴史を勉強しておけよと言いたい。今の多くの研究者はそんなことさえ考えない。

福島第一原発の崩壊後の研究者の動きを見ていると絶望的になる。この状況を見て取った安倍政権は、文科省筋の競争的資金では政府財界の言う通りになったから、次は防衛省の提供する資金で軍事研究をやらせようと大学内を物色し出した。まさに今がその時代である。表面的には「○○学的研究」と科学者のカモフラージュを助けるが、実態は軍事に利用できる研究を要求しているという。ある昆虫学者に防衛省が要求する昆虫学的テーマとは、たとえば〈イスラム国（ＩＳ）の兵士にだけ食らいつくダニの育成〉のようなテーマかと訊ねたら、まさにその通りですわ、との返事だった。

だから、原発反対とか、農薬はいけないとか、そんな研究は、一応、環境という言葉でごまかしたら少しは金が出るかも知れないけれども、しかし、業界からは嫌われるだけです。マイナンバーと同

図 109　左京フォーラム

市民研が左京フォーラムの活動拠点

じように、すべてを統制して国家が研究まで締めてくる。それはこんな狭い範囲だけを見たら、国家に統制されようとされまいと、私の興味はここまでだと思っている人にとっては、そんなのは見えない。統制されていることに気がつかない研究者ばかりです。カビの生命機構のこんなところだけずっと見ていると、自由にやらせてもらっていると、思っているのでしょう。ことの深刻さに学者は気がついていないのです。暗澹たるものですよ。

七〇年代のオイルショック以後、八〇年代終わりのバブルがはじけるまで、そのぬるま湯の中で、安住するというか、堕落するというか、六〇年代にすでにあった管理強化の気配にうとくなっていた。国立大学が独立法人化された二十一世紀始めから大学は政府の思い通りに操れるものになった。管理、監視、締め付け、排除が自由自在にできる方向へ動いて行った。

だから、大学が変わったというよりも、その背景が変わった。人文社会学系がいらんとか言い出したでしょう。そうなると、京大には人文社会学科はなくなる。自然科学系だけの大学になる。国会の本会議で、「はい、あなたは何学部卒」と順番にきいていったら、半分以上が人文社会学科だから、「あなたは、国の方針ではいらない学校の卒業生だ」と、「国会議員に全部言ったらどうや」と笑ってたんだけどね。社会学系は金儲けにならない。金にならないものはもう要らない、というのですかね。金儲けにならないのはいらんし、人間とは、社会とは、国家とは何かと問う者も要らんのです。それを言って、怒らなければいかんのですが、誰も怒っていない。モノを作るのと、モノを売るのと、世の中はそれしかないのか。

今、最も必要なのは、人間の生き方を考えることじゃないですか。そうして、文学は感性を豊かにするし、社会学は自分だけでない周りにも人がいることを教えてくれる。これからの世の中で、そのことを一番身につけておかなければならないのは、政治家と科学者でしょう。

科学技術を手にして、その使い方を誤って災害を起こして、人は自らを傷つけた。それをまとめて考え、総括することが、公害の教訓なのです。今、それをまとめるような科学者も政治家もいないというのが残念です。それをまとめて、もう一回、むずかしい言葉はなしで、人間のありようを考えようやという科学者というか研究者、もちろん政治家も入れて、そんなのが出て来ないのが、今、ぼくらが背負っている一番の不幸かなという気がする。

そういう意味では、考え方によっては、公害が出たことはチャンスだったはずで、今の社会を根本から見直すことができるチャンスでした。しかも、そのチャンスは一回だけではなかった、原爆があり、水俣があり、フクシマがあり、そんな有名な悲劇でなくても、ぼくが歩いてきた公害現場のように、無名の庶民のような悲劇がいっぱいあった。ところが、そのチャンスを科学技術でごまかして、災害を環境問題という言葉に変えて、それでもう一回、金儲けができる方向に持って行った。公害問題というのは、われわれにとって、人類にとっては一番最後の反省するチャンスで、せめて今度の原発事故フクシマは、日本人が考える最大のチャンスだと思うけれど、それも消えていく。公害問題が人類がいろんな事を考える転機になったはずだと思うけれど、現実は、ある意味では滅びゆく時ですね。

大学について言えば、独立法人になって、国立ではなくなった。独立法人化前は、学長がいて、評議会があって、この評議会が最高決議機関で、その下に部局長会議という実務者会議があって、そし

図 110　教員である助手達の要求（1969 年）
こんな立て看板を作ることはないだろうか

て各学部の教授会があった。この教授会で大抵のことを決められた。学部が独立した存在で、「学部自治」という概念が現実の中で生きていた。大学が決めたことでも農学部は反対ですというのは以前はあったが、もうない。

今は、経営協議会と理事会ができているようで、ここに市長とか、民間会社のトップや知事を辞めた人もいるそうな。大学はどこも、大学自治という言葉ぐらいは言っている。大学は大学として決めますよと表面的には言ってますが、実態は文科省の言いなりです。昔は文学部と農学部が全然ちがうことを決めて、けんかしたり、うちはうちでやりますから総長に言われることはないということを言っていた。今は大学本部が決めてくれてありがたいことです、という教授ばかりになっているようです。もう学部自治という言葉は、先生も学生も知らないようです。大学の自治も風前の灯火です。

今の大学がだめだというのは、われわれの世代に責任がある。それははっきりしている。はっきりしているのは、一九六九年の大学闘争の時に、教授の後ろに黙って隠れていた連中が、その後、教授、助教授になって、その教授が人事したのが、今の先生だからです。だから、六九年に一言でもものを言った人間は全部外へ出てしまった、出されてしまった。そして、ぼくのように助手でいた人間は、出すところがない、もらい手がないから、出せないだけだった（笑）。出す術がなかった人間がほとんどいなくなったのが今の大学ですから、もはや当分の間はどうしょうもないと思ってます。気骨のある先生もちらほら見受けられるので、彼らに期待し、一緒にやれることを外から見つけるのが市民の役割だろうと思います。

今、流行っている「市民に開かれた大学」という言葉をネットで検索してみたり、市民にも聞いてみました。おもしろいですよ。〈キャンパス内を散歩するのを禁止していません〉。〈図書を市民も見られるようにします〉。〈年一度、市民講座を開いています〉。〈学生食堂にどうぞ、おいしいですよ〉。いろいろあるから、ずっと並べてみたが、バカバカしくって止めました。開かれたという意味を間違えてるのに気付かないのが今の大学のようです。

今、学部長は学長の指名ですからね。学部長選挙をやっている大学は、これから少なくなってくるのとちがいますか。京大はまだ抵抗していますけれど、神戸大はまもなくするんじゃないか。この間、神戸大の先生から電話がかかって来て、人事を執行部がすべて決めることになるという議案が提案された、つまり学長が学部長を指名するというのを教授会にかけたら、皆、それは楽でいい、面倒くさい選挙をしなくていいですねと思っている先生が多数です。これはどうなっているんですか、と。「ぼくに聞かれても分かるか。がんばって。アホかと言えよ」と言ったけど、もうそういう状況なんです。だから自治ということがない。このままいったら、思想統制に簡単にいきます。日本は大変な時代に入りつつあると思うのです。

大学だけではなくて、地方の自治、地域の自治は今のやり方をしていたらなくなる。維新の会は、自治という言葉は使うけれども、彼らの自治の概念は、外に向かっては自治と言っているかも知れないけれど、下に向かっては、「わしのいうことを聞け」でしょう。自治という言葉は、今の日本社会からなくなっているのとちがいますか。一番怖いのは、ぼくはそこだと思う。このあいだ、あるミニコミ誌に書いたんです。自治がなくなって来た。それをどう取り戻すかということを真剣に考えないと、安倍が東京で一言いったら、明日、田舎の町役場の職員がそれにならう時代になってしまうのです。

研究と教育

今、京大を見ていると、あきませんね。みんな金で、自分の研究、確かに競争的に資金を取らないと何もやれない。先週もある教授に会ったら、科学研究費が当たらなくて、今年は三十万しかないというわけです。「三十万か」「それしかないから何もできない」と、活動が何もできないと。学生も金がないところには集まらない。だから今、研究費を取った先生と研究費を取れなかった先生の下についた学生が全部その影響を受けて、同じ研究室で机を並べて勉強しているのに、金持ちの家の子と貧乏人の子ができて、妬み、ひがみ、すねることが出て来ます。それを今、わざわざ生み出しているんです。「お前ら、机並べて勉強してるんじゃないか」「そうですよ、隣の子は年に三回、四回、外国へ行った。金がいっぱいあるけれど、私は一回行くのに、半分以上、自分がアルバイトして稼がないといけない」。それも「全体でわけたらいいやないか」と言うと、「金の使い道が制限されているからできない」と。本当に差別社会である。

ぼくが教授になって行ったアジア・アフリカ地域研と、応用生命科学と、情報工学と、エネルギー研とは、学部のない大学院なので、学部から上がって来てくれない。大学院受験生を求めて総合人間学部へ勧誘に出かけます。ここが各学部の草刈り場になっていて、うちに来てくださいと宣伝に行く。なんとか大学院の定員を満たすために。その会場で、遺伝子組み換えをやっている応用生命学研究科の先生の発言には驚いた。「皆さん、うちへ来てください、テーマはいっぱいありますよ、お金もいっぱい付いていますよ、あとは来てくれて働いてくれたらいいだけですよ」と云いました。なんという宣伝文句かとムカッと腹を立ったので、二番目のぼくは言いました。「アジア・アフリカ地域研究研究科に来てください。テーマ、そんなものは知りません。自分で考えてください。東南アジアに放し飼いにして、年に一回帰ってきたらいいことにします。お金、そんなのはありませんよ。アルバイトしても苦しいと思いますが、そうやって旅費は作ってください。アジアやアフリカから帰って来たら、面白い話をしてくれたらそれでいい」と話したら、学生がゲラゲラ笑っていた。

大学院生とは先生の研究のための労働者でしかないのでしょうか。テーマはあります、金はあります、後は働いてくれてたらいいとは、院生を侮辱しているのでは。こんな学生に出会いました。「アジア・アフリカ地域研究研究科」にいたとき、ここに入学したいと訪ねてくれた学生がいた。彼女は遺伝子を扱った最先端のことをやっていたというので、どんなことをやっていたと質問してみた。細胞の中のＤＮＡを取り出して、遺伝子解析をして、この薬を与えたら、この抗体生成が止まる機構の解析を培養された植物細胞でやっていた。ところで、研究対象の植物は、丸い葉か四角いかと聞いたら、知らなかった。花はどんなのが咲くのと聞いたら、知りませんという。植物の丈が高いのか低いのかも知らないで、先輩から培養液の中でプカプカ浮いている細胞を譲り受けて、それを増やして使っているので、その植物がどんな格好をしているか知らない。この何も知らない学生だけを非難しているのではなく、この子を教育していたはずの研究室の先生方が問題児です。

大学は本来、教育するために研究をしているので、研究するために教育しているのじゃないんです。研究を手段にして、どれだけうまく学生を育てていくかということをやって来たはずなのに、今はもう、完全に逆になってきたのとちがうか。先生が研究するために学生を確保して働かす、手足として使うという大学になって来ている。教育をするために研究というものを利用するはずだったのと違うのか。今は研究の業績をあげないと金は来ないし、働かす研究員が来なくては、先生は存在し得ない。存立し得ないから、研究を優先する。これでは教育は絶対に疎かになる。これで良いのかとも疑問を持たない教員たちである。

だから、日本の大学というのは、先行きどうなりますか。STAP細胞の小保方さんのベースが京大にもあるんです。テーマはありますよ、考えなくてもいいですよ、なんとか細胞をもらって、テーマを作っているんだもの、ほかのことを考えられては困る。あそこへはお金はいっぱいついているのです、先端科学ですからね。働いてさえくれればいい。

小保方さんのことだって、あの子が育って来たところでは、たぶん、経緯はどうでもよいから業績を上げたらいいという研究室の方針だったのだろう。あれは悲劇です。他人のいいところをもらって、自分のものを造ればよいと皆が思っていたのだろう。そして、後ろについていた連中はチェックしてない。うまいこと時流に乗れるとパッと飛びついて、小保方さんにしゃべらせて、ウソだとバレた途端に、だれも責任をとらずに散って行ったということでしょう。学者倫理がなくなってきている。あの若いお嬢さんは、あれで一生どうなるか、ひどい話ですよ。やったことに正当性があったかどうか、彼女が気がついていたかどうか、分からないけれど、あれは周囲の人の問題です。後ろ立ての連中がやるべきことをやっていれば、すぐにわかるはずです。

だから本当に、教育のために研究という手段を使っているのか、研究のために教育を使っているのかを日常的にチェックしなければいけません。「あれは理研だから、あそこは金儲けのところだから」世間ではいいとしているのかもしれないけれど、あれと同じことが京大でも起こっているのです。

先端科学という言葉もおかしいです。京大の先生に、「先端科学、お前らそんな単語を言うな。先端科学と今言っているのは、金儲けができる科学のことで、そう言うのはあまりにも恥ずかしいから、先端科学と言っているだけとちがうか」と言うと、全員が「そうやな」と言うんです。それなのに、京大医学部構内に先端科学研究棟などというはずかしい名前のビルが建っていますよ。そんなものをなんで造らせるのか。だいたいそういう名前をつけさせることがおかしいでしょう。研究者のやっているのは、全部先端科学のはずだろうと、お互いに研究者として真剣に取り組んでいるはずでしょう。

その棟に入っているのは何だと思いますか。iPS細胞をやっているのと、新しいエネルギーと、そして情報関係部門です。要するに金儲けのできるところが集まっている。ほかの連中に、「お前らがやっているのは先端科学と言わないのか。それなら、金儲けも何もできん科学と言え」なんて言うから、また嫌われてしまう（笑）。もうちょっと鶴見先生に生きていてもらって、その辺りをいい言葉で言ってほしかった。

孤独のさびしさに耐えられるか

関西の風土ももちろん、ずいぶん変わったという気がします。ぼくらがやって来たような、関西助手連合みたいな、そういうものを今つくろうと思っても、多分できない。だから、個別にがんばってやらないとしょうがないだろうが、個別だとなかなかしんどい時代です。

講座に属しながら、講座の主力の仕事をせずに、一匹狼になって調査団を組んだり、自主ゼミを組んだりしてやってきて、そういうことをやったら、けっこう楽しい人生を送れるのに、なんでやらないのかなと思う。

多分、今の人は、組織に入って自分の手下になるような学生や助教授がいる。これがなくなることの寂しさに耐えられないのではないか。ぼくがやっていた、ただの自主ゼミの学生はいました。でも、彼らが学部に入って、いい大学院に入った連中は、研究室にお世話になります。そっちの研究室での活動が優先するんです。そうしないと生きていけない。それで、嫌だと思いつつも、内心批判しつつも研究室に行くようになる。研究室の忘年会にそろって行きましょうみたいに。仲間外れの寂しさに耐えられなくなって来ているのではないかという気がします。これは、先生もそうだし、学生もそうなって来ていると思います。

ぼくは、来るものは拒まず去る者は追わずの原則でやって来て、それでけっこう楽しいことをしています。一方で、市民運動をやったり、細々ながら続けている調査活動にとり組んだりしている。そこにはそこで、その世界の人とのつながりができて行きます。これは大きな財産です。

ぼくが楽しんでいるような場を持つことを、安定した組織の上にちょこんと座って、居心地良しとしている人たちは、たぶんできないのではないか。中ではブツブツ言っている。言っているけれども、やらない。そう言ってくる連中に言うんです、お前やれよ、やったらいいじゃないかと。やったら、応援することがあるけれど、でもやらない。それは多分、形の上で恰好づけができることの居心地よさに安住して、はずされたら淋しくてたまらないから、それに寄りかかっている。

図 111　アラル海大航海もこれが最後。
最後の動力船もこの年の冬に嵐で潰れた。(1996年)

水質分析って、ぼくらの時は薬品を入れて発色させて、色度表で濃度を見比べる比色法でやっていたでしょう。今、水質分析計があって、水道局がやっている三十項目に関しては自動で分析できている。下水道、上水道の技術者は、昼間に五十ケ所とか百ケ所からサンプルを取って来て、それを夕方帰るまでに分析機器にセットして、スイッチをポンと入れて帰る。濃度が高過ぎると、自動的に希釈してくれる。あくる朝、来たら三十項目の分析値が出てくるんです。研究用や業務用としては確かにいい。この分析計しかないから、大学の研究室もこれを買うんです。そうすると、学生はサンプルを取って来て、何も考えずに、入れて、押して、数値を見て、それで終わりです。希釈するのはどうしてやったらいいかとか、途中のプロセスを全然知らなくても、データは出て来る。それではバカになってしまうんです。

もう一つひどいのは、GPSが出て、地図はすぐできますね。データは国が測定したものである。それでコンピュータがある。コンピュータがシュミレーションのプログラムを組めたら、結果が出てくるから、だれも現場をみなくても、環境何とか論文がいくらでもできるようです。コピペのテクニックは、コピペなんてものすごく楽ですよ。ピッピッとやったら、自分の文章みたいになる。だからフィールドを知らない怖さというの、そんな研究者がいっぱいいるんです。もしかしたら、フィールドが何かも知らない。インターネットの中がフィールドだと思っているかもね。今の学生なら、そう思いかねない。しかし、調査地の自然が風景が見えない、人が見えない。人が見えない研究をやっているとは、どういうことだろう。ぼくが、公害問題の調査をやっている中で、このデータを待ってくれている人の顔が浮かばない分析はしないと決めた。その分析試料を採取した地点の風景が見えない仕事もしないと決めた。研究は本来そういうものだろうと、どうして教えていこうかと思い悩みますね。だからミカン山みたいに、現場に連れて行くことが、ますます必要になるんです。

だから沙漠に学生を連れて行くのはなかなかいいものです。アラル海の調査をやった時、アラルの周辺は沙漠です。そこへ行った時、メジャーも物差しも忘れて来た。距離を測ろうとして、「あれがないからできません」と学生が言う。そう言われると、「そうか、あれがないからできないか。それなら、これから日本に取りに帰ってくるから、お前はここで待っていてくれ」と、いつも言うのです。片道何日かかるかな（笑）。「お前、その間、この沙漠でずっと耐えていろ。俺はちょっと飛行機で日本に帰ってあれを取ってくるし」と言うと、「いや、それは」と、「それなら考えろ」と。「あれがないから、これを考えついて、できましたと言え」と。あれがないからできませんというのは、だれでも言える。今、かるがるしく言う。僕の掌は二十センチなんです。それを五回やったら一メートルになる。そのへんの紐で十メートルの長さを作って、それでデータを出して、日本で、物差しのいいやつでもう一回計りなおしたら、一・五%の誤差しかなかった。一・五%の誤差を掛けたら、それで出てくる。物差しがないなら現場で作ればよい。あとで校正すればよいということさえ考えてくれない。こんなことを教えるのが教育だとぼくは思っているのです。あれがないからできません、これがないからできません、と言ったときに敗北です。

公害現場に行った時は、とくにそうなんです。被害者の人がぼくに期待することで、ぼくにできることなんてほとんどない。できないから、自分ができるように変わるか、できる人を探してくる、この二通りしかないんです。向こうの人だって、石田に要求した時に、石田が全部できるなんて、絶対にだれも思っていない。だからそこで、できませんとは絶対に言わなかった。わかりました。あまり期待しないでおいてよ、とは言っていたけれど。それで、だれかに聞いて、あっちへ行ってこっちへ行って、人を探して、勉強して、それでここまで来た。今の研究者はそれをやらないです。やってくれと言われると、できませんと言って帰ってくる。公害現場に行って知りましたが、やれると言えるのは百回に一回もありません。そもそも現場を歩くと、そういうふうに、自分が研究者として現場の人とどう付き合えるか、ということが試される。

ぼくは京大をやめた後、京都学園大にいて、そこをやめる数年前に文部省のプロジェクトを立ち上げた。京都学園大を終わってからも、そのプロジェクトのために二年間働いたのです。それで、そのまとめのシンポジウムを、愛知県岡崎にある人間環境大学でやったんです。そして、環境問題の偉い先生に講演をしてもらい、その後で、会場のみんなに、いろんな環境問題にどう思って付き合っているか、どうしたらいいと思うか、好きなことを言ってもらった。そうしたら、人間環境大学の二回生の女の子が、「私たちは、環境問題、公害問題を数値や記号で教えてもらって、いっしょうけんめい勉強しようと思っていますけれど、このあいだ、琵琶湖の漁師さんの船に乗せてもらったら、あの人たちは、私が教室で習っていることを、身体で全部知っていました」と発言してくれた。これで、この言葉以上のものはないな、と思ったので、司会として、「今日のどの先生の話よりも今の一言で感銘を受けたから、本日のシンポジウムはこれで終わりにします」と（笑）。後から、皆怒っていたかも知れないけれど。これは言ってくれたと言うか、これを引き出せた教育、これはすごいな、だれがしたか分からないけど、これが大学教育とちがうか。市民大学調査団をやって、松岡さんの船に乗って、教室で教わっていることが、現場でやっている人間と結び付いた。それが、彼女の言葉として出てきた。これがフィールドに連れて行く教育の一番大事なところです。

京大のだめさは、もう嫌になってくる。だって、小学校四年生ぐらいから塾に行っているんですね。それからずっと京大に受かるまで、ものすごい教育投資です。二十年ぐらい前に、農学部の親の年収が六百万円ぐらいあった。その時に医学部の親は千何百万だったんです。教育投資がちがう。これだけです。教育投資は、塾に行かせるか、家庭教師をつけるか、家庭教師も英語の家庭教師、数学の家庭教師、理科の家庭教師、とこんなふうに教科ごとにつけている家の子が医学部には多いんです。だから、パズルの解き方は上手です。さっき言ったキーワードの範囲は狭く、数はない。だからこれをどうするか、なんでそうなってしまったのか。本当に考えないと。

今、環境問題をやっている人も、ネットで国が発表するデータを得て、シュミレーションして、明日の農業はこんなに明るいとかいうけれど、そこには百姓がどんなふうにしているかということなんか全然入ってこない。

ぼくは刑事ドラマの「現場百回」という言葉が大好きです（笑）。そうだそうだ、現場に百回行ったら、分からなかったことでも分かるようになるだろう、という気がします。二十一世紀に入ってから、ひどすぎますね。学生が現場に行ってない。そして、現場に行っても、全然ものを見てくれない。行っても、空いてる時間にはスマホで遊んでおり、ネットで情報を集めて、それでわかったような気分になっている。そんなものより、百姓の話を聞けと言うんだけど全然あかん。和歌山のミカン園に行ってる子でも、調査はやるけれど、昼飯どきに百姓が来たら、飯を食いながら、今年はどうですかとか、一日何時間働いているのですかとか、なんでもいいから訊けばいいのに、そういう会話ができない。

大学の研究者は百姓とつき合わないですよ。農業の問題をやっていると言いながら、農水省と文科省と科学技術庁と、そういう金をくれるところとは深い関係になっているけれども、百姓と本当に付き合って、現場で苦労している研究者は少ないから、自分らがどの位置にいるかというのは、あまり考えずに毎日を過ごしている。そこが問題だと思うのです。百姓とつきあって、百姓の仕事をいっしょにしろとまでは言いませんが、百姓の苦労を、農薬毒の問題を、魚がバタバタ死ぬこと、そういう事実とつきあわなくても、研究者でいられる身分だと知って欲しいと思う。

だからこの頃は、ひたすら大学の先生は学生と雑談しろと言っています。雑談して、話はあっちへ行ったりこっちへ行ったり、飛んでもいいから、世界情勢の話から、喫茶店のかわいい女子の話になっても、そこからいろんなヒントが出てきて、スマホにない人間の心、現場の雰囲気が肌でわかってくるはずだと。

雑談ができないのは、本当にピンチです。いろんな所へ行って、膝突き合わしてしゃべっていると、いっぱい情報が出てくる。だから現場に行くというのは、現場のいろんな情報をもらえるということのほかに、そういう訓練をしていくことによってテーマも変わるわけです。それで、雑談しろと。しゃべることで、どれだけ世界を広げてやれるかということは、ぼくらも心しないといけない。今、大学の先生は講義ではしゃべっても、個人面談なんてする時間がないでしょう。しょうもない書類なんかで忙しくて、学生が来たらじゃまだと言う先生ばかりなんです。大学の先生は研究室のドアを閉めてはいけない。開けっ放し、だれがいつ来てもいい状態にしておくべきだと思います。ぼくの研究室は学生に占拠されていましたね。

27　市民環境研究所で

市民のたまり場を

二〇〇三年三月に、京大を定年で退職しました。長年住み慣れた研究室や実験室という空間と機器類がなくなるのですから、どのようなスタイルで活動を続けようかと考えて、いったん「きょうと・市民のネットワーク」を解散し、自分の活動拠点を造り、新たなスタイルの市民運動を展開したいと思いました。京大近くの東大路に面したビルの一室を借りました。農薬ゼミの学生などが命名してくれた名称は「市民環境研究所」（以下、市民研と略す）で、しばらくして特定非営利活動法人（ＮＰＯ）に登録しました。身分不相応なビルの一室で、とくに義務もなく、ゴロゴロしながら、時々は市民講座の「環境塾」を開催し、それまでの活動の関係者が集まる場になり、雑談の中から新たな運動が出てくればと考えていました。ところがゴロゴロとは行かなくて、結局は二〇一二年までの八

図112　市民環境研究所のシンボル

年間、働きました。やっと毎日新しい事務所に行けるようになって、そこをいくらか充実させられたかなという時にフクシマが起こって、それからは市民研の活動の中心もフクシマになって行った。

なぜそういう場所なのかというと、京都で市民運動をやって来た人間として、環境問題をもっともっとやりたい。勤務のない状態で、だれもが好きにやって来て、ワアワア議論して、あそこが足りない、ここができたみたいな話ができる場をつくりたいと思って、それで事務所を借りたのです。身分不相応な広い部屋をなぜ借りたかというと、二十人ぐらいが集まって、講師を招いて、みんなでしゃべれる場があればと思ったからです。

ぼくは、自分が考えて研究してきたことを、現実社会に問題提起するのが学問だと思っている、問題を解決するのは学問ではないと思うのです。問題を提起して、それを解決するためには社会的な活動が必要です。問題提起とそれを解決する活動をくっつける作業をちょっとやらせてもらえたかなと思っており、それで自分も生きてこられたのかなと思っている。そういう仲間が周りにいっぱいいてくれた。しかもそれは八〇年代に起こった。

「原爆の図」展をやったのが一九八四年です。水道水汚染問題をきっかけに、関西の大学の助手連中がいっしょに調査団をつくって、琵琶湖淀川水系の調査をしたのが八五年からです。その調査は市民団体が「調査を支える会」をつくって支援した。「調査団」が調査して問題提起したのを、「調査を支える会」が問題解決のための運動につなげました。「市民のネットワーク」をつくったのが八六年です。そういう面で、あの時代をいっしょに生きてきた人たちが、今もがんばっている。あの時代、一方では、カネ、カネ、カネの考えが出てくるけれど、もう一方では今よりもゆとりがあった時代で、人が湧くように出て来て、何かを言いたい人がいっぱい動いていた。あのような時代がもう一回、どうしたら来るのかと四苦八苦している内に二十一世紀になってしまったのだが。

ぼくは八〇年代は四十歳代から五十歳代にかかる頃だけれど、あの時代はぼくらの下の世代がいっしょにものすごく動いた。その人たちが今もがんばっているから、何とかなっているけれど、そういう面ではおもしろい時代だったのです。人が湧いて来たというと、片方ではバブルの時代だから、日本全体としてはそうでなかったと言われるかも知れないけれど。今、戦争法で、安保の問題で、運動というか発言しているのは、その頃に登場した人たちです。あの時代にいっしょだった連中が、今も現場にいっぱい出て来るのです。

だから、こういうのを、漁師や百姓とか、公害の被害者とか、生活者とか、この人たちの考えていることを、この人たちが言いたいことを世の中に出すために、結局は科学という手法、自然科学的手法を使って来たのかなと最近思っているのです。市民運動はなにをやるのだろうと迷い、初めは分からなかった。でも、やっているうちに、こういう生活者の考えていることを大衆的なものにして、それで何かを実現すれば良いのだと思うようになった。もちろん実現しないこともいっぱいあるけれども。

図 113　環境塾の一コマ

安保法制の時に反対デモをやって、絶対に安保はつぶせないけれども、そういう人たちの渦が出て来たとか、「ママの会」が出て来たとか、いっぱい出てきましたね。それのために憲法学者が違憲だと、ちゃんと皆に分かってくれるように言ってくれたが、それが学者の役割とちがうか。今度の場合は市民の一人として参加しました。そして、京大だったら山室信一さんと言う憲法学者が言ってくれて、藤原辰史さんという社会学者がいろんなことを表明してくれた。学者の役割は、そことちがうかと思います。それが、何かテクニカルに環境問題を解決するより、もっと大事なことだと思っている。自分の中では、自然科学者の立場で、それをやらせてもらえたかな、という気がするのです。

日本という国のありように対して、どれだけ我々が発言できたか、発言してきたかというのは、これから生きている間はずっと問われることだと思います。だから、戦争法に関しては、安保に関しては必死でやらないと、それを浮き彫りにするものですからね。

市民研をつくった時から、「環境塾」を開こうと思いました。湧いて出て来る人達の集まる場で、何か伝えていく場、それから議論する場、そこから何かを発信できる場。それから、初めての人が来てもだれかが相手をしてくれ、何か用事に来てくれる人がいる場があればと。実際には、なかなかそうはなってないかも知れないけれど。そのように思って、そこで「環境塾」をやっています。一つのテーマで三回ぐらいやる。定員は二十五人。お金は一回参加したら五百円ぐらいカンパしてもらっている。だから会場を借りなくて安くできるというのは大きいですね。

今は「戦争をさせない左京一〇〇〇人委員会」を結成して、月一回「左京フォーラム」を開催しています。「左京フォーラム」の参加者は多く、いつも、百人以上が集まりますが、若い子があまり来てくれない。今月は、同志社大の岡野八代さんというジェンダーのことをやっている人に、戦争法とジェンダーをしゃべってもらった。来月は、宇宙飛行士の秋山豊寛さん、彼が福島のいわき市から避難して来て京都にいますから。その次は、元『朝日新聞』の記者にマスメディアと戦争法をしゃべってもらう、その次はアメリカ人で戦争法を、アメリカこそ憲法九条を作れと主張している研究者がちょうど日本に来るので、その人にしゃべってもらうことにしている。そういう月一回のフォーラムをやっている。

市民研事務所では、自主講座的なものがいくつかできています。「放射能なんでも相談室」というのが月に二回、河野益近さんが中心で頑張っている。それから「原子力自主講座」というのを、中尾ハジメさんやその教え子がやっています。それから、松久寛さんらの「縮小社会研究会」が月に何回か、分科会を事務所でやっています。単発的な会合もあれば、名前はついてはいないが集まりもある。

別個の人たちが集まっていて、時々顔を見るから仲よくなって、福島から京都に避難して来ている人たちが、たまたまうちの事務所にやって来た。滋賀県の鴨川河川敷に捨てられた放射能汚染チップのことを、どこに行って相談すればいいのかわからないと持ち込んで来て、その問題はこの市民研でやっていると知ってとても喜んだ。それからは友達を誘って時々来て、話し合ったりしている。こういうこともあって、避難者の交流の場、息抜きの場になればいいと思っています。

こんな場所をどうやって維持し、いろんな人に引き継いでいくというか、申し送りするというか、運動をつなげていくというか、そういうものをつくりたいというのが、市民研運動です。

だから、市民研としては、こういう問題提起をずっと続けられるように、集まる場をみんなに開放して、できればもうちょっと長生きして何やかや整えておきたい。

金には苦労するが

退官して新しい事務所を探すことになった時、いろいろ見て回りました。安い事務所もあったが、どの事務所も階段が狭い。三階の室を借りたら、万一、事故があった時に二階のドアを開けられたら、三階の人間は階段を降りられない。それではだめだ。そしたら、京大時代からの知り合いの電気屋さんに会い、彼のビルの三階に適当な部屋があるとのことだった。百万遍の京大の近くで、叡電の元田中駅が見えていて、飛鳥井町のバス停がすぐ横にあって、東大路通に面した一等地です。通りに面した広い窓からは、街並みの向こうに東山と比叡山が一望できる。京大の農学部から近いから、ミカンのことをやっている農薬ゼミの学生も出入りしやすい。もう一つ理由があって、夜に会議をやっても、農学部の構内は夜間駐車がフリーだから、翌朝まで駐車できる。ここは便利と借りたのです。

金がないのに、あんな一等地をよく借りたと思うんですね。最初は勤めに行ったでしょう。留守番がいないと人が来ません。勤めをやめて、事務所に毎日行くようになったら、八年前ぐらいから人が来るようになって、いろんな団体が入って来て、いっしょに使ってくれるようになった。その頃、フクシマが起こった。こういう場所がものすごく必要になった。本当にやっていてよかったと実感しています。

去年からやっと黒字になった。それまでずっと赤字です。だから数百万の持ち出しです。ぼくは決める時にこういう計算をしたのです。運動面と違って、経営面から計算すると、退職したら研究室の本を持って帰らないとならない。そうしたら、本を置く場所がないから、家を改造する。いっしょに辞めた同僚が、本を置くために家を改造したら千数百万円かかった。本は重いから基礎工事からやる必要があるという。事務所を借りて、何百万円を事務所費に払っても知れている。ちょうどいいじゃないか。人も来てくれるし、家にいたら人は来てくれないし、それなら安いものかな、というのがぼくの計算だったのです。

京大をやめた先生は、たいていどこかに書庫を借りています。書棚がいくつか置けて、横に小さいデスクがあって、パソコンを一台置けるようなところへ行って、仕事をしている人がけっこういるらしい。家にずっと居たらうっとうしがられるからね（笑）。毎日出て行ってくれたら、その分だけでも楽になります。人が集まって来たら、お茶を出さなければならない。それに比べたら、ずっと安いものです。市民研にはいっぱい人が来てくれるし、勝手にそこらで食べているし。ウィークデーには複数の団体が会合に使っている。

図 114　庶民のアパート、4 階に日本カザフ研究会の拠点の部屋がある。

金ってそうやって還元して、人のつながりが増えて行くために、どううまく使えるかということだと思う。カザフにも、ぼくはアルマティにアパートを一軒買いました。三部屋と台所とトイレがあって、八人ぐらいだったら共同生活ができる。男部屋と女部屋をつくって、今でも学生が使っています。安い買い物で、カザフ人が管理してくれている。学生をアラル海に入れますと、きびしい環境ですから長くいるのが困難で、アラルに三週間ぐらい居たら、アパートに一度帰って来て、一週間ぐらいそこでリハビリして、アパートから日本に連絡して、また現地に行って、また帰ってきて、それで長期の調査ができるから、アパートを買いました。海外に家を持っているから、みんなに冗談で金持だと言われる（笑）。

　市民研の備品は買ったことがない。仲間が扇風機も、冷蔵庫も、印刷機も、戸棚も持って来てくれました。大きい机を二つ、部屋の真ん中に置いて、打ち合わせや何か三つぐらい会議を同時並行でやっている時があります。たくさん集まる会議をする時は、その団体に占有届けを出してもらう。ぼくは隅っこの机で作業をしている。いろんな人が来てくれて、ありがたいことです。

　真ん中の机は、農学部ができた時の机で八十年以上前のものでしょう。一九七〇年代に、京大は古い木の机やら戸棚を捨ててスチール製机に各研究室が模様替えをした。いらなくなった机を拾って来て、ぼくの研究室に置いて、人が集まる場をつくりました。その机を四十五年後の市民研で活用しています。

それから、三・一一以降、二人の女性が毎日、二時から五時までボランティアで来てくれている。決まった時間に事務所を開けておいて、留守番役もしてくれるし、整理整頓や掃除はしてくれるし、とても助かっています。アイリーン・スミスさんが、「なんでここの事務所、こんなにきれいなん」と言うから、「おれとちがって、あの人らのおかげや」と言うと、「そうやな、こんなきれいやもん」。引き出しの文房具などは整理されて並んでおり、どこに何があるか引き出しに全部書いてあるし、使いやすい。こんなにきれいになっていると、みんなが使った後、もとのところへ戻して置くようになる。そして黒板に「この日は私は休暇を取る」と書いてある。ちゃんと欠勤届けまで出してある（笑）。集会チラシの個別配布から店置き依頼から、集会に参加し、集会の決算までやってもらっていますから、助っ人ではなく同志です。だからぼくもよく叱られています。

ぼくも講演やらお座敷をかけてもらったりして、お金をもらうことがいくらかあります。その金はまったく自分で使ったことがない。金がないところでしゃべって、「いや、なかったらいらん」と言うて、タダで帰ってくると、怒られます。「あなたは市民研の角兵衛獅子でしょう。角兵衛獅子が芸をして、にぎにぎをもらわずに帰って来てどうするんですか」と言われて、「そうだな、次からなんとか一円でももらってくるわ」。事務所を開いたとき、「毎月一万円カンパしようか」という人が現れて、「これはありがたい」、「しかし、タダはあかん。毎月エッセイを書け」と言われて、大阪府茨木市にある地域・アソシエーション研究所の機関誌に一五〇回くらい書かせてもらっている。その締め切り期限を忘れて一回分を抜かしてしまうと、「水道を止められてもいいのですか」と言われる。同居してる団体が分担してくれて、やっと今年黒字になった。それから、カンパ箱を置いていたら、いつの間にか小銭が入っている。

それに市民研には、いつもおやつがある。おみやげを持って来てくれる人がけっこういるんです。自分が食べたいから持って来て、置いていく。手作りのクッキーとか、旅行土産の地方名産品とか、一味ちがうおやつも登場します。京都精華大の学長だった中尾ハジメとその仲間が勉強会をやって、そこは全員が駄菓子を持って来るんです。もうちょっといいのでもいいよ、と言っているんだけれど。市民研のゆうメール用封筒には、「特定非営利法人　市民環境研究所」という名前の下に、同居している九つの市民団体の名前がズラッと印刷してあります。「京大農薬ゼミ」「一般社団法人　縮小社会研究会」「環境監視研究所」「特定非営利法人　太陽光発電所ネットワーク」「日本カザフ研究会」「さようなら原発一〇〇〇万人署名・京都の会」「福島原発告訴団、関西支部」「福島とつながる京都の会」。それぞれが独立して、それとなく協力し合って動いている場が市民研なのです。

市民運動と言う言葉が馴染まないままに市民研

災害とか公害とか言っていたのが、環境破壊なんて言われるようになった。環境という言葉が出てくるのが、八〇年代半ばごろから。環境問題と言う言葉が流行語みたいに出て来て、使われるようになった。ぼくは環境とつけるのが嫌いだったから、事務所にはもっとかっこいい名前をつけたいと思って、学生やら常連やらに聞いたんです。略称みたいなかっこいい名前、例えば「べ平連」とか、そういうやつを出したら、あかんと言われて、いっぺんで却下されたので、学生に任せると言った。「市民環境研究所」というのは、当時の学生がつけてくれたのです。「こんな固い名前かよ」と言ったら、「これがいいんです」と。任せた以上、文句は言えないから黙っているしかなかったけれど、今は略称「市民研」で通るくらいにはなったから、まあ、いいか。

「市民研ｎｅｗｓ」の表紙に毎回登場する絵、動物をいっぱい描いた楽しい世界があるでしょう。あれも若手の絵描きさんが描いてくれて、原画は事務所にあります。

「環境」にも抵抗感があるんだけれども、ぼくは「市民」という言い方も気になっているんです。日本語でもっとほかに、「これだ」とみんなが手を打つような言い方はないのかなと思うんですがないですね。

「市民のネットワーク」の正式名称は「きょうと・市民のネットワーク」でした。京都市民だから、よかったんです。水没ダムに反対している地元の人に、あんたたちは市民運動をしていると言っても、ピンと来ない。町や村に行って「市民の皆さん」と言ったら、「それ俺らのことか」と云われるでしょう。そこでは住民運動ということばの方が通じるでしょう。関わって来た公害問題の被害者同盟の運動というのは、住民運動であって、市民運動とは言わない。ぼく自身としても、公害被害者の運動は、ものすごくよくわかって、自分もパッと入っていけて、いっしょになれた。

ぼくが信頼している山本時子さんという京都の運動家の女性は、運動には絶対に「住民」を使います。「住民運動」と言って、「市民運動」とは言わない、言われるとゾッとするという。「市民」というのはもともと翻訳語であって借り物の言葉、自分たちのことではない、という信念と自負があるのだと思いますね。

被害地調査をやっていた頃、いろんな人から、「京都でなんで市民運動をやらへんねん、京都の問題をどうするねん」と言われたものです。ぼくは市民運動なんてわからない、ようやらんと言って、ずっと逃げていたんです。そしたら、七〇年代の終わりぐらいに琵琶湖に赤潮が出て、京都の水道水が最悪状態になって来て、合成洗剤追放運動もあったし、京都で何をするんやと、ものすごく迫られた時期があった。自分は京都市民でしたから、わからないけれど何かやらないと、生活する場でやらないとあかん、と思った。そこで何をやるんだと、こんなわからないままで、ようやるな、と言いながら、初めて市民運動と意識しながらやったのが、「京都水問題を考える連絡会」でした。「きょうと・市民のネットワーク」、これも京都に住んでいる人間、京都市民という意味で使ったと思います。京都に限定しない市民の意味でなら、使っていなかったと思います。

市民革命というのを経験しなかった日本に、民主主義は本当に根づくのか、というのは大きな課題です。市民革命で自分らが世の中を変えていく、日本人はその経験を本当にしたのだろうか。しないままにここまで来て、民主主義を本当に理解できているだろうか。民主主義というのは、多数決だけだと思っている人が大部分で、政治家ですらそう解釈している。少数意見の尊重ということが、日本の戦後議会制民主主義の中でどれだけ実現しているかということです。だから、今の安倍との対決は民主主義をみんなのものにする闘いだと。

市民という言葉を置きかえるなら、どんな言葉があるか、人民、民衆、大衆、一般人、国民、公民、常民、ピープル、パーソン、シヴィリアン……やっぱりどれも何か臭いがついていたり、色がついていたりしているでしょう。だから、ぼくは話していても「人」とか「人々」とか言ってしまう。

例えば、大学闘争の時に人民という言葉が使われたけれど、ぼくは人民という言葉は使えなかった。ぼくが助手でいた時です。あの時に助手の中でもヘルメットをかぶって闘った人がいた。ぼくはヘルメットをようかぶらなかった。かぶらないで、ふつうの恰好をした革命家になりたいんだと言って、集会はいっしょに行きました。別にヘルメットをかぶっている人をとやかく言う気はなく、自分はヘルメットをかぶらずにやり続けたいと。

さっき挙げたどの言葉をとってみても、これではないと思う。結局、市民ということばに今の日ではもやもやしている人間にとっては、まだ使える方の言葉だったのかなと思います。でも、本当に市民というのをつきつめて解釈していくと、そういう言葉にしていいかどうかというのは、自信がないですね。

七〇年代に、被害者運動とか住民運動とかだったらできるけれども、市民運動なんて分からないものをできるかと言っていたのも、市民とは何だろうという、その定義ができなかったからかな。

今、町の中で何かやろうとするときに、それしかないみたいに「市民」という言葉を使い出していますね。だから、もう一回、いろんなことをするときには、考えることが大切かも知れない。ヘルメットをかぶって闘争に参加するのが当たり前の時代に、ヘルメットをかぶらないこだわりがあるのです。ぼくにとってはかぶらないのが自然だけれど、あの頃はそれが異質に見られた。もちろん、機動隊がぶん殴りにくるから、かぶらないと危険だと言うことはありました。今はヘルメットをかぶらないで、デモをする。かぶる時代とかぶらない時代。個と全体。その後、個であったものが立っていて、全体であったものが転んで行く。鮮明には、論理的にはよう言わないけれど、ずっとぼくの中ではひっかかっているものがある。

日本では「百姓」という言葉が差別用語だから、「農民」と言えといわれる。そう言われてもぼくは「農民」は使えない。和歌山のミカン農家で、「あがら百姓はな」という百姓といっしょに仕事しているときに、「あなた方農民は」なんて言えますか。「あがら」とは「わしら」ということです。講義するときも「百姓」で、これは差別用語だと思っていないということを言ってから使います。NHKの番組で「百姓だけは言わないでください」と何回も言われた。それでもしゃべってしまって、テレビ局の人がえらい苦労したと聞いた。百姓のどこが差別用語なのか。いい言葉じゃないですか。

フクシマが教訓にならないこの国

今、福島近辺から京都に来ている大学生に、大学側から甲状腺ガンの検査を受けるように、強制はしていないが、そういうのがあるよ、無料で受けられるよというのをやってくれと言ってお願いしているけれど、なかなかどこの大学もそれはやってくれない。それで個人的に説得していた子が、この検査を受けたら影が出ていて、今度、精密検査を受けないといけないことになった。今、三回生だから、被ばくしたのは五年前、高二の時ですね。それが、ちゃんと出て来ています。埼玉の子も受けてくれて、この子は大丈夫だった。京大でも福島出身者は一学年六十人ぐらいいるかも知れないと言われているので、なんとかその子らに受けてくれと言っているけれども、なかなか宣伝してくれない。強制はしないけれど、無料でやるので受けてくれと。震災の時に高校生だった子が、もう大学生、ぼちぼち結婚する年齢になってくる。そうなると、結婚差別の問題が出て来ます。

滋賀県に捨てられた放射能汚染のチップの問題、あれも一応最後まですべて撤去させたけれど、あの四〇〇トンのチップがどこへ行ったか。この事件の犯人が扱った全量は五〇〇〇トンであり、運び込まれた県は、茨城、栃木、千葉、鹿児島です、県名はわかっているけれど、住所はマル秘で良いと言って、最高裁に特別抗告までしても教えてくれなかった。

やはりフクシマで、ぼく流に言えば「究極の公害」を出してしまったことを、公害問題をやっていた連中は、今までやって来たことと関係あるなしに関わらず、みんな「どうするんだ」というところへ行き着くと思う。

このあいだ、教材の編集者がやって来て、京都市の環境教育のパンフレットをつくる作業をしていて、パンフの表紙に福島原発の事故の写真を入れましょうと言ったら、スタッフの一人の若い子が、そんなものを入れたら、読む人が嫌悪感を感じるからだめですよと言ったので、愕然としたと言っていました。「嫌悪感」という言葉を使ったらしい。福島原発というのは、自分らとは関係なしに福島で起こった、触れたくないことであるというわけでしょう。だからこそ、京都市の環境教育の本にそれを入れないとあかんというのが環境教育の基本だと思うのだが、そういうふうにフクシマを見ている人間がいる。それを言ったのは、三十歳ぐらいの人だと言っていた。いろんな人が福島のことに嫌悪感をもっているというは、どの段階で入ったんですかね。その発言を聞いたときには、編集をやっていた人たちも愕然としてしまってと言っていた。ぼくはむしろ慄然とする。その若い子個人に嫌悪感があるのか、世間全体に嫌悪感があるから自分も自粛するというのか、どちらにしてもすでに萎縮、自己規制が現れている。いつかだれも、フクシマを言えなくなるのだろうか。

現在の問題としても、東京電力であり、東京都民が使う電力そのものなのに、ほとんどが忘れている。これは、福島問題じゃなくて東京の問題です。だけど、フクシマを扱ったテレビ番組なんて、ほとんどない。

安倍首相がカザフに原発の輸出を決めた。東芝と丸紅が担当するらしい。東芝救済ですよ。だいたい四千億から五千億というのを一基。調査は日本が全部やって、事故が起こっても対応できる最高の技術を日本は持っているなんて言っている。事故が起こったら日本が面倒を見るとか言っています。どう対処できるのか、補償問題も入って来ますよ、国内でもできてないのに。そうしたら、プーチンがロシアの原発を買えと言って巻き返して、今、二基をカザフは考えているようです。一基は日本で、一基はプーチンのロシアに顔を立ててやる可能性も出て来て、この間カザフに行った時に、その情報を集めたいと思ったが、あまり見つからなかった。後藤さんがイスラム国に捕まった時、安倍がトルコ、カザフ、インドネシア、フィリピンに行ったでしょう。原発の営業に回っているな、ということで、あそこまで行ったけれど後藤さんのことは何もしなかった。

カザフはソ連邦の時、セミパラチンスク核実験場があって、核の被害を受けている人がいっぱいいる。九一年にぼくはＴＢＳテレビでその番組を制作した。いろんな放射線障害に苦しんで生きている人々がいる国へ、被爆国の首相が原発を売りに行くのか。しかも福島を抱えたままで。カザフの原発建設は、何十年か前にロシアがやろうとして、セミパラチンスクの核実験で被害を受けた人たち、被爆者の反対でつぶれています。今は、ナザルバエフ独裁政治が三十年続いていて動きようがないのでしょう。

水の問題は下流から、今、フクシマから考えよう

昨日も電話があった。福島から京都へ避難して来ている人の、五十家族が賠償請求の裁判を、全国でそういう裁判をやっているんです。ぼくが知っている福島の避難者の人も入っていて、この裁判を支援する団体の共同代表になってくれと先月言われて、それを引き受けたんです。そうしたらそれをニュースで聞いて、昨日、電話で、「また仕事引き受けてどうする気ですか」とえらい怒られて、「ごめん、しゃあないからな」と言ったら。「しゃあないというのはわからなくもないけれど、どうする気ですか」と怒られた。しゃあないもんな。わからないですよ、いくつ引き受けているか。しゃあないです。そういうええかげんな人間だから、みな、気楽に言ってくれる。言うてくれる間だけは、ありがたいと思わないとしゃあないです。

それはもう年とったら、昔みたいに動けないけれど、ある意味で責任は取りますと、そこだけはやりますので、がんばってやると、それなら代表になっておくわと言って、去年の選挙で、ぼくはいくつ代表になったんだろうな。

でも、ぼくの周りの人はみんないい人です。引き受けて後悔したことはない。政治にしろ、運動にしろ、がんばってまじめにやってる人ばかりだから。去年は市会議員の候補者三人の選挙の代表をやっていた。敗けましたけれどね。

これから何をやるかと言うと、どう考えても、福島のことをちょっとでもやりたい。いろんな環境問題をやってる連中は、今、福島をどうするのか、というのを問われていると思います。

ただ、ぼくみたいに公害の現場を歩いて来た人間が、今もう自分の体力も、研究者としてのちゃんとした場所もないし、だから現場へ行けないのです。行ったらじゃまになるだけだから。だったら、後方支援として何ができるか。それは被災者の人の動きを支援する、最大限やれることで支援したい。それが一番大事なことかなと思っているけれども。自分が第一線に立って、福島県に乗り込んで行くみたいなことはもうできないし、だから、それをやってくれる人がいたら応援をする。

それぞれ京都の中で、福島を風化させないための講座を開いたり、講演会をやったり、これだと思いますね。京都でできることを、もうちょっと追求したいなと、やれることをやろうと。

浜岡の原発まで再稼働を言い出していますね、菅内閣が止めた唯一の原発だけれど。止めてもだめだけれど、動かしているよりは被害が少ないとは思います。しかし、廃炉の技術がない。京大の原子炉は発電所ではないけれど、その京大の原子炉自身が廃炉技術がないわけでしょう。熊取六人衆もすでに定年になってあそこにはいなくなったけれど、彼らはそれがものすごくひっかかっていると思う。

つくった時に、いずれ廃炉にしなければいかん時が来るのは分かっていたが、考えてなかったんでしょう。将来、廃炉になった後の処理技術が開発されると信じていたかも知れないが、信じるためのベースになるものは何もなかった。無責任とはこのことです。チェルノブイリが三十年、いまだに石棺をかぶせただけで、なんともしようがない。日本では、これから五十四基を処理しなければならないのです。

　この問題について、自分なりに反原発の行動には、いっしょにいろんなことはやって、協力はしてきたけれど、先頭に立ってやらずにここまで来てしまった。ぼくが何とか今のように動けるのはもうあとせいぜい五年でしょう。時間がないなあと思うと、これは無責任だったかな。そんなら最後、市民研の最後は、まず福島のことで時間を使うというのが、できることかなという気がしています。それにしても五年だから、廃炉が仮にうまくできたとしても、もうなんともならない。フクシマ救済は何年ほったらかしになるか。孫の代までに溶けた燃料を、汚染された土地を、何とか安全に処理するなんて絶対にできない。三世代の年月かかって、その時どうするんだろうね、チェルノブイリ方式で何かかぶせるぐらいなのだろうか。仮に取り出せたとしてどうするのか。

図 115　バイバイ原発京都集会 2017 年も 2500 人の参加で開催された

　核兵器をつくるための原発だから、エネルギーなんていうこととは始めからちがうんです。付属で出て来るエネルギーなんて、孫の代にどうなろうと、それだけです。

そこのところを見ずに死ぬのだろうなと、それはもう覚悟しようと。でも、七十年間、本当の闘いがやれたのか、ぼくがやって来た公害問題との闘い、その被害者を何とかしなければと思って、目いっぱい、自分なりにやってきたけれども、日米同盟、安保の問題の取り組みに関しては本当にできていなかった。福島が起こり、戦争も起こっていることを、「おまえ、どうするのか」と言われたら、「ごめん」と言って、謝るしかしょうがない。

だから、ぼくらは闘って来たなんてよう言わん。それでも、福島のことを今からでもちゃんとやらないかぎりだめだと思って、三・一一以降は、市民研のやっていることも、原発と安保・戦争法と、そこに特化する方へだんだん変わってきました。

沖縄問題もなんとかやろうとしてできない。今、ある面では沖縄独立を、元自民党議員でがんばって言っている人がいますね。そうだと思う、やったらいいと思います。そして、日本の年寄りはみな応援に行ったらいいと思う。ここまでにしてしまったのは、ぼくらの世代の責任です。そうしないと絶対に基地問題は解決しない。アメリカがそうさせないと言うのは、とっくに分かっています。それを今、目の前にはっきりさせて、日本はどうなっているんだ、俺らの国は、ということを、日本国民の一人一人がつきつけられて見ることになればいい。そうでないと、いつまで経っても、日米同盟、軍事同盟は続く。その結果、中谷が「核兵器であっても兵器は運ぶ」と、被爆国の日本が「私らは核兵器も運びますよ」と、それが今の安保法制だと言ったわけです。だから、ここまで来たら、沖縄独立運動みたいなことをいう人のほうが正当かなと。問題点を浮き彫りにできる道かな、と思ったんです。

そういう面では、何もやれなかったというのは確かだけれど、やれなかったという、その反省が突き刺さってくる。余生をどう送るかという時、やれなかったことをやり続けないとしょうがないのかと。これまで反原発の先頭に立って来た関西の連中は、どういう気分で毎日過ごしているんだろうな、すごい問題をかかえたまま。

図 116　2010 年 5 月に最後の保津川下り

一九七〇年代、公害の現場に立って考えた、下流の問題から上流にさかのぼって行かないと問題の本質には到着も解明もできないと考えてきた。今もその思いに変わりはありません。自然科学をやって来た人間として、自分に何ができたか、これからできるか、ということは、終生の課題というか、まだ終わっていません。それにしてもぼくの手足は何かあると、そっちの方へ自然に動いてしまうんです。琵琶湖のほとりで生まれて、湖で思うままに泳いだり、浅瀬をひょいひょいと渡って魚を追い込んだりして育ったせいかな。

おわりに

自分のやって来たことを表すのがこれほどむずかしいこととは、思っても見なかった。一言喋ると、その先にはひとつ穴が見つかるからで、そんなおどおどした話しの連続を、穴に落とすことなく、何回も何回も聞いてくださった皆さんに感謝である。

二〇一〇年三月で常勤的仕事を終了し、それから後は、現在も継続して関係している琵琶湖、ミカン山、アラル海に細々であっても風景を見に行こうと思っていた。そして、その体力を維持するためにも四十年間続けている川下りカヌーを楽しもうと思っていた。急流保津川にカヌーを浮かべ、瀬とトロ場を繰り返す保津川を流れ下れば、流域の自然の営み、人の世とその塵芥を眺められると楽しみにしていた。前ページの写真は七十歳の記念ツアーの模様で、保津川の最大落差のある「小鮎の滝」を下るさまです。

しかし、こんな夢は三・一一の後に実現することはなくなり、川下りそのものが心の中で封印されてしまった。生活は一変した。しかし、それ以降に知り合った人の数の多さは、元気に活動する源となり、市民環境研究所に出入りしてくれる人の幅も数も広がり、元気に頑張れと叱咤激励してもらっていますので、感謝あるのみです。

この本もそんな雰囲気の中で、語らしてもらった結果で、なんとか本の体裁をなしたものを出版できたのは、ひとえに藤原書店社長の藤原良雄さん、秘書の山﨑優子さんの叱咤激励と大切な時間を割いて聞き取りをしていただいた結果です。また、長年の運動仲間である本間都さんと高橋幸子さんの歯に衣を着せない毒舌風激励のお陰であります。記して心よりお礼を申し上げます。

個々の問題の詳細は紙面の都合で割愛せざるを得ませんでしたが、古い時代の概観的回顧の中から、少しでも新しい時代への展望を読み取っていただければ幸いです。

参考にした文献

『琵琶湖汚染総合調査報告』（1973）琵琶湖汚染総合調査団編・発行
『よみがえれ琵琶湖』（1981）琵琶湖を考える会編・発行
『実をむすべ　夏の花』（1985）「原爆の図」を見る会編
『ミカン山から省農薬だより』（1986）石田紀郎著、北斗出版
日本カザフ研究会調査報告書『中央アジア乾燥地における生態環境と社会生態に関する研究』（第一号～一三号、一九九三～二〇一二）日本カザフ研究会
『省農薬ミカン栽培の可能性――病害虫被害解析と経済分析』（1996）石田紀郎編京大農薬ゼミ
『中央アジアを知るための六〇章』（2003）宇山智彦編、明石書店
『水かがみ――石田紀郎教授停年退官記念文集』（2003）記念文集編集委員会
『消え行くアラルを追いかけて』（連載一～二五回、二〇〇八～二〇一二）石田紀郎著、環境浄化技術第七（九）号～一一（六）号、日本工業出版
『中央ユーラシアを知る事典』（2005）小松久男他編、平凡社

石田紀郎　略年譜

年	石田紀郎の歩み	歴史事項
一九四〇	三月、滋賀県高島郡青柳村で生まれる	
一九四六	四月、水尾小学校に入学	十一月、日本国憲法の公布（四七年五月施行）
一九五〇	五月、滋賀県高島郡今津町の実家に引っ越し高校卒業まで在住	朝鮮戦争（〜五三年休戦） 警察予備隊の創設
一九五九	四月、京都大学農学部入学し、大学院博士課程まで在学	経済成長率が初めて二桁台に
一九六八	四月、京大農学部植物病理学研究室助手に就職	核拡散防止条約（ＮＰＴ）採択
一九六九	九月、大学闘争の中で、全学封鎖解除・機動隊導入・総長の退去命令に抗議し、不退去罪で逮捕されるも不起訴 一二月、災害研究グループを結成	
一九七〇	二月、丹後半島の峰山町の公害問題を皮切りに各地の公害調査を開始	
	八月、滋賀県米原町にあるアンチモン精錬工場の公害調査を開始し、多くの研究者仲間と調査	
一九七一	一月、滋賀県下の工場公害などの調査活動で災害研究グループは多忙	

一九七二	六月、和歌山県下津町のミカン農家が提訴した農薬裁判に関わり、ニッソール中毒研究会を立ち上げ裁判支援を開始	日中国交回復 沖縄の施政権返還 ニクソン・ショック
一九七三	五月、琵琶湖汚染総合調査団（団長星野芳郎）に参加し、琵琶湖総合開発計画批判	オイル・ショック
一九七四	二月、愛媛県新居浜市、新潟県直江津市のアルミ精錬工場公害調査を開始	
一九七五	二月、京大農薬ゼミに参加	
一九七八	一一月、農薬裁判関係者が始めた省農薬ミカン栽培の調査を京大農薬ゼミとして開始	
一九七九	二月、一九七七年の琵琶湖赤潮発生に伴う京都市水道水の水質悪化などを切っ掛けにして、「京都水問題を考える連絡会」結成し、事務局を担当	
一九八一	五月、「生命と環境を守る市民の行進」運動の事務局を担当	
一九八三	一月、「いのちと環境を守る市民講座」を立ち上げ、以後一一六回の講座を開き、事務局担当	
一九八四	七月、「原爆の図展・京都」を開催し、事務局担当	
一九八五	六月、農薬裁判が和解で終結	
一九八六	一月、「きょうと・市民のネットワーク」結成し、多くの市民運動に参加	
	三月、琵琶湖淀川汚染総合調査団に参加し、発がん性物質トリハロメタンの調査を開始	
一九八八	七月、ソ連のバイカル湖で開催された「環境と文学」フォーラムに参加し、アラル海問題に遭遇	リクルート事件発覚

一九九〇	五月、ソ連邦カザフ共和国のアラル海に出向く 七月、「日本カザフ研究会」を立ち上げ、以後多くの研究者をカザフスタンに派遣	東西ドイツの統一 イラクによるクウェート侵攻
一九九三	九月、「生活協同組合エル・コープ」を創設し、二〇〇三年まで理事長に	
一九九八	四月、農学部を離れて京大アジア・アフリカ地域研究研究科の教授に赴任しアラル海流域の環境問題調査を継続	
二〇〇三	三月、京大を退官 四月、「きょうと・市民のネットワーク」を閉鎖し、「市民環境研究所」を開設し代表理事に。「環境塾」を開催	三月、イラク戦争
二〇〇六	四月、京都学園大学バイオ環境学部教授に就任	
二〇一〇	四月、京都学園大学を退職し、人間環境大学の特任教授	ギリシャに端を発するユーロ危機が問題化
二〇一一	三月、「第三次琵琶湖汚染総合調査団・琵琶湖市民大学」調査日に東北大震災を知る	三月十一日、東日本大震災
	五月、福島原発崩壊による避難者の支援活動に運動の中心を置く「バイバイ原発・きょうと」運動の呼びかけ人など多くの運動に参加	
二〇一三	「福島原発告訴団関西」の事務局を担当、市民環境研究所放射能測定グループを立ち上げ、汚染土壌の測定で被災者支援	
二〇一八	東電原発崩壊に伴う多くの避難者の支援活動に関与しながら、脱原発社会の実現をめざして活動	

著者紹介

石田紀郎（いしだ・のりお）

1940年生まれ。63年に京都大学農学部卒業。同学部助手、助教授を経て、京都大大学院アジア・アフリカ地域研究科教授に。03年に退官した後、NPO法人「市民環境研究所」を設立し、代表理事に就任。その後、京都学園大学バイオ環境学部教授を兼任し、同職を10年4月まで務め、その後人間環境大学特任教授を12年3月まで務めたのち無職となる。40年来、公害や環境・農業問題を中心に、市民運動など幅広い分野で活躍中。90年からアラル海問題に強い関心を抱いており、カザフスタンには毎年渡航している。

著書に『ミカン山から省農薬だより』（北斗出版、2000）『環境学を学ぶ人のために』（共編、世界思想社、1993）他。

現場《げんば》とつながる学者人生《がくしゃじんせい》——市民環境《しみんかんきょう》運動《うんどう》と共《とも》に半世紀《はんせいき》

2018年5月10日　初版第1刷発行 ©

著　者　石田紀郎

発行者　藤原良雄

発行所　株式会社 藤原書店

〒162-0041　東京都新宿区早稲田鶴巻町523

電　話　03（5272）0301

FAX　03（5272）0450

振　替　00160 - 4 - 17013

info@fujiwara-shoten.co.jp

印刷・製本　中央精版印刷

落丁本・乱丁本はお取替えいたします
定価はカバーに表示してあります

Printed in Japan

ISBN978-4-86578-170-0

最晩年の後藤と連れ添った女性

無償の愛

〈後藤新平、晩年の伴侶きみ〉

河崎充代

「一生に一人の人にめぐり逢えれば、残りは生きていけるものですよ。」後藤新平の晩年を支えた女性の生涯を、丹念な聞き取りで描く。初めて明らかになる後藤のもうひとつの歴史と、明治・大正・昭和を生き抜いたひとりの女性の記録。

四六上製　二五六頁　**一九〇〇円**
（二〇〇九年一二月刊）
◇978-4-89434-708-3

先人・友人への想いを綴る珠玉の文章

まなざし

鶴見俊輔

稀代の"不良少年"の核心にあった「弟」性を如実に示す姉・和子への率直な感謝、高野長英、安場保和、後藤新平、鶴見祐輔という自らの系譜、そして岡部伊都子、石牟礼道子、金時鐘、小田実、吉川幸次郎といった親しい友人についての珠玉の文章を集成。

絶筆「話の好きな姉をもって」収録

四六変上製　二七二頁　**二六〇〇円**
（二〇一五年一一月刊）
◇978-4-86578-050-5

名著の誉れ高い長英評伝の決定版

評伝 高野長英 1804-50

鶴見俊輔

江戸後期、シーボルトに医学・蘭学を学ぶも、幕府の弾圧を受け身を隠していた高野長英。彼は、鎖国に安住する日本において、開国の世界史的必然性を看破した先覚者であった。文書、聞き書き、現地調査を駆使し、実証と伝承の境界線上に新しい高野長英像を描いた、第一級の評伝。

口絵四頁

四六上製　四二四頁　**三三〇〇円**
（二〇〇七年一一月刊）
◇978-4-89434-600-0

総理にも動じなかった日本一の豪傑知事

安場保和伝 1835-99

〈豪傑・無私の政治家〉

安場保吉編

「横井小楠の唯一の弟子」（勝海舟）として、鉄道・治水・産業育成など、近代国家としての国内基盤の整備に尽力、後藤新平の才能を見出した安場保和。気鋭の近代史研究者たちが各地の資料から、明治国家を足元から支えた知られざる傑物の全体像に初めて迫る画期作！

四六上製　四六四頁　**五六〇〇円**
（二〇〇六年四月刊）
◇978-4-89434-510-2

次世代の「いのち」のゆくえに警告

大地は死んだ

（ヒロシマ・ナガサキからチェルノブイリまで）

綿貫礼子

生命と環境をめぐる最前線テーマ「誕生前の死」を初めて提起する問題作。チェルノブイリから五年、子ども達に、そして未だ生まれぬ世代に何が起こっているのか？　遺伝学の最新成果を踏まえ、脱原発、開発と環境、生命倫理のあるべき方向を呈示する。

Ａ５並製　二七二頁　二一三六円
（一九九一年七月刊）
◇978-4-938661-30-4

17年3月28日、産廃90万トン撤去実現

もう「ゴミの島」と言わせない

（豊島《てしま》産廃不法投棄、終わりなき闘い）

石井　亨

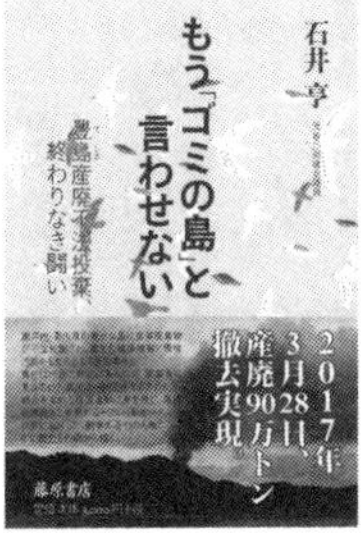

瀬戸内・香川県の豊かな島に産業廃棄物が不法投棄され、甚大な健康被害と環境汚染をもたらした「豊島《てしま》事件」。責任は行政の黙認にあるのか、事業者にあるのか？　島民は一致団結できるのか？　住民運動に身を投じ、県議会議員を二期務めるも、一転ホームレス状態にも陥った、闘争の渦中の人物が、四三年の歴史を内側から描く。

四六並製　四〇〇頁　三〇〇〇円
（二〇一八年三月刊）
◇978-4-86578-171-7

東京に野鳥が帰ってきた

鳥よ、人よ、甦れ

（東京港野鳥公園の誕生、そして現在）

加藤幸子

都市の中に「ほんものの自然」を取り戻そうと、芥川賞作家が大奔走。都会のまん中に野鳥たちが群れつどう「東京のオアシス」が実現された経緯を活き活きと描く。

四六並製　三一二頁　二二〇〇円
（二〇〇四年五月刊）
◇978-4-89434-388-7

国・行政の構造的汚染体質に警鐘

知の構造汚染

（クロム禍防止技術・特許裁判記録）

太秦清・上村洸

我々の身の回りのどこにでもあるコンクリートから六価クロムが溶出？　未だ排出基準規制の設定もされず、その危険性が公になることもないままに汚染のみがただただ進む現状に警鐘を鳴らし、国、行政の不可解な対応、知る権利の侵害を暴く。

四六上製　二六四頁　二〇〇〇円
（二〇〇二年九月刊）
◇978-4-89434-304-7

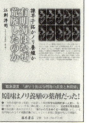

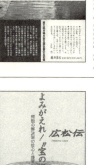

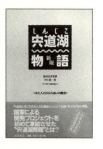